28 시간에 끝내는

TOEIC Speaking

START

28 시간에 끝내는 토익스피킹 스타트

초판 3쇄 발행 2019년 2월 14일
개정 3판 9쇄 발행 2024년 9월 2일

지은이 황인기(제이크) · 시원스쿨어학연구소
펴낸곳 (주)에스제이더블유인터내셔널
펴낸이 양홍걸 이시원

홈페이지 www.siwonschool.com
주소 서울시 영등포구 영신로166 시원스쿨
교재 구입 문의 02)2014-8151
고객센터 02)6409-0878

ISBN 979-11-86858-38-7 13740
Number 1-110802-02020400-04

머리말

대학교 휴학시절에 치른 첫 토익 시험은 525
점이란 결과로 저를 맞이했습니다. 이후 6번에
걸친 도전만에 목표했던 700점을 맞고 '나도
영어를 마스터(?) 했다'며 뿌듯해 하던 과거가
생각납니다.

지금에 와서는 너무나 민망한 성취이지만, 충
남 보령의 작은 도서관에서 표지가 바래진 책
들로 혼자 공부하던 것을 생각하면 조금은 뿌
듯한 기억이긴 합니다.

만약 그때의 제가 유명 어학원에서 시험에 대한 다양한 전략과 노하우를 익혔다면, 자주 출제되는 문제들로 효과적인
학습을 할 수 있었다면, 단기간에 더 높은 점수를 받을 수 있지 않았을까 하는 생각이 가끔 듭니다. 이 책은 그 시절의 저
처럼 의지할 곳 없이 외롭게 토익스피킹을 공부하는 학생들을 위해 태어났습니다.

수 많은 학생들이 이 교재를 통해 더 큰 세상으로 나아갔으며, 제 부족한 능력이 그들의 삶에 조금이나마 보탬이 된 것
에 큰 자부심을 느낍니다. 이 책이 작은 등대가 되어 여러분에게 한 줄기 빛이 되어 줄 수 있기를, 또 그로 인해 여러분
모두가 목적지에 도달할 수 있기를 진심으로 기원합니다.

언제나 물심양면 지원을 아끼지 않으시는 신승호 소장님, 감사합니다.
그리고 초판 도서 제작부터 이번 개정판이 나오기까지, 수년간 고생하신 홍지영 팀장님, 감사합니다.
또, 더 좋은 교재와 강의를 만들기 위해 노력해주신 시원스쿨의 많은 분들께도 감사합니다.

끝으로 언제나 저희 가족을 응원하며 지켜 주시는 저희 아버지께 이 책을 바칩니다.

황인기 *Jake Hwang*

토익스피킹 기본 정보

1 시험 목적

국제적인 비즈니스 환경에서 구어체 영어로 의사소통 하는 능력을 측정하는 시험입니다.
컴퓨터에 답변을 녹음하는 방식으로 진행되며 크게 아래와 같은 내용을 평가하게 됩니다.

▹ 영어권 원어민 혹은 영어가 능통한 비원어민과 의사소통이 가능한지

▹ 적절한 표현을 이용하여 일상생활 혹은 업무 환경에서 필요한 대화를 할 수 있는지

▹ 일반적인 업무 환경에서 대화를 지속해 나갈 수 있는지

2 시험 구성

문제 번호	문항 수	문제 유형	준비 시간	답변 시간	배점
1-2	2	지문 읽기	45초	45초	각 3점
3-4	2	사진 묘사하기	45초	30초	각 3점
5-7	3	듣고, 질문에 답하기	문항별 3초	15/15/30초	각 3점
8-10	3	제공된 정보를 사용하여 질문에 답하기	표 읽기 45초 문항별 3초	15/15/30초	각 3점
11	1	의견 제시하기	45초	60초	5점

▹ 문항 별 준비시간과 답변시간이 다릅니다.

3 점수별 등급

점수	등급
200	Advanced High
180-190	Advanced Mid
160-170	Advanced Low
140-150	Intermediate High
130	Intermediate Mid 3
120	Intermediate Mid 2
110	Intermediate Mid 1
90-100	Intermediate Low
60-80	Novice High
0-50	Novice Mid / Low

▷ 성적표에 점수와 등급이 함께 표기됩니다.

4 시험 진행

시험은 주로 11:30, 1:30, 3:30 에 진행되며, 응시생이 늘어나는 2-3, 8-9월에는 응시 가능 시간이 더 많아집니다.
입실에서 퇴실까지는 약 45분 정도가 소요되며, 시험의 진행 순서는 아래와 같습니다.

11 : 40
입실 차단
오리엔테이션 시작

12 : 13
개인별 퇴실

11 : 30
입실

11 : 50
시험 시작

12 : 10
시험 종료

5 시험 접수 및 관련 사항

시험 등록	공식 홈페이지 www.toeicspeaking.co.kr 에서 신청할 수 있습니다.
응시료	84,000원 (*2022년 7월 2일 정기시험부터 적용)
시험 방식	컴퓨터 기반 시험(Computer Based Test)으로 모니터에 제시된 질문에 마이크를 이용해 녹음을 하는 방식입니다.
시험 장소	전국 각지의 지정된 대학교 및 컴퓨터 학원
* 시험 일자	매주 토, 일요일 오전 혹은 오후에 진행됩니다. 간혹 평일에도 시행되는 경우가 있으니 자세한 일정은 홈페이지를 확인해 주세요.
* 환불 정책 및 응시 시간 변경	시험 접수기간에는 전액 환불이 가능하며 이후 취소 신청 기간에는 응시료의 40%만 환불 됩니다. 응시 시간 변경은 기존의 접수내역을 취소 하신 뒤 새로 접수해 주시면 됩니다.
* 성적 발표 및 성적표 배부	응시일로부터 약 5일 뒤, 홈페이지에서 확인 가능합니다. 성적표는 1회에 한해 무료로 인쇄 가능합니다.
유효 기간	2년
당일 준비물	국가 공인 신분증 필수 지참 (주민등록증, 여권, 운전면허증) 필기구와 수험표는 따로 준비 하지 않아도 됩니다. 그 외 가능한 신분증에 대해서는 홈페이지를 참고해 주세요.
응시 가능 횟수	시험은 하루에 1회만 응시 가능합니다.

* 변동이 가능한 부분이니 공식 홈페이지를 참조해 주세요.

책의 구성 및 특징

살펴보기

문제별 구성, 시험 진행 순서 및 본격적인 학습에 앞서 필요한 기본 정보를 살펴봅니다.

기초 다지기

시험에 자주 출제되는 문제들에 대한 기본적인 답변 접근법과 표현을 학습합니다.

답변 전략

고득점 달성을 위한 필수 표현 및 답변 노하우를 학습하여 빈출 문제를 풀어봅니다.

유형별 연습

답변 전략에서 배운 표현과 노하우를 활용하여 시험에 자주 등장하는 유형별 문제에 적용하는 방법을 배웁니다.

실전 연습

기초 다지기, 답변 전략, 유형별 연습에서 학습한 내용을 토대로 실제 시험과 동일한 수준의 기출 변형 문제를 풀어봄으로써 실전 감각을 익힙니다.

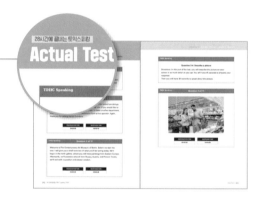

실전 모의고사

토익스피킹 시험의 최근 출제 경향을 완벽하게 분석하여 이를 반영한 Actual Test 5회분을 수록하였습니다.

저자 직강 유료 온라인 강의

28시간에 끝내는 토익스피킹 START 도서의 체계적인 학습을 위해 저자 직강 온라인 강의를 제공합니다. 자세한 정보는 시원스쿨LAB 사이트를 확인해 주세요.

MP3 음원 및 도서 구매 독자들에게만 제공되는 실전 모의고사 해설 5회분도 시원스쿨LAB 사이트를 참고해 주세요.

(lab.siwonschool.com)

학습 플랜

1주 완성

단기간에 점수가 필요한 분들을 위한 학습 계획입니다. 토익스피킹 학습 경험이 있는 분들께 추천 드립니다.

Day 1	Day 2	Day 3	Day 4	Day 5	Day 6	Day 7
Q1-2 전체 Q3-4 기초 다지기 답변 전략 유형별 연습 1-2	Q3-4 유형별 연습 3-4 실전 연습 Q5-7 기초 다지기 유형별 답변 전략	Q5-7 주제별 연습 실전 연습 Q8-10 기초 다지기 답변 전략	Q8-10 유형별 연습 실전 연습	Q11 답변 전략 주제별 연습 (직장 생활, 인터넷)	Q11 주제별 연습 (나머지) 실전 연습	실전 모의고사 1-5회

2주 완성

토익스피킹을 처음 준비하거나 영어에 대한 기초가 부족한 분들을 위한 학습 계획입니다.

Day 1	Day 2	Day 3	Day 4	Day 5	Day 6	Day 7
Q1-2 전체	Q3-4 기초 다지기 답변 전략 유형별 연습 1-2	Q3-4 유형별 연습 3-4 실전 연습	Q5-7 기초 다지기 유형별 답변 전략	Q5-7 주제별 연습 실전 연습	Q1-2 Q3-4 Q5-7 리뷰	Q8-10 기초 다지기 답변 전략 유형별 연습 (행사, 개인 일정)

Day 8	Day 9	Day 10	Day 11	Day 12	Day 13	Day 14
Q8-10 유형별 연습 (나머지) 실전 연습	Q11 답변 전략 주제별 연습 (직장 생활)	Q11 주제별 연습 (인터넷, 사회적 이유, 일상생활)	Q11 주제별 연습 (교육) 실전 연습	Q8-10 Q11 리뷰	실전 모의고사 1-3	실전 모의고사 4-5

▷ 본 과정대로 학습을 진행하기 어려우면 학습 일정을 재조정하는 것이 중요합니다.

목차

Questions 1-2
Read a text aloud
지문 읽기

Questions 3-4
Describe a picture
사진 묘사하기

Questions 5-7
Respond to questions
듣고 질문에 답하기

Questions 8-10

Respond to questions using information provided
제공된 정보를 사용하여 질문에 답하기

Question 11

Express an opinion
의견 제시하기

토익스피킹 필수 문법

짧아도 정확한 문장을 만드는 것이 잘못된 문법이 사용된 여러 문장보다 고득점에 유리합니다. 토익스피킹 학습 시작에 앞서 답변에 자주 사용되는 필수 문법을 학습해 보세요.

be동사

• 문장: 주로 명사나 대명사로 시작합니다.

• 주어: 문장은 명사나 대명사로 시작하며, 이를 주어라고 합니다.

• 동사: 주어의 뒤에서 주어의 상태나 행동을 설명하며, 동사가 없으면 문장이 성립되지 않습니다.
　　　동사는 크게 be동사와 일반동사로 나뉘어집니다.

• be동사: 주어가 '~이다' 혹은 '~에 있다' 라는 의미로 사용됩니다.

He　+　is　+　a lawyer.
그　　　는　　　변호사입니다.
주어　　be동사　　목적어

1　be동사의 형태

be동사는 주어의 시제에 따라서 그 형태가 달라집니다.

주어	현재 시제	과거 시제
I	am	was
You	are	were
He / She / It	is	was
We		
You	are	were
They		

He is my best friend.　　　그는 내 가장 친한 친구입니다.

They are very kind.　　　그들은 매우 친절합니다.

She was an IT engineer.　　　그녀는 IT 기술자였습니다.

> **TIP** be동사 뒤에 not을 넣으면 부정문이 됩니다.
> ⓔ He is not a lawyer. 그는 변호사가 아닙니다.

2 There + be동사

There + be동사는 「어디에 무엇이 있다」 라는 존재의 의미를 가집니다. be동사는 뒤에 오는 명사에 따라 형태가 바뀝니다.

There	is was	+	단일 명사, 셀 수 없는 명사
	are were	+	둘 이상의 복수명사

TIP 셀 수 없는 명사는 단수 취급을 합니다.

There is a laptop computer + on the desk. 책상 위에 노트북이 있습니다.

There was too much food + in the refrigerator. 냉장고 안에는 음식이 너무 많았습니다.

There are many people + on the street. 거리에 많은 사람들이 있습니다.

연습 문제

다음 문장에서 be동사의 활용이 잘못된 부분을 찾아 바르게 고치세요.

1 There was many stars in the sky yesterday.   [→   ]

2 There is a café in this building 2 years ago.   [→   ]

3 There is a lot of flower festivals in Taiwan.   [→   ]

(모범 답안)

1 was → were

2 is → was

3 is → are

일반동사

- 일반동사는 주어의 행동을 설명합니다.
- 일반동사란 be동사를 제외한 나머지 모든 동사를 말합니다.
- 문장당 반드시 1개의 동사가 필요하며, 동사가 없거나 여러 개를 쓰면 안됩니다.

My father angry. (X)　　　　　(father 뒤에 be동사 is 필요)

The man carrying a box. (X)　　(man 뒤에 be동사 is 필요)

We are have a lot of work. (X)　(are과 have, 동사 2개 사용)

> **TIP** 일반동사에 -ing가 붙으면 더 이상 동사의 기능을 하지 못합니다. 즉, carrying은 동사로 사용될 수 없습니다.

1 일반동사의 현재형

현재의 상태나 일상적으로 반복해서 일어나는 일을 말할 때 일반동사의 기본형을 사용합니다.

I have two smartphones.　　　　　　저는 스마트폰을 두 개 가지고 있습니다.

I play the piano on weekends.　　　　저는 주말에 피아노를 칩니다.

He likes basketball.　　　　　　　　그는 농구를 좋아합니다.

2 일반동사의 형태 변화

주어가 3인칭일 때는 동사의 뒤에 -s, -es, -ies가 붙습니다. 동사의 의미는 달라지지 않으며, 셋 중에 어떤 것이 쓰이는지는 동사의 형태에 따라 달라집니다.

She has three laptop computers.　　그녀는 세대의 노트북 컴퓨터를 가지고 있습니다.

He plays the piano on weekends.　　그는 주말에 피아노를 칩니다.

She teaches English at work.　　　　그녀는 직장에서 영어를 가르칩니다.

> **TIP** 3인칭이란 말하거나 듣는 사람이 아닌 제 3자를 말합니다. 나(I), 너(you), 우리(we), 그들(they)을 제외한 나머지가 3인칭입니다. 대표적 3인칭 표현으로는 he, she, it 등이 있습니다.

1 동사에 유의해서 다음 문장을 바르게 고쳐 쓰세요.

    ① My shoes very expensive.   → _____

    ② They are like Korean music a lot.   → _____

    ③ She is teaches math.   → _____

    ④ We very good friends.   → _____

    ⑤ She usually carrying a large bag.   → _____

    ⑥ I am worry about my future often.   → _____

2 다음 문장에서 동사의 활용이 잘못된 부분을 찾아 바르게 고치세요.

    ① She know Jamie.   [→   ]

    ② Susan have a lot of homework today.   [→   ]

    ③ This bus go to Seoul Station.   [→   ]

    ④ This T-shirt look very dirty.   [→   ]

    ⑤ He sleep about 5 hours a day.   [→   ]

    ⑥ I works at a restaurant.   [→   ]

모범 답안

1 ① My shoes are very expensive.
    ② They like Korean music a lot.
    ③ She teaches math.
    ④ We are very good friends.
    ⑤ She usually carries a large bag.
    ⑥ I worry about my future often.

2 ① know → knows
    ② have → has
    ③ go → goes
    ④ look → looks
    ⑤ sleep → sleeps
    ⑥ works → work

조동사

- 조동사는 be동사나 일반동사의 앞에서 동사에 의미를 더해줍니다.
- 조동사는 뒤에 동사의 원형이 옵니다.

1 can + 동사 원형

'~할 수 있다' 라는 뜻으로 능력이나 가능의 의미를 나타냅니다.

I can swim.	저는 수영을 할 수 있습니다.
I can't swim.	저는 수영을 못합니다.
I could swim in the past.	저는 예전에 수영을 할 수 있었습니다.

2 be able to + 동사 원형

can과 의미가 동일하며, 주로 과거, 미래 시제와 함께 사용됩니다.

과거	I was able to take the bus.	저는 버스를 탈 수 있었습니다.
과거 부정	I was not able to take the bus.	저는 버스를 탈 수 없었습니다.
미래	They will be able to take the bus.	그들은 버스를 탈 수 있을 것입니다.

3 have to + 동사 원형

'~을 해야 한다'는 의무를 나타냅니다. 부정문은 '~할 필요가 없다, ~하지 않아도 된다'는 의미가 됩니다.
과거형은 had to 이며, 주어의 수에 따라 has to로 형태가 바뀝니다.

현재	I have to exercise more often.	저는 더 자주 운동을 해야 합니다.
과거	She had to work overtime every day.	그녀는 매일 야근을 해야 했습니다.
현재 부정	I don't have to work on weekends.	저는 주말에 일을 하지 않아도 됩니다.
과거 부정	I didn't have to go on a business trip.	저는 출장을 가지 않아도 되었습니다.

4 should + 동사 원형

should는 have to보다 더 가벼운 정도의 의무나 충고를 나타냅니다.

표현의 강도 must ≧ have to > should ≧ need to

| You should come early. | 일찍 오셔야 합니다. |
| You should not be late. | 늦으면 안됩니다. |

연습 문제

아래 상자의 조동사를 한번씩만 사용해서 괄호 안의 키워드와 함께 한글 문장을 영작하세요.

| will be able to | don't have to | can | was able to | had to |

1   저는 이 프로젝트를 하루면 끝낼 수 있습니다.

_____   (finish, in a day)

2   그는 세개의 외국어를 할 수 있었습니다.

_____   (speak, foreign language)

3   그녀는 곧 승진할 수 있을 것입니다.

_____   (soon, get promoted)

4   그는 혼자서 여러 업무를 해야 했습니다.

_____   (do, various tasks)

5   당신은 그것에 대해서 걱정하지 않아도 됩니다.   ,

_____   (worry about it)

모범 답안

1   I can finish this project in a day.
2   He was able to speak three foreign languages.
3   She will be able to get promoted soon.
4   He had to do various tasks alone.
5   You don't have to worry about it.

문장의 시제

• 문장의 시제는 동사가 결정합니다.

• 시제는 크게 현재, 과거, 미래의 세 가지로 나뉘어집니다.

1 현재 시제

현재 시제는 주어의 현재 상태, 일반적 사실, 습관적인 일을 나타냅니다.

현재 상태	I live in Seoul.	저는 서울에 삽니다.
일반적 사실	He is very smart.	그는 매우 똑똑합니다.
습관적인 일	I listen to music every day.	저는 매일 음악을 듣습니다.

> **TIP** 확정된 미래의 일정이나 계획에도 현재 시제를 사용할 수 있습니다.
> ⓔ The meeting starts at 2 P.M. 회의가 2시에 시작합니다.

2 현재 진행형 시제

현재 일어나고 있는 일은 현재 진행형으로 표현하며 be동사 + 동사ing 패턴을 사용합니다. 토익스피킹에서는 사람의 동작을 설명하기 위해 현재 진행형 시제를 사용합니다.

He is writing something.   그는 뭔가를 쓰고 있습니다.

She is talking on the phone.   그녀는 통화 중입니다.

> **TIP** 가까운 미래의 계획은 현재 진행형으로 쓸 수 있습니다.
> ⓔ We are going there tomorrow. 우리는 내일 그곳에 갈 것입니다.

3 과거 시제

과거의 일이나 경험을 말할 때 동사의 과거 시제를 씁니다. 과거 시제는 주어의 인칭과 수에 관계없이 동사의 과거형을 사용합니다.

I was late for work yesterday.   저는 어제 회사에 지각했습니다.

I studied Chinese for 2 years.   저는 중국어를 2년간 공부했습니다.

> **TIP** • 많은 분들이 답변 중에 과거 시제를 현재 시제로 말하는 실수를 합니다.
> • 자주 사용되는 동사의 과거형, 과거 분사형을 꼭 암기해 두세요. 부록 페이지를 참조하세요.

4 미래 시제

미래시제는 앞으로 일어날 일을 말할 때 사용하며, 동사의 앞에 will이나 be going to를 붙여서 표현합니다.

will + 동사	미래에 대한 예측 혹은 주어의 의지
be going to + 동사	미래에 예정된 일

I will help you.   내가 도와드리겠습니다. (의지)

She will be there soon.   그녀가 곧 도착할 것입니다. (예측)

You are going to attend a meeting tomorrow.   당신은 내일 회의에 참석할 예정입니다. (예정)

TIP 부정문은 will과 be 뒤에 not을 붙입니다.

⑩ He will not come today. 그는 오늘 오지 않을 것입니다.
   She is not going to travel. 그녀는 여행을 가지 않을 것입니다.

연습 문제

괄호 안의 동사를 문장에 어울리는 형태로 고쳐 쓰세요.

1 He _____ jogging after dinner every night. (go)

2 She _____ the company 2 years ago. (enter)

3 I _____ an email to them tomorrow. (send)

4 He can't answer the phone now. He _____ a meeting now. (have)

모범 답안

1 goes

2 entered

3 will send

4 is having

현재완료

- 현재완료는 과거에 일어난 일이 현재까지 영향을 줄 때 사용합니다.
- 현재완료의 기본 형태는 have(has) + p.p(과거분사) 입니다.

I have studied English since I was 20.   저는 스무 살 때부터 영어를 공부해 왔습니다.

I have met him before.   저는 그를 전에 만난 적이 있습니다.

TIP 현재완료의 부정문은 have 뒤에 not이나 never를 붙입니다.

1 현재완료의 의미

현재완료는 계속, 경험의 의미로 사용됩니다.

계속 I have played piano for 10 years.   저는 10년째 피아노를 쳐왔습니다.

경험 I have been to Europe twice.   저는 유럽에 두 번 가봤습니다.

TIP • 현재완료 시제는 시간 표현 for(~동안), since(~이래로)와 함께 쓰일 수 있습니다.
    • 현재완료 시제는 과거의 시점을 나타내는 표현과 함께 사용되지 않습니다.
      ❶ yesterday, two weeks ago 등

2 현재완료의 진행형

현재완료의 진행형은 현재완료와 현재 진행형이 결합된 시제로 have been + 동사ing 형태로 사용됩니다.
단순 현재완료 시제에 비해 동작의 연속성이 강조됩니다.

	have	p.p		현재 완료
+		be	동사ing	현재 진행형
=	have	been	동사ing	현재 완료 진행

I have been working here for 10 years.   저는 여기서 10년째 일하는 중입니다.

I have been studying English about 3 years.   저는 3년 정도 영어를 공부해 왔습니다.

1 괄호 안의 동사를 과거 또는 현재완료 시제를 사용해서 문맥에 맞게 고치세요.

① She (send) me an email last night.

② I (study) English since high school. But I still hate it.

③ I (use) this laptop computer for 6 years. It is very slow.

④ He (live) in Seoul for 20 years. But he moved to Busan last year.

2 다음 문장에서 잘못 사용된 부분을 바르게 고치세요.

① I drive this car for 20 years. It still works very well.

② I have first met James 10 years ago.

③ I played the guitar since I entered university.

④ Senna is here since last week.

(모범 답안)

1 ① send → sent
② study → have studied
③ use → have used
④ live → lived

2 ① drive → have been driving
② have 삭제
③ played → have been playing
④ is → has been

TIP 2번 연습 문제의 ①번과 ③번에는 단순 현재완료 시제도 사용이 가능합니다.

to 부정사

- to 뒤에 동사원형을 붙여 쓰는 것을 to부정사라고 합니다.
- 문장에 동사가 더 필요한 경우 to부정사를 사용합니다.

I got up early to exercise.	저는 운동을 하기 위해 일찍 일어났습니다.
She uses SNS to do business.	그녀는 사업을 하기 위해 SNS를 사용합니다.

to 부정사의 명사적 사용

to부정사는 명사처럼 문장 내에서 주어와 목적어의 역할을 할 수 있습니다.

주어 역할	to부정사가 주어 역할을 할 때, 문장의 주어 자리에 가주어 it을 사용합니다. it은 의미가 없습니다.	
	It was glad to see him.	그를 만나서 반가웠습니다.
	It is difficult to study a foreign language.	외국어를 공부하는 것은 어렵습니다.
목적어 역할	to부정사는 특정 동사 다음에 위치해서 목적어 역할을 할 수 있습니다.	
	She wants to quit her job.	그녀는 일을 그만두고 싶어합니다.
	I decided to study in England.	저는 영국에서 공부하기로 결심했습니다.

TIP to 부정사가 목적어 역할을 하는 대표적 동사 : want, decide, need, learn, hope, plan, start, like

to 부정사의 부사적 사용

to부정사가 부사의 역할을 하여 동사나 형용사를 꾸밀 수 있으며, 아래의 세가지 의미를 갖습니다.

행동의 목적	I worked hard to get a bonus.	저는 보너스를 받기 위해 열심히 일했습니다.
	He got up early to do yoga.	그는 요가를 하기 위해 일찍 일어났습니다.
감정의 원인	I was happy to see him.	저는 그를 만나서 기뻤습니다.
	He was excited to travel abroad.	그는 해외여행을 하게 되어 신났습니다.
형용사 보강설명	The class is difficult to understand.	이 수업은 이해하기 어렵습니다.
	This car is very expensive to buy.	이 차를 구매하기엔 너무 비쌉니다.

for 목적격 + to 부정사

to부정사 앞에 for + 목적격을 더해서 지칭하는 대상을 설명합니다. to부정사의 의미상의 주어 라고도 불립니다.

This problem is difficult to solve.　　　　이 문제는 해결하기 어렵습니다.

This problem is difficult for her to solve.　이 문제는 그녀가 해결하기 어렵습니다.

연습 문제

우리말 해석과 제시된 키워드를 이용해서 빈칸을 완성하세요. 시제에 유의해서 영작하세요.

to 부정사 명사적 용법

1　카레를 만드는 것은 어렵지 않습니다.

_____

(not difficult)

2　혼자서 캠핑을 하는 것은 위험합니다.

_____

(go camping)

to 부정사 부사적 용법

3　그는 취업을 하기 위해 열심히 공부했습니다.

_____

(get a job)

4　그녀는 스트레스를 풀기 위해 운동을 합니다.

_____

(relieve stress)

for 목적격 + to 부정사

5　한국인이 일본어를 공부하는 것은 쉽습니다.

_____

(힌트 없음)

6　그가 대학을 졸업하는 것은 어려웠습니다.

_____

(graduate from)

모범 답안

1 It is not difficult to make curry.　2 It is dangerous to go camping alone.　3 He studied hard to get a job.
4 She exercises to relieve stress.　5 It is easy for Koreans to study Japanese.
6 It was difficult for him to graduate from university.

수동태

- 주어가 스스로 어떤 동작을 하는 것을 능동태라고 부릅니다.
- 동사를 be + 과거분사의 형태로 바꾸면 주어가 동작을 「받다, 당하다」라는 의미를 가집니다. 이를 수동태라고 합니다.

능동태	She broke the smartphone.	그녀가 스마트폰을 망가뜨렸습니다.
수동태	The smartphone was broken by her.	스마트폰이 그녀에 의해 망가졌습니다.

수동태의 기본 구조

주어 + [be동사 + 과거분사] + by 목적격

The car   was   fixed   by him.   그 차는 그에 의해 수리되었습니다.

TIP 행위자가 누구인지 알 수 없거나 불특정 다수일때는 by + 행위자를 생략할 수 있습니다.
⑩ My smartphone is broken. (누가 스마트폰을 망가뜨렸는지 알 수 없음)

수동태의 형태

수동태의 부정문 be동사 + not + 과거분사	The computer is not repaired yet. 컴퓨터는 아직 수리되지 않았습니다.
조동사 + 수동태 조동사 + be동사 + 과거분사	The computer can be repaired today. 컴퓨터는 오늘 수리될 수 있습니다.

수동태의 시제

과거시제 + 수동태	This schedule was planned by him. 이 일정은 그에 의해 계획되었습니다.
현재완료 + 수동태	The meeting has been cancelled. 회의가 취소되었습니다. **TIP** 회의 취소의 여파가 현재까지 남아 있다면 현재완료 시제를 쓰는 것이 좋습니다.

연습 문제

1 다음 밑줄 친 부분이 맞으면 O, 틀리면 바르게 고치세요.

① Smartphones <u>used</u> by most people nowadays. _____

② The wall <u>was painted</u> by Sam. _____

③ The conference <u>will be hold</u> on the 16th. _____

④ My sister <u>is studied</u> Russian last month. _____

⑤ My bicycle <u>was repaired</u> by my uncle. _____

⑥ Somebody <u>was stolen</u> my wallet. _____

2 우리말 해석과 일치하도록 주어진 단어를 사용해서 빈칸을 완성하세요.

① 그 그림이 뉴욕 미술관에 팔렸습니다. (sell)

The painting _____ to New York Art Gallery.

② 그 프로젝트는 그에 의해 마무리될 것입니다. (finish)

The project _____ by him.

③ iPad는 Jonathan Ive에 의해 디자인되었습니다. (design)

The iPad _____ by Jonathan Ive.

④ 그 책은 다음 달에 출판될 것입니다. (publish)

The book _____ next month.

모범 답안

1 ① are used
② O
③ will be held
④ studied
⑤ O
⑥ stole

2 ① was sold
② will be finished
③ was designed
④ will be published

Questions

1-2

Read a text aloud

지문 읽기

살펴보기

문제 구성

문제 번호	Questions 1-2 (2문제)
문제 유형	Read a text aloud 지문 읽기
준비 시간	45초
답변 시간	45초
배점	0 - 3
평가 기준	발음, 억양, 강세

시험 진행 순서

TOEIC Speaking

Questions 1-2: Read a text aloud

Directions: In this part of the test, you will read aloud the text on your screen. You will have 45 seconds to prepare. Then you will have 45 seconds to read the text aloud.

① 시험 안내문
시험 진행 방식을 설명하는 안내문을 화면에 보여준 뒤 이를 음성으로 들려줍니다.

TOEIC Speaking — **Question 1 of 11**

Thank you for joining us at Perkins Business Workshop. In today's workshop, we will learn how to manage your own business. Each session will give you a chance to improve your ideas for producing, designing and marketing your products. Also, we will have a competition for the Perkins business prize which selects the most valuable ideas presented during the workshop.

PREPARATION TIME
00:00:45

② 1번 문제 준비 시간
화면에 첫 번째 지문이 등장하며 45초의 준비 시간이 주어집니다.

TIP 준비 시간 동안 지문을 소리내서 읽어주세요.

```
TOEIC Speaking        Question 1 of 11

Thank you for joining us at Perkins Business Workshop. In
today's workshop, we will learn how to manage your own
business. Each session will give you a chance to improve
your ideas for producing, designing and marketing your
products. Also, we will have a competition for the Perkins
business prize which selects the most valuable ideas
presented during the workshop.

              RESPONSE TIME
                 00:00:45
```

③ 1번 문제 답변 시간

순비 시간이 끝나면 45초의 답변 시간이 주이집니다. 큰 소리로 자신 있게 지문을 읽어주세요.

```
TOEIC Speaking        Question 2 of 11

Welcome to the Boston International Airport. Your check-
in process will take twenty-five minutes. In order to speed
up the boarding process, please have your flight ticket and
passport ready as you approach the counter. Also, please
make sure your luggage is properly labeled with your
name, address and telephone number. We hope you enjoy
your flight.

            PREPARATION TIME
                 00:00:45
```

④ 2번 문제 준비 시간

화면에 두 번째 지문이 등장하며 45초의 준비 시간이 주어집니다.

```
TOEIC Speaking        Question 2 of 11

Welcome to the Boston International Airport. Your check-
in process will take twenty-five minutes. In order to speed
up the boarding process, please have your flight ticket and
passport ready as you approach the counter. Also, please
make sure your luggage is properly labeled with your
name, address and telephone number. We hope you enjoy
your flight.

              RESPONSE TIME
                 00:00:45
```

⑤ 2번 문제 답변 시간

준비 시간이 끝나면 45초의 답변 시간이 주어집니다. 큰 소리로 자신 있게 지문을 읽어주세요.

학습 포인트

1 큰 목소리로 또박또박 읽기

큰 목소리로 말하는 것만으로도 발음이 더 명확해집니다. 자신감을 가지고 지문을 읽어주세요.

2 지문의 종류를 이해하기

지문을 읽을 때, 먼저 지문의 종류를 이해한 뒤, 그와 어울리는 느낌으로 읽어주는 것이 좋습니다. 예를 들어, 신제품 광고 지문은 좀 더 밝은 목소리로 읽는 것이 중요하며, 뉴스 기사의 경우 차분하게 또박또박 읽을 필요가 있습니다.

3 준비 시간 활용하기

지문을 소리 내어 읽어본 뒤, 남는 시간동안 발음이 어려웠던 단어를 반복해서 읽어보거나 처음 한두 문장을 다시 읽어 두세요.

4 서두르지 않기

답변 시간은 충분하니 차분하게 읽어주세요. 그리고 만약 읽다가 실수를 했다면, 그 문장부터 다시 읽으면 됩니다. 한두 번 실수했다고 감점을 당하지는 않으니 걱정하지 마세요. 실수한 뒤 마음이 급해져 갑자기 답변이 빨라지는 분들이 많은데, 그럴 필요가 없습니다. 또한, 남들이 읽는 속도에 신경 쓰지 마시고, 자기가 연습한 대로 차분히 읽어나가면 됩니다.

5 자신의 답변을 녹음해서 들어보기

스마트폰은 매우 훌륭한 녹음 기능을 가지고 있습니다. 녹음한 답변을 다시 들어보기만 해도 자신의 부족한 부분을 정확히 파악할 수 있습니다. 또한, 원어민의 답변을 그대로 따라서 발음해 보는 것 역시 아주 좋은 연습이 됩니다.

학습 시작에 앞서

함께 공부해 볼 Questions 1-2의 지문 중 발음에 유의해야 할 단어를 모았습니다. 음성을 들어본 뒤 꼭 소리 내어 반복 연습해 주세요.

발음에 유의할 단어 (🔊 MP3) 1_1

atmosphere	분위기	passenger	승객
avenue	거리, –가	period	기간
beverage	음료	photograph	사진
boat	보트	process	과정
bought	buy의 과거시제	route	경로
current	현재의	several	몇몇의
label	라벨, 상표	shopping	쇼핑
novel	소설	temperature	온도
obviously	확실히, 명백히	various	다양한

강세의 위치에 유의할 단어 (🔊 MP3) 1_2

activity	활동	facility	시설, 기관
additional	추가적인	identification	신분증
appliance	가정용 기기	influential	영향력이 있는
career	경력	international	국제적인
competitor	경쟁자	magazine	잡지
condition	상태, 컨디션	operation	운영, 영업
congestion	혼잡	presentation	발표
construction	공사	rearrange	재배치하다
cuisine	요리, 요리법	unfortunately	유감스럽게도
electronics	전자기기	variety	다양성

기초 다지기

자음과 모음의 발음에 있어 실수하기 쉬운 부분을 모았으니 반복해서 연습해 주세요.

발음

자음 [p] vs [f] 📢 MP3 1_3

p는 한글의 'ㅍ'와 유사한 소리입니다. 하지만 입술을 닫은 채 공기를 모았다가 한 번에 내뱉으며 더 강한 파열음을 만들어 낸다는 차이가 있습니다. f는 윗니를 아랫입술 위에 살짝 올리고 그 사이로 바람을 밀어내는 소리입니다. 목소리를 내지 않고 바람 소리만 낸다는 것에 유의해 주세요.

pan 요리용 팬	I bought an electric pan. 저는 전기 팬을 구매했습니다.
fan 선풍기	I bought an electric fan. 저는 선풍기를 구매했습니다.
pull 당기다	The sign said "PULL". 이 표지판은 "당기세요"라고 써있습니다.
full 꽉 찬	The sign said "FULL". 이 표지판은 "다 찼습니다"라고 써있습니다.
copy 복사하다	The co py machine is broken. 이 복사기는 망가졌습니다.
coffee 커피	The co ffee machine is broken. 이 커피머신은 망가졌습니다.

자음 [b] vs [v] 📢 MP3 1_4

b는 발음 시 입 모양이 p와 같지만 바람 소리가 아닌 목소리를 낸다는 차이가 있습니다. 또한, 더 많은 공기를 내뱉는다는 점에서 한글 'ㅂ'과 차이가 있습니다. v는 f와 발음 방법이 같지만 바람 소리가 아닌 목소리를 낸다는 차이가 있습니다.

boat 보트	The rule says one boat per person. 규정은 한 명당 보트 한대라고 되어 있습니다.
vote 투표	The rule says one vote per person. 규정은 한 명당 한번의 투표라고 되어 있습니다.
best 최고	I'm looking for the best product. 저는 최고의 제품을 찾고 있습니다.
vest 조끼	I'm looking for the vest. 저는 조끼를 찾고 있습니다.
berry 산딸기 종류	I like berry juice. 저는 산딸기 종류의 주스를 좋아합니다.
very 매우	I like very sweet juice. 저는 매우 단 주스를 좋아합니다.

자음 [l] vs [r] 🔊 MP3 1_5

혀끝을 앞니 뒤에 갖다 댄 뒤, 한글 '으' 소리를 약하게 발음하면 l 소리가 납니다. 또한, 혀끝을 안쪽으로 말되, 입천장을 건드리지 않은 상태에서 한글 '으' 소리를 약하게 발음하면 r 소리가 됩니다.

long 긴	This sentence is long. 이 문장은 깁니다.
wrong 틀린	This sentence is wrong. 이 문장은 틀렸습니다.
collect 수거하다	I'm going to collect the documents. 저는 서류를 수거할 것입니다.
correct 수정하다	I'm going to correct the documents. 저는 서류를 수정할 것입니다.
light 가벼운	Did you bring the light suitcase? 가벼운 여행용 가방을 가져오셨나요?
right 적합한	Did you bring the right suitcase? 적합한 여행용 가방을 가져오셨나요?

장모음 vs 단모음 🔊 MP3 1_6

ea, ee와 같이 e를 포함한 모음이 두 개 연속으로 사용된 경우 길게 읽어주어야 하며, 한글 '이'와 달리 입을 양쪽으로 더 당겨서 발음해 줍니다. 한글은 소리의 길고 짧음으로 의미를 구분하는 언어가 아니므로 대다수의 학습자가 장음을 짧게 읽는 실수를 합니다.

leave 떠나다	He wants to leave Korea. 그는 한국을 떠나길 원합니다.
live 살다	He wants to live in Korea. 그는 한국에서 살기를 원합니다.
sheep 양	We need to buy a sheep. 우리는 양을 구매해야 합니다.
ship 배	We need to buy a ship. 우리는 배를 구매해야 합니다.
seat 좌석	I want a seat. 저는 좌석을 원합니다.
sit 앉다	I want to sit down. 저는 앉고 싶습니다.

답변 전략

Questions 1-2의 주요 평가항목으로는 강세, 억양, 끊어 읽기가 있습니다. 이 세가지만 잘 연습해도 단기간에 발음의 질을 높일 수 있습니다.

강세 (MP3) 1_7

영어에서는 정보 전달력이 높은 단어를 그렇지 않은 단어에 비해 강하게 읽어줍니다. 문장 내에서 어떤 단어를 강하게 읽어주어야 내 의도를 상대방이 잘 이해할 수 있을지를 생각해 보아야 합니다.

1   내용상 중요한 정보를 전달하는 명사와 동사에 강세를 두어 읽어주세요.

If you **leave** your **name** and **phone number**, we will **call** you back **soon**.
이름과 전화번호를 남겨주시면 저희가 곧 전화 드리겠습니다.

The **audition** will be **held** for **singers** and **actors** from the **ages** of **16** to **22**.
오디션은 16세에서 22세까지의 가수와 배우들에게 열립니다.

2   숫자와 고유명사에 강세를 두어 읽어주세요. 고유명사의 경우 발음하는 법을 잘 모른다 할지라도 위축되지 말고 자신 있게 읽어주세요.

Flight **331** to **Seoul** is now **departing** from gate **21**.
서울로 향하는 331편 항공기는 21번 게이트에서 출발합니다.

Our next stop will be **Batten Theater**, designed by the architect, **Sam Batten**.
우리의 다음 목적지는 건축가 샘 배튼에 의해 디자인된 배튼 극장입니다.

TIP 교통 편은 숫자를 한자리 씩 읽어주세요.

3   부정어는 항상 강세를 두어 읽어주세요.

You will **not** be disappointed.
당신은 실망하지 않을 겁니다.

Don't be late for the free beverage event.
무료 음료 이벤트에 늦지 마세요.

4   비교급과 최상급에는 강세를 두어 읽어주세요.

This shopping center is the **biggest** in the city.
이 쇼핑 센터는 시내에서 가장 큽니다.

We promise **faster** delivery service.
우리는 더 빠른 배송을 약속합니다.

5 　요청을 위한 attention, please와 환영과 감사를 위한 welcome과 thank는 문장의 첫 단어로 자주 사용되며 강세를 두어 읽습니다.

Attention, passengers.
승객 여러분, 잠시 주목 바랍니다.

Please press **two** for directions to our store.
저희 스토어의 위치가 궁금하시면 2번을 눌러주세요.

Welcome to **Nolan** Electronics Store.
놀란 전자제품 매장에 오신 것을 환영합니다.

Thank you for calling **Kenny's** Clothing Shop.
케니 의류 매장에 전화 주셔서 감사합니다.

6 　두 개의 명사가 합쳐진 복합명사, 형용사와 명사가 합쳐진 명사구에서는 두 단어 모두 강세를 두어서 읽어주세요.

복합명사 (명사 + 명사)	store map 매장 지도	customer service 고객 서비스	book review 책 리뷰
명사구 (형용사 + 명사)	cheap price 저렴한 가격	large table 큰 테이블	red chair 빨간 의자

7 　한정사 all, each, every는 강세를 두어서 읽어주세요.

All participants are required to participate in **each** session.
모든 참가자는 각 프로그램에 참여해야 합니다.

연습 문제 　(MP3) 1_8

강세에 유의하며 다음 문장들을 읽어보세요.

1 　The **project** will **start** once the **CEO** signs the **contract**.

2 　**Cannon Avenue** will be **closed all** day for the **marketing fair** on the **16th**.

3 　**Guided tours** will begin **every** hour from **11** A.M. to **4** P.M.

4 　To **find** the **entrance**, turn **left** at the **information** center.

TIP 　특정 단어에 강세가 들어가는지 잘 모르겠다면 자신 있게 강세를 두어 읽는 것이 고득점에 더 유리합니다. 　정답 및 해설 p.4

억양 (◁) MP3 1_9

영어는 한글과 달리 문장 내에서 음의 높낮이 변동이 심한 편입니다. 특히 단어의 마지막 음을 상황에 맞게 올리거나 내려주는 것이 중요합니다.

1 단어 뒤에 쉼표가 있는 경우에는 마지막 음을 올려 읽습니다.

In order to speed up the process(↗), please have your identification ready.
처리 속도를 높이기 위해 신분증을 준비해 주세요.

In a few minutes(↗), we'll be making a quick stop at the Lindum Plaza.
몇 분 뒤에, 저희는 Lindum Plaza에서 잠시 멈출 것입니다.

Tonight(↗), he is going to give a speech on the results of his latest research.
오늘 밤, 그는 최신 연구의 결과에 대해서 발표를 할 것입니다.

2 3개의 명사나 형용사가 열거된 경우 첫 두 항목의 끝 음은 올려주시고, 마지막 항목은 내려서 읽어주세요. 또한, 각 항목 사이를 끊어서 천천히 읽어주세요.

The blue(↗), green(↗), and orange parking areas(↘) will be under construction for one month.
파랑색, 녹색 그리고 오렌지 색 주차 구역이 한 달간 공사 중일 것입니다.

Come and enjoy our outdoor activities(↗), free food(↗) and a show(↘) with our special guests.
오셔서 저희의 야외 활동, 무료 음식 그리고 특별 초대손님과의 쇼를 즐기세요.

I hope you enjoy feeding the animals(↗), visiting our facilities(↗) and watching our history video(↘).
동물 먹이주기, 시설 방문 그리고 저희의 역사 비디오 감상을 즐기시기 바랍니다.

3 Be 동사, 조동사를 사용한 의문문의 경우 끝을 올려줍니다.

Are you looking for a change of career?(↗)
경력상의 변화를 찾고 계신가요?

Are you satisfied with your current mobile phone service?(↗)
현재 사용중인 휴대전화 서비스에 만족하시나요?

Do you usually cook at home?(↗)
당신은 보통 집에서 요리를 하나요?

TIP Q1-2에서 등장하는 의문문은 주로 be 동사, 조동사와 함께 사용됩니다.

4 의문사가 포함된 의문문의 경우 끝을 내려서 읽어줍니다.

What do you usually consider when you choose a restaurant?(↘)
레스토랑을 선택할 때 주로 무엇을 고려하나요?

How many hours do you usually exercise in a week?(↘)
일주일에 주로 몇 시간을 운동하나요?

When was the last time you went to a bookstore?(↘)
마지막으로 서점에 간 것은 언제인가요?

연습 문제 🔊 MP3 1_10

억양에 유의하며 다음 문장들을 읽어보세요.

1 Because some power lines are under construction(↗), several roads are closed.

2 Are you looking for a place to host a company meeting?(↗)

3 This plan includes new routes(↗), additional trains(↗) and weekend service(↘).

4 Please leave a message that includes your name(↗), contact information(↗) and a brief description of the work(↘).

5 All rooms(↗), the tour service center(↗) and gift shops(↘) will be closed until next Sunday.

📖 정답 및 해설 p.4

끊어 읽기 🔊 MP3 1_11

적절한 곳에서 끊어 읽기를 잘 해주는 것만으로도 발음이 더 자연스러워질 뿐 아니라 상대방이 여러분의 말을 더 잘 이해할 수 있게 됩니다.

1 단어나 절을 연결해주는 접속사 and, or, but, as 앞에서 끊어 읽어 주세요.

Lift the weights above your head / and hold them for 20 seconds.
역기를 머리 위로 들어올리고 20초간 그대로 계세요.

After reaching the goal, you can go home / or keep working.
목표를 달성한 뒤, 집에 가거나 계속해서 일할 수 있습니다.

2 절과 절을 이어주는 관계사 앞에서 끊어 읽어 주세요.

I saw Matt's car yesterday, / which was very expensive.
저는 어제 매트의 매우 비싼 차를 보았습니다.

I forgot to tell him / that he doesn't have to come to work.
저는 그에게 출근할 필요가 없다고 말해주는 것을 잊어버렸습니다.

Do you remember / what he had for dinner last weekend?
당신은 그가 지난 주말에 저녁식사로 무엇을 먹었는지 기억하나요?

3 분사구문 앞에서 끊어 읽어 주세요. 동사가 -ing, -ed 형태로 변형되어 사용되는 분사구문은 바로 앞의 명사를 꾸며주는 형용사 역할을 합니다.

We are going to review the ideas / presented at the workshop.
우리는 워크샵에서 발표된 아이디어를 다시 살펴볼 것입니다.

There are some people / watching the performance.
그곳에는 공연을 보고 있는 사람들이 있습니다.

4 문장의 주어가 세 단어 이상인 경우, 동사 앞에서 끊어 읽어 주세요.

Traveling to Japan by ship / takes about 6 hours.
일본으로 배로 이동하는 것은 6시간 정도 걸립니다.

The train to Wells Conference Center / will arrive at the station in five minutes.
Wells Conference Center로 향하는 기차가 5분 뒤 역에 도착할 것입니다.

5   네 단어 이상의 긴 전치사 구 앞에서 끊어 읽어 주세요.

All stores will be closed / for the rest of the week.

이번 주의 남은 기간 동안 모든 매장이 문을 닫을 것입니다.

You can avoid this traffic congestion / by taking Park Avenue.

Park Avenue를 이용함으로써 교통 혼잡을 피할 수 있습니다.

6   구두점 (마침표, 쉼표, 물음표) 뒤에서 길게 끊어 읽어 주세요.

If you are planning an outdoor activity for this weekend, / you're lucky today. //

만약 이번 주말에 야외 활동을 계획 중이시라면, 오늘 당신은 운이 좋습니다.

First of all, / thank you for attending today's job fair. //

먼저, 취업 박람회에 참석해 주셔서 감사합니다.

연습 문제   🔊 MP3 1_12

끊어 읽기에 유의하며 다음의 문장을 읽어보세요.

1   Taking photographs / and touching any equipment / are not allowed in the lab.
2   The theater has many interesting features / which you will notice / as you walk down the hall.
3   We request / that you return to the bus / within 15 minutes.
4   Our conference center / located on Kelvin Street / offers the best facilities / and services.

📖 정답 및 해설 p.5

TIP   끊어 읽을 곳을 지나쳤다고 해서 바로 감점을 받는 것은 아닙니다. 문장을 끊어 읽는 능력이 있는지를 종합적으로 평가하기 때문에 실수를 너무 걱정하지 마세요. 이는 강세도 마찬가지입니다.

유형별 연습

유형 1 광고문

특징
▷ 주로 매장을 홍보하거나 새로운 제품을 광고하는 지문이 출제됩니다.
▷ 제품의 특징이나 장점을 설명하는 다양한 형용사와 명사가 많이 사용됩니다.
▷ 광고의 특성상 밝고 자신감 있는 목소리로 읽어주세요.

1 아래의 지문을 읽어보며 강세를 두어야 할 곳과 끊어 읽을 곳에 표시해보세요.

∨강세 / 끊어 읽기

Welcome to West Hill Electronics Store. For today only, all TVs and refrigerators in the store are 30% off the regular price. Also, you can find the latest models of microwaves, digital cameras and mobile phones at amazing prices. Don't forget that we have everything you need when you are looking for the excellent quality of home appliances.

2 아래에 표시된 강세, 억양 및 끊어 읽기에 유의해서 자신있게 읽어 보세요. ◁》MP3 1_13

강세 / 끊어 읽기 ↗올려 읽기 ↘내려 읽기

Welcome to **West Hill** Electronics Store. // For **today** only(↗), / **all TVs** / and **refrigerators** in the **store** / are **30%** off the **regular price**. // Also(↗), / you can **find** the **latest** models of microwaves (↗), / **digital cameras**(↗) / and mobile phones(↘) / at **amazing prices**. // **Don't** forget / that we have **everything** you need / when you are **looking** for the **excellent quality** of **home appliances**.

3 고득점 포인트
• 긴 고유명사 중 브랜드에 해당하는 명사를 더 크게 발음해 주세요.
  West Hill Electronics Store
• 수를 강조하는 형용사에 강세를 두세요. (all, each, every)
  All TVs and refrigerators in the store are 30% off the regular price.
• 지문의 prices와 appliances처럼 s소리로 끝나는 명사가 복수형인 경우 s를 두 번 발음해야 합니다. 대개 [-시스] 같은 소리가 납니다.

정답 및 해설 p.5

유형 2 공지사항 및 안내문

특징

▷ 공공장소 혹은 매장에서 흔히 들을 수 있는 공지사항 및 안내문입니다. 주로 변경된 부분, 정보 알림 등의 중요사항을 고객이나 직원들에게 전달하기 위한 지문입니다.

▷ 기차역이나 지하철에서 흔히 들을 수 있는 안내방송처럼 차분하지만 명확한 목소리로 지문을 읽어야 합니다.

---

1 아래의 지문을 읽어보며 강세를 두어야 할 곳과 끊어 읽을 곳에 표시해보세요.

∨강세 / 끊어 읽기

Attention, Queensland Bus passengers. In about 15 minutes, we'll be making a stop at the Carina Arcade. Because staying on schedule is very important, we request that you return to the bus within one hour. Also, don't forget that you can find our bus in Area C. Until we arrive at the arcade, sit back, relax and enjoy the view outside.

2 아래에 표시된 강세, 억양 및 끊어 읽기에 유의해서 자신있게 읽어 보세요. 🔊MP3 1_14

강세 / 끊어 읽기 ↗올려 읽기 ↘내려 읽기

Attention(↗), / **Queensland** Bus passengers. // In about **15** minutes(↗), / we'll be making a **stop** / at the **Carina Arcade**. // Because **staying** on **schedule** is very **important**(↗), / we **request** / that you **return** to the **bus** / within **one** hour. // **Also**(↗), / **don't** forget / that you can **find** our **bus** / in Area **C**. // Until we **arrive** at the **arcade**(↗), / sit **back**(↗), / **relax**(↗) / and enjoy the view (↘)outside.

3 고득점 포인트

• 고객의 이목을 끌기 위한 첫 단어인 attention에 자신 있게 강세를 두어 읽어주세요.
  Attention, Queensland Bus passengers.

• 고유명사의 경우 잘못 읽어도 괜찮으니 자신 있게 읽어주는 것이 중요합니다.
  We'll make a stop at the **Carina** Arcade.

• 마지막 자음 t가 다음 단어의 첫 자음으로 y를 만나면 [ㅊ]소리가 납니다. 따라서 that you는 [대츄-]로 발음됩니다.
  We request <u>**that you**</u> return to the bus within one hour.

📖정답 및 해설 p.5

특징

▷ 영업시간 종료 등으로 인해 상대방이 전화를 받을 수 없을 때 들을 수 있는 녹음 메시지를 읽게 됩니다.

▷ 상점의 상호, 내선 번호, 영업시간 관련 표현(시각, 요일 등)이 자주 등장하는데, 중요도가 높은 정보이기 때문에 명확하고 천천히 읽어주세요.

1   아래의 지문을 읽어보며 강세를 두어야 할 곳과 끊어 읽을 곳에 표시해보세요.

∨강세   / 끊어 읽기

Thank you for calling Springwood clothing shop. Unfortunately, we are not available to take your call. Our hours of operation are from 10 A.M. to 8 P.M. For directions to our store, please press one. To leave a message, please press two. Also, visit our website for more information about our new collection, discounted products and upcoming events.

2   아래에 표시된 강세, 억양 및 끊어 읽기에 유의해서 자신있게 읽어 보세요. MP3 1_15

강세   / 끊어 읽기   ↗ 올려 읽기   ↘ 내려 읽기

Thank you for calling **Springwood** clothing shop. // **Unfortunately**(↗), / we are **not** available to **take** your **call.** // Our **hours** of **operation** / are from **10 A.M.** to **8 P.M.** // For **directions** to our **store**(↗), / **please** press **one.** // To **leave** a **message**(↗), / **please** press **two.** // **Also**(↗), / **visit** our **website** for **more** information / about our new **collection**(↗), / discounted **products**(↗) / and upcoming **events**(↘).

3   고득점 포인트

• 자동응답 메시지 유형의 첫 문장에서는 업체명인 고유명사가 자주 등장합니다. 이를 자신 있게 읽어주세요.
  Thank you for calling **Springwood** clothing shop.

• 자주 등장하는 패턴인 'please press + 숫자'에서는 please와 숫자에 강세를 두세요.
  For directions to our store, **please** press **one.**

• Our hours of operation의 강세에 유의하세요. 동일한 발음의 단어들이 강세로 구분됩니다.
  명사 hours를 소유격 our보다 강하게 읽어주세요.
  Our **hours** of operation are from 10 A.M. to 8 P.M.

정답 및 해설 p.6

유형 4 뉴스 (교통정보, 날씨)

특징

▷ TV나 라디오 뉴스에서 접할 수 있는 날씨 예보 혹은 교통 상황 관련 지문을 읽게 됩니다.

▷ 뉴스에서 일기예보 진행자나 아나운서들이 말하는 것처럼 서두르지 말고 또박또박 읽어주세요.

▷ 지명에 관련된 고유명사가 자주 등장합니다. 자신 있게 읽어주세요.

1   아래의 지문을 읽어보며 강세를 두어야 할 곳과 끊어 읽을 곳에 표시해보세요.

∨강세 / 끊어 읽기

Commuters in Gold Coast will probably have a long morning today. Because some water pipes are under construction, several roads are temporarily closed. Main Road, Lambert Street and Stanley Avenue will be closed to traffic until March 16th. Therefore, it is recommended that commuters use public transportation instead. Next week, the situation will be eased with the completion of construction.

2   아래에 표시된 강세, 억양 및 끊어 읽기에 유의해서 자신있게 읽어 보세요. 🔊 MP3 1_16

강세 / 끊어 읽기 ↗ 올려 읽기 ↘ 내려 읽기

Commuters in **Gold Coast** / will probably have a **long morning** today. // Because some **water pipes** are under **construction**(↗), / **several roads** are temporarily **closed**. // Main Road (↗), / Lambert Street(↗) / and Stanley Avenue(↘) / will be **closed** to **traffic** / until **March 16th**. // Therefore(↗), / it is **recommended** / that **commuters** use **public transportation** instead. // **Next** week(↗), / the **situation** will be **eased** / with the **completion** of **construction**.

3   고득점 포인트

• 나열식 문장구조의 억양에 유의하며 각 고유명사를 자신있게 읽어주세요.

  Main Road(↗), **Lambert Street**(↗) and **Stanley Avenue**(↘) will be closed to traffic until March 16th.

• 자음 s와 모음이 만나는 연음에 유의하세요. [파입스 얼-]이 아닌 [파잎 썰-] 처럼 연결해서 읽어주세요.

  Because some water **pipes are** under construction, several **roads are** temporarily closed.

• temporarily의 [rarily] 부분에서 혀를 안쪽으로 구부려 [r]소리를 두 번 내주세요.

🔊 정답 및 해설 p.6

특징

▷ 세미나 혹은 교육 프로그램의 시작 전에 참여자들에게 안내를 하는 내용입니다.

▷ 진행 순서를 설명하는 First, Then, Also와 같은 부사들이 자주 등장합니다. 끊어 읽기에 유의해서 각 부사를 명확히 발음해주세요.

---

1 아래의 지문을 읽어보며 강세를 두어야 할 곳과 끊어 읽을 곳에 표시해보세요.

∨강세 / 끊어 읽기

Welcome to the third session of the interior design seminar. Today, we will talk about furniture rearrangement. First, we will discuss the ideal location of furniture in living rooms, dining rooms and bedrooms. Then, we'll see how furniture rearrangement can change the atmosphere of the room. By the time we're finished, your understanding of furniture rearrangement will be much improved.

---

2 아래에 표시된 강세, 억양 및 끊어 읽기에 유의해서 자신있게 읽어 보세요.  MP3 1_17

강세 / 끊어 읽기 ↗ 올려 읽기 ↘ 내려 읽기

Welcome to the **third** session of the **interior design** seminar. // **Today**(↗), / we will **talk** about **furniture rearrangement.** // First(↗), / we will **discuss** the **ideal location** of **furniture** / in living rooms(↗), / dining rooms(↗) / and bedrooms(↘). // Then(↗), / we'll see / how **furniture rearrangement** can **change** the **atmosphere** of the **room.** // By the **time** we're **finished**(↗), / your **understanding** of **furniture rearrangement** / will be **much improved.**

---

3 고득점 포인트

• 서수 숫자표현도 기수처럼 강세를 두어 읽어주세요.

  Welcome to the **third** session of the interior design seminar.

• '명사 of 명사'의 경우 두 명사 모두에 강세를 두어 읽어주세요.

  We'll see how furniture rearrangement can change the **atmosphere** of the **room.**

정답 및 해설 p.7

유형 6 인물 소개

특징

▷ 연사를 무대로 초청하기 전 그들을 간단히 소개하는 내용입니다.

▷ 행사의 사회자가 말하듯이 더 밝고 친근하게 읽어주는 것이 좋습니다.

▷ 인물의 경력 및 주요 업적에 강세를 두어 읽어주세요.

1 아래의 지문을 읽어보며 강세를 두어야 할 곳과 끊어 읽을 곳에 표시해보세요.

∨강세 / 끊어 읽기

Thank you for attending today's presentation on Next Generation Marketing. I'm honored to introduce our guest, Julie Fell. Dr. Fell has promoted the importance of online marketing over 15 years. Her speech today will be focused on recent business trends including market research, online businesses and social network marketing. Please join me in welcoming Dr. Julie Fell.

2 아래에 표시된 강세, 억양 및 끊어 읽기에 유의해서 자신있게 읽어 보세요. (MP3) 1_18

강세 / 끊어 읽기 ↗ 올려 읽기 ↘ 내려 읽기

Thank you for **attending today's** presentation / on **Next Generation Marketing.** // I'm **honored** to **introduce** our guest(↗), / **Julie Fell.** // **Dr. Fell**(↗) / has **promoted** the **importance** of **online marketing** over 15 years. // Her **speech today** will be **focused** / on **recent business trends** / including market research(↗), / online businesses(↗) / and social network marketing(↘). // **Please** join me in **welcoming** / **Dr. Julie Fell.**

3 고득점 포인트

• 지문의 첫 단어로 자주 사용되는 Welcome과 Thank에 강세를 두어 읽어주세요.

Thank you for attending today's presentation on Next Generation Marketing.

• 강연 주제에 강세를 두어 읽어주세요.

Her speech will be focused on **recent business trends.**

• 연사의 전문 분야, 활동 영역 등 경력을 강조하는 요소에 강세를 두어 읽어주세요.

Dr. **Fell** has **promoted** the **importance** of **online marketing** over 15 years.

정답 및 해설 p.7

실전 연습

다음의 지문들을 시간을 지켜 읽어보세요.

1 광고문 MP3 1_19

준비시간: 45초 / 답변시간: 45초

TOEIC Speaking   **Question 1 of 11**

Are you not satisfied with your internet service provider? If so, call
us at Norman Park Internet Service today. We offer the best prices,
free consultation and 24-hour customer service. According to Smart
Computing Magazine, we have the lowest number of customer complaints
compared to our competitors. Call us and get a 30% discount today.

---

2 공지사항 및 안내문 MP3 1_20

TOEIC Speaking   **Question 2 of 11**

Welcome to Boston International Airport. Your check-in process will take
twenty to twenty-five minutes. In order to speed up the boarding process,
please have your flight ticket and passport ready as you approach the
counter. Also, please make sure your luggage is properly labeled with
your name, address and telephone number.

정답 및 해설 p.8-9

3 자동응답 메시지 🔊MP3 1_21

TOEIC Speaking

Question 1 of 11

You have reached Damian's restaurant, serving the best Italian cuisine in San Francisco. Our business hours are from 11 A.M. to 9 P.M. If you want to make a reservation, please press 1. Press 2 for our location, seasonal menus and the website address. For other information, please contact us again during our business hours. Thank you.

4 뉴스 (교통정보, 날씨) 🔊MP3 1_22

TOEIC Speaking

Question 2 of 11

Now for today's weather. Our area is experiencing unusual weather conditions. Tonight, we are expecting strong winds, periods of heavy rain and dropping temperatures. Therefore, we'd like to advise everyone to cancel outdoor activities and stay at home if possible. Fortunately, we will have clear skies by the morning and the weather will be ideal for activities outside.

📖 정답 및 해설 p.10-11

5 프로그램 소개 🔊MP3 1_23

준비시간: 45초 / 답변시간: 45초

Thank you for coming to this Communication Skills Training. We are going to analyze how people communicate every day, including written text, speech and body language. And then, we will see what differences they have and how they are used at work. I'm sure you will find this information very helpful in understanding the intentions of others.

6 인물 소개 🔊MP3 1_24

Thanks for listening to Jamie's Radio Show. I'm very excited to introduce our next guest, Shawn Perez. Obviously, he is one of the most influential writers today. His latest novel, 'Beyond Earth', has received excellent reviews from readers and critics for the charming, distinctive and imaginative characters. And it is already a best seller in most major bookstores.

정답 및 해설 p.12-13

현장감 살려 읽기

앞서 저희는 강세, 억양 그리고 끊어 읽기의 중요성에 대해 배웠습니다. 그런데 이에 못지않게 지문의 종류에 어울리는 어조로 현장감을 살려 읽는 것 역시 고득점을 위해 매우 중요합니다.

한번 이렇게 가정해보겠습니다. 여러분은 어느 워크샵의 강연자입니다.

눈부신 조명 아래 수많은 사람들이 여러분을 쳐다보고 있습니다. 그리고 여러분은 마이크를 들고 다음과 같이 말합니다. 아래의 지문을 소리내서 읽어보세요.

> Welcome and thank you for attending the Maxview business workshop.
> Today, you will learn how to start and manage your own business.

잘 읽어 보셨나요? 내 답변이 워크샵의 사회자로서 문제는 없었을까요?

강세, 억양, 끊어 읽기에 유의해서 말하는 것도 중요하지만 내 답변의 성량과 어조가 현장에서 문제를 유발하지는 않았을지 생각해 보아야 합니다. 항상 지문의 종류에 어울리는 목소리로 자신 있게 답변하는 연습을 해주세요.

Questions

3-4

Describe a picture

사진 묘사하기

살펴보기

문제 구성

문제 번호	Questions 3-4 (2문제)
문제 유형	Describe a picture 사진 묘사하기
준비 시간	각 45초
답변 시간	각 30초
배점	0 - 3
평가 기준	발음, 억양, 강세 / 내용의 관련성 / 내용의 완성도

시험 진행 순서

TOEIC Speaking

Question 3-4: Describe a picture

Directions: In this part of the test, you will describe the picture on your screen in as much detail as you can. You will have 45 seconds to prepare your response. Then you will have 30 seconds to speak about the picture.

① 시험 안내문

3번, 4번 문제의 시험 진행 방식을 설명하는 안내문을 화면에 보여준 뒤 이를 음성으로 들려줍니다.

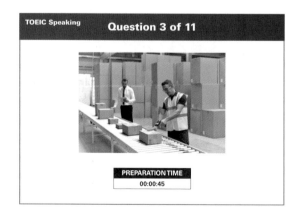

② 3번 문제 준비 시간

화면에 첫번째 사진이 등장하며 45초의 준비 시간이 주어집니다.

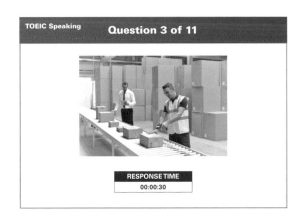

③ 3번 문제 답변 시간

준비 시간이 끝나면 30초의 답변 시간이
주어집니다.

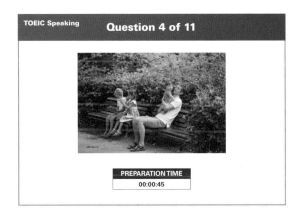

④ 4번 문제 준비 시간

화면에 두번째 사진이 등장하며 45초의 준비 시간이
주어집니다.

⑤ 4번 문제 답변 시간

이후 30초의 답변 시간이 주어집니다.

학습 포인트

1 준비 시간 활용하기

완성된 문장을 만들기 보다 인물의 동작, 눈에 띄는 사물 등 핵심 키워드 위주로 답변을 준비하세요. 또, 대상에 따른 답변 순서를 미리 정해 놓는 것이 중요합니다.

2 인물의 동작 표현 학습하기

시험에 자주 출제되는 인물의 동작을 확실히 암기해주세요. 인물의 정확한 동작 묘사는 고득점에 필수적인 요소입니다.

3 유동적으로 답변하기

교재에서 소개하는 답변 방식은 쉽게 고득점을 받을 수 있도록 도와주는 역할을 할 뿐, 그대로 따라야 하는 것은 아닙니다. 자신의 실력에 맞게 답변의 길이를 늘이거나 줄여도 괜찮습니다.

4 너무 욕심내지 않기

짧은 답변시간 동안 너무 많은 것을 설명하려 하다 문법적으로 잘못된 문장을 말하거나 답변 도중 끊기는 경우가 많습니다. 많이 말해야만 고득점을 받을 수 있는 것은 아닙니다.

5 일정한 리듬으로 답변하기

템플릿이 사용된 구간을 말할 때에 비해 직접 영작을 하는 구간에서 답변 속도가 느려지는 분들이 많습니다. 반복해서 답변해보며 서두르지 말고 일정한 리듬으로 말하는 연습을 해주세요.

6 시간을 재며 실전 연습하기

평소에 답변 시간을 측정해 보며 사진의 유형별로 자신이 얼마나 많은 문장을 말할 수 있는지 파악해 두세요.

학습 시작에 앞서

사진 내 비중이 큰 대상을 세 가지 선택해주세요. 그 후 선택한 인물의 동작이나 사물의 이름을 영어로 생각해보세요.

1

장소	cafe
대상 1	talking on the phone
대상 2	making coffee
대상 3	a sink

2

장소	
대상 1	
대상 2	
대상 3	

3

장소	
대상 1	
대상 2	
대상 3	

4

장소	
대상 1	
대상 2	
대상 3	

정답 및 해설 p.15

기초 다지기

장소 설명

▷ **장소 설명**　　인원 수 설명　　수요 대상 설명　　의견 말하기

전치사와 명사를 사용해서 사진이 찍힌 장소를 말해 주세요.

I think this picture was taken + 전치사 + 장소.
이 사진은 ~에서 찍혔다고 생각합니다.

I think this picture was taken **in a meeting room.**
저는 이 사진이 회의실에서 찍혔다고 생각합니다.

빈칸을 채워 사진이 찍힌 장소를 말해보세요.

1　I think this picture was taken _____ .

2　I think this picture was taken _____ .

3　I think this picture was taken _____ .

4　I think this picture was taken _____ .

5　I think this picture was taken _____ .

6　I think this picture was taken _____ .

7　I think this picture was taken _____ .

8　I think this picture was taken _____ .

TIP　빈칸 작성 후 바로 답을 확인하지 마시고, MP3 파일을 먼저 들어보는 것도 좋은 연습이 됩니다.　정답 및 해설 p.16-17

인원 수 설명

사진에 보이는 인물의 수를 말해주세요. 중요도가 높지 않으므로 답변 시간이 부족하다면 생략 가능합니다.

There are 인원 수 people in this picture.
사진에는 ~명의 사람들이 있습니다.

There are **three** people in this picture.
사진에는 세 명의 사람들이 있습니다.

TIP 인원이 다섯 명 이상이면 일일이 세지 마시고 many를 사용해 주세요.

연습 문제 🔊 MP3 2_2

빈칸을 채워 사진 내 인원 수를 말해보세요.

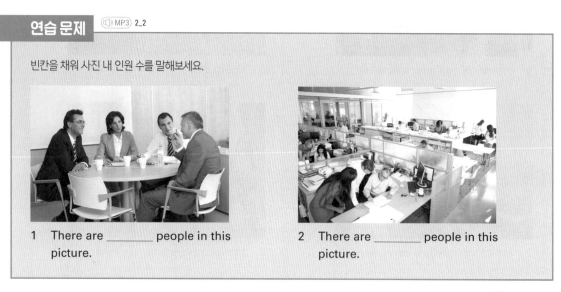

1 There are _____ people in this picture.

2 There are _____ people in this picture.

정답 및 해설 p.18

주요 대상 설명

다음에 유의해서 사진 내 인물이나 사물을 설명합니다.

• 위치를 설명하는 표현을 먼저 말해주세요.

• 사진 내 비중이 큰 순서대로, 사물보다 사람을 먼저 묘사합니다.

대상의 위치 설명		인물이나 사물의 특징 설명
On the left side of the picture, **In the background of the picture,**	**+**	**a man is using a laptop computer.** **there are many bookshelves.**

사진 속 대상의 위치를 설명하는 표현

❶ 사진의 가운데에
  In the **middle** of the picture,

❷ 사진의 오른쪽에
  On the **right** side of the picture,

❸ 사진의 왼쪽에
  On the **left** side of the picture,

❹ 사진의 앞쪽에
  In the **foreground** of the picture,
  사진의 아래쪽에
  At the **bottom** of the picture,

❺ 사진의 배경에
  In the **background** of the picture,
  사진의 위쪽에
  At the **top** of the picture,

> **TIP** ❹, ❺번은 두 표현 중 하나를 사용하세요

대상 간 위치를 설명하는 표현 🔊 MP3 2_3

at ~에
Four people are sitting **at** a table.
네 사람이 테이블에 앉아있습니다.

next to ~의 옆에
Next to her, another woman is drinking water.
그녀의 옆에, 다른 여자가 물을 마시고 있습니다.

in front of ~의 앞에 / on ~의 위에
In front of her, a man and a boy are sitting **on** a sofa.
그녀의 앞에, 한 남자와 소년이 소파에 앉아있습니다.

behind ~의 뒤에
Behind her, a waitress is wiping a table.
그녀의 뒤에, 웨이트리스가 테이블을 닦고 있습니다.

across from ~의 맞은편에
Across from them, a man is writing something on the paper.
그들의 맞은편에, 한 남자가 종이에 뭔가를 쓰고 있습니다.

along ~을 따라서
Many cars are parked **along** the road.
많은 차가 길을 따라서 주차되어 있습니다.

주요 인물 묘사

인물의 동작을 **현재 진행형** 시제를 사용해서 설명해 주세요. 비중이 큰 인물의 경우 인상착의를 한가지 더해줍니다.

		인물의 인상착의
		He is wearing a white shirt.
		그는 흰 셔츠를 입고 있습니다.
대상 위치 설명	**인물의 동작**	
In the middle of the picture, +	**a man is talking on the phone. +**	**He has short black hair.**
사진의 가운데,	한 남자가 통화를 하고 있습니다.	그는 짧은 검정머리입니다.
		He is wearing glasses.
		그는 안경을 쓰고 있습니다.

TIP 인상착의는 한가지만 말해도 충분하며, 사진 내 모든 인물의 인상착의를 설명할 필요는 없습니다.

자주 출제되는 인상착의 표현

복장	a shirt 셔츠 / a T-shirt 티셔츠 / a jacket 재킷 / a coat 코트 / jeans 청바지 a skirt 치마 / a suit 정장 / a vest 조끼 / a uniform 근무복 / an apron 앞치마 an one-piece dress 원피스 **TIP** shirt의 발음에 유의하세요. 끝소리가 [ㅌ]소리로 발음됩니다.
머리 스타일	long hair 긴 머리 / curly hair 곱슬 머리 / black hair 검정 머리 **TIP** 길이와 색상을 함께 사용할 때는 길이를 먼저 말해줍니다. She has long black hair.
각종 장신구	a cap 챙이 있는 야구모자 / a hat cap 이외의 모자 종류 / a tie 넥타이 glasses 안경 / sunglasses 선글라스 / a watch 시계 **TIP** 복수형으로 사용되는 명사의 발음에 유의하세요.

주요 사물 묘사

사진 내 비중이 큰 사물을 대상의 위치 표현과 함께 설명해 주세요.

대상 위치 설명		사물 설명
In the middle of the picture, 사진의 가운데,		**there is a red traffic sign.** 빨간 교통 표지판이 있습니다.
On the right side of the picture, 사진의 오른쪽에,	**+**	**I can see a ladder and small table.** 사다리와 작은 테이블이 보입니다.
In the background of the picture, 사진의 배경에,		**there is a large building.** 커다란 건물이 있습니다.

TIP
• color 혹은 size를 추가해서 사물을 더 자세히 묘사할 수 있습니다.
• 사물 설명시 같은 표현을 연속해서 쓰지 않는 것이 고득점에 유리합니다.

1   사진의 일부를 보고, 우리말 해석과 제시된 키워드를 참조해서 인물의 동작과 인상착의를 말해보세요.

①

_____ of the picture,
a man is _____ . (write)
사진의 왼쪽에, 한 남자가 노트에 뭔가를 쓰고 있습니다.

He is _____ .
그는 회색 티셔츠를 입고 있습니다.

②

_____ of the picture,
a woman is _____ . (have)
사진의 가운데에, 한 여자가 화상 회의를 하고 있습니다.

She is _____ .
그녀는 흰 재킷을 입고 있습니다.

③

_____ of the picture,
a woman is _____ . (make)
사진의 앞쪽에, 한 여자가 복사를 하고 있습니다.

She is _____ .
그녀는 흰 셔츠를 입고 있습니다.

④

_____ of the picture,
a man is _____ . (wipe)
사진의 오른쪽에, 한 남자가 테이블을 닦고 있습니다.

He is _____ .
그는 파란 셔츠를 입고 있습니다.

⑤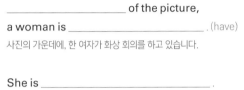

_____ of the picture,
a woman is _____ . (take)
사진의 배경에, 한 여자가 주문을 받고 있습니다.

She is _____ .
그녀는 녹색 앞치마를 두르고 있습니다.

2 제시된 키워드를 참조해서 사진 내 사물을 설명해보세요.

①

사진의 왼쪽, 자전거

_____ of the picture,

_____ .

②

사진의 오른쪽, 신호등

_____ of the picture,

_____ .

③

테이블 위, 화분들

_____ ,

_____ .

④

남자의 뒤, 많은 책장들

_____ ,

_____ .

⑤

남자의 옆, 메뉴판

_____ ,

_____ .

정답 및 해설 p.19-20

의견 말하기

답변의 중간이나 마지막에 사진에 대한 개인적인 생각을 말해줍니다. 중요도가 높지 않으니 답변 시간이 부족하면 과감히 생략하세요.

It seems like + 주어 + 동사.

~인 것 같습니다.

It seems like they are university students.

그들은 대학생인 것 같습니다.

연습 문제 🔊 MP3 2_5

사진을 참고하여 제시된 마무리 문장을 완성해 보세요.

1

It seems like _____.

그들이 업무에 집중하고 있는 것 같습니다.

2

It seems like _____.

날씨가 야외 활동에 좋아 보입니다.

3

It seems like _____.

그들이 함께 과제를 하는 것 같습니다.

TIP 답변 시간이 부족하면 마무리 문장을 생략할 수 있습니다.   🔊 정답 및 해설 p.21

답변 전략

인물의 동작 묘사 연습 (MP3) 2_6

시험에 자주 출제되는 인물 동작 표현을 학습합니다. 인물의 동작 묘사에는 주로 현재 진행형 시제를 사용합니다.

주어 + be 동사 (is / are) + 동사ing. 주어가 ~하는 중입니다.

사무실, 회의실 (office, meeting room)

giving a presentation	발표를 하다
looking at a monitor	모니터를 쳐다보다
making a copy	복사를 하다
pointing at a monitor	모니터를 가리키다
reading a document	서류를 읽다
typing on a keyboard	타자를 치다
talking on the phone	통화를 하다
having a meeting	회의를 하다
carrying a box	상자를 나르다
having a video conference	화상 회의를 하다

매장 (store)

putting an apple into a bag	사과를 봉투에 넣다
handing over a credit card	신용카드를 건네다
pushing a shopping cart	쇼핑카트를 밀다
standing at a checkout counter	계산대에 서있다
receiving an item	물건을 받다
checking out	계산을 하다
shopping around	쇼핑을 하며 돌아다니다
waiting in line	줄을 서서 기다리다
scanning a barcode	바코드를 찍다

레스토랑, 카페 (restaurant, café)

reading a menu	메뉴를 읽다
taking an order	주문을 받다
placing an order	주문을 하다
showing a menu to a man	남자에게 메뉴를 보여주다
pouring water	물을 따르다
serving food	음식을 내오다
sitting at a table	테이블에 앉아 있다

교실 (classroom)

writing something on the whiteboard	화이트보드에 뭔가를 쓰다
explaining something	뭔가를 설명하다
teaching a class	수업을 진행하다
taking notes	필기를 하다
holding up their hands	손을 들고 있다
taking a class	수업을 듣다
doing an experiment	실험을 하다

거리 (street)

waiting for a green light	녹색 신호를 기다리다
pushing a baby stroller	유모차를 밀다
passing by them	그들의 옆을 지나가다
riding a scooter	스쿠터를 타다
playing musical instruments	악기를 연주하다
crossing a road	길을 건너다
walking on the street	거리를 걸어가다
performing on the street	거리에서 공연을 하다
pulling a handcart	수레를 끌다

도서관 (library)

scanning a book	책의 바코드를 스캔하다
reaching for a book	책을 향해 손을 뻗다
taking a book from a bookshelf	책장에서 책을 꺼내다
leaning against a bookshelf	책장에 기대어 있다
using a laptop computer	노트북을 사용하다
reading books	책을 읽다
checking out some books	책을 대출하다

라운지 & 로비 (lounge & lobby)

taking an escalator	에스컬레이터를 이용하다
going up the stairs	계단을 올라가다
going down the stairs	계단을 내려오다
looking for something in a bag	가방에서 뭔가를 찾다
holding a mug	머그잔을 들고 있다
shaking hands	악수를 하다
talking to each other	서로 이야기를 하다
gathered together	함께 모여 있다

TIP 사람이 모여있는 경우 수동태(be동사+과거분사)를 사용해주세요.

공원 (park)

taking a picture	사진을 찍다
riding a bicycle	자전거를 타다
walking a dog	개를 산책시키다
playing musical instruments	악기를 연주하다
walking along the road	길을 따라 걷다
sitting on a bench	벤치에 앉아 있다
jogging	조깅을 하다
taking a walk	산책을 하다
feeding the birds	새들에게 먹이를 주다
putting air in the tire	타이어에 바람을 넣다
getting on a bicycle	자전거에 올라타다

물가 (waterfront & beach)

fishing	낚시를 하다
swimming in the water	물에서 수영을 하다
walking along the shore	해변을 따라서 걷다
paddling the boat	배의 노를 젓다
riding in a boat	보트를 타다

집 (house)

hanging a frame on the wall	벽에 액자를 걸다
cooking something	뭔가를 요리하다
coming out of the room	방에서 나오다
walking into the house	집 안으로 들어가다
wiping a kitchen counter	부엌 조리대를 닦다
sitting on a sofa	소파에 앉아있다
watering flowers	꽃에 물을 주다
ironing a shirt	셔츠를 다리다
nailing the wall	벽에 못을 박다
drilling a hole in the wall	벽에 구멍을 뚫다
washing the dishes	설거지를 하다
vacuuming the floor	청소기로 청소를 하다
working on the ladder	사다리 위에서 작업하다

유형별 연습

유형1 인물 중심 (2인)

추천 묘사 순서

① 장소　　　**②** 인원 수　　　**③** 인물 1
동작 + 인상착의　　　**④** 인물 2
동작 + 인상착의　　　**⑤** 추가 문장

특징

▷　준비 시간 동안 대상의 묘사 순서를 정해두세요.

▷　인물의 행동을 정확히 묘사하는 것이 중요합니다.

▷　사진에 등장하는 인물이 두 명일때는 두 명 모두 인상착의를 설명해주세요.

▷　답변 시간이 남으면 비중이 큰 사물 혹은 사진에 대한 내 의견을 더해주세요.

답변 구성

사진을 참조해서 빈칸을 완성한 뒤, 답변 시간 30초를 지켜 다시 한번 말해보세요. MP3 2_7

1. 장소	I think this picture was taken _____ . 이 사진은 카페에서 찍힌 것 같습니다.
2. 인원 수	There are _____ . 사진에는 두 명의 사람이 있습니다.
3. 인물 1	On the right side of the picture, a woman is _____ . 사진의 오른쪽에, 한 여자가 통화를 하고 있습니다. She is wearing _____ . 그녀는 회색 앞치마를 두르고 있습니다.
4. 인물 2	On the left side of the picture, a man is _____ . 사진의 왼쪽에, 한 남자가 커피를 만들고 있습니다. And he is wearing _____ . 그리고 그 역시 회색 앞치마를 두르고 있습니다.
5. 추가 문장	In the background of the picture, there is _____ . 사진의 배경에, 싱크대가 있습니다. It seems like she is _____ . 그녀가 전화로 주문을 받고 있는 것 같습니다.

TIP
- 추가 문장은 한 가지만 말해도 됩니다.
- 인물의 인상착의 앞에 and를 붙이면 더 자연스럽게 답변을 이어 나갈 수 있습니다.

(모범 답안)

1. in a café

2. two people in this picture

3. talking on the phone / a grey apron

4. making coffee / a grey apron too

5. a sink / taking an order over the phone

준비 시간 45초와 답변 시간 30초를 지켜 사진을 묘사한 뒤, 빈칸을 채워 답변을 완성하세요.

1. 장소	I think this picture was taken _____ 길 위에서 _____ .	
2. 인원 수	There are _____ 두 명 _____ .	
3. 인물 1	_____ 사진의 가운데에 _____ , _____ 검정색 차를 고치는 남자 _____ .	
	And he is wearing _____ 오렌지색 작업복 _____ .	
4. 인물 2	_____ 그의 뒤에 _____ , _____ 차를 쳐다보는 한 여자 _____ .	
	She is wearing _____ 검정색 야구모자와 체크무늬 치마 _____ .	
5. 추가 문장	_____ 사진의 배경에 _____ , _____ 들판과 많은 나무들 _____ .	

(고득점 챌린지)

아래의 문장도 영작해 보세요.

1 _____ 사진의 오른쪽에 _____ , _____ 주황색 원뿔 _____ .

2 It seems like _____ 차가 길 위에서 고장 났다 _____ .

(◻ 정답 및 해설) p.22

유형 2 인물 중심 (3인 이상)

추천 묘사 순서

1 장소   **2** 인원 수   **3** 인물 1   **4** 인물 2   **5** 인물 3

특징

▷ 인물의 행동을 정확히 묘사하는 것이 중요합니다.

▷ 비중이 큰 인물에 한해 인상착의를 묘사해주세요.

▷ 공통점이 있는 인물들은 함께 묘사해주세요.

▷ 비중이 큰 순서대로 인물을 묘사하세요. 인물의 수가 4명이 넘을 경우 이를 모두 묘사하지 않아도 됩니다.

▷ 혹시 답변 시간이 남으면 비중이 큰 사물 혹은 사진에 대한 내 의견을 말해주세요.

답변 구성

사진을 참조해서 빈칸을 완성한 뒤, 답변 시간 30초를 지켜 다시 한번 말해보세요. 🔊 MP3 2_9

---

1. 장소	I think this picture was taken _____ . 이 사진은 공항에서 찍힌 것 같습니다.
2. 인원 수	There are _____ . 사진에는 세 명의 사람이 있습니다.
3. 인물 1	On the left side of the picture, a woman is _____ . 사진의 왼쪽에, 한 여자가 검정색 여행용 가방을 끌고 있습니다. She is wearing _____ . 그녀는 회색 정장을 입고 있습니다.
4. 인물 2	On the right side of the picture, a man is _____ . 사진의 오른쪽에, 한 남자가 신문을 읽고 있습니다. And he is wearing _____ . 그리고 그는 검정색 정장을 입고 있습니다.
5. 인물 3	In the middle of the picture, another woman is _____ . 사진의 가운데에, 또다른 여자가 노트북에 타이핑을 하고 있습니다.

 TIP
- 사진 내 또 다른 남자나 여자를 설명할 때는 한정사 another를 사용하세요.
- 자신이 생각하는 중요도에 따라 묘사할 대상을 결정하세요. 예를 들어 남자의 인상착의를 생략하고 가운데 여자 옆의 파란색 의자를 설명해도 좋습니다.

(모범 답안)

1. at an airport

2. three people in this picture

3. pulling a black suitcase / a grey suit

4. reading a newspaper / a black suit

5. typing on a laptop computer

연습 문제 🔊 MP3 2_10

준비 시간 45초와 답변 시간 30초를 지켜 사진을 묘사한 뒤, 빈칸을 채워 답변을 완성하세요.

1. 장소	I think this picture was taken _____회의실에서_____ .	
2. 인원 수	There are _____네 명_____ .	
3. 인물 1	____사진의 오른쪽에____ , _____화이트보드에 뭔가를 쓰는 여자_____ .	
4. 인물 2	____사진의 가운데에____ , _____노트북에 타이핑을 하는 남자_____ .	
5. 인물 3	____그의 뒤에____ , _____화이트보드를 쳐다보는 두 여자_____ .	
추가 문장 (생략 가능)	____사진의 배경에____ , _____커다란 창_____ .	

(고득점 챌린지)

아래의 문장도 영작해 보세요.

1 She is wearing _____노란색 민소매 셔츠_____ .

2 It seems like _____그들이 조별과제를 한다_____ .

🔊 정답 및 해설 p.23

추천 묘사 순서

❶
장소

❷
인물
(동작 2개 + 인상착의 1개)
혹은
(동작 1개 + 인상착의 2개)

❸
사물 1

❹
사물 2

❺
추가 문장

특징

▷ 인물의 행동을 정확히 묘사하는 것이 중요합니다.

▷ 인물의 동작이나 인상착의를 두 가지 설명하되, 묘사 포인트를 찾기 힘들면 다음 문장으로 넘어가세요.

▷ 비중이 큰 사물을 먼저 묘사해주세요.

▷ 답변 시간이 남으면 사물을 하나 더 설명하거나 사진에 대한 내 의견을 말해주세요.

답변 구성

사진을 참조해서 빈칸을 완성한 뒤, 답변 시간 30초를 지켜 다시 한번 말해보세요. MP3 2_11

1. 장소	I think this picture was taken _____ . 이 사진은 거실에서 찍힌 것 같습니다.
2. 인물	In the middle of the picture, a woman is _____ . 사진의 가운데에, 한 여자가 휠체어에 앉아 있습니다. She is _____ . 그녀는 노트북 화면에 손을 흔들고 있습니다. And she is wearing _____ . 그리고 그녀는 노란색 셔츠를 입고 있습니다.
3. 사물 1	At the top of the picture, there are _____ 사진의 위쪽에, 조명이 세 개 있습니다.
4. 사물 2	On the left side of the picture, I can see _____ . 사진의 왼쪽에, 어두운 방이 보입니다.
5. 추가 문장	It seems like she is _____ . 그녀가 화상 채팅을 하고 있는 것 같습니다.

Questions 3-4

TIP • 인물의 동작을 하나만 설명한 뒤, 두 가지 인상착의를 말해도 좋습니다.
   • 추가 문장은 생략이 가능합니다.

모범 답안

1. in a living room

2. sitting in a wheelchair / waving her hand at a laptop screen / a yellow shirt

3. three lights

4. a dark room

5. doing a video chat

준비 시간 45초와 답변 시간 30초를 지켜 사진을 묘사한 뒤, 빈칸을 채워 답변을 완성하세요.

| 1. 장소 | I think this picture was taken _____휴게실에서_____ . |

| 2. 인물 | ___사진의 가운데에___ , ___그림을 그리는 여자___ .
And she is wearing ___파란 체크무늬 셔츠___ .
Also, she is wearing ___히잡___ too. |

| 3. 사물 1 | ___사진의 오른쪽에___ , ___커다란 선풍기___ . |

| 4. 사물 2 | ___사진의 배경에___ , ___책장의 많은 책들___ . |

| 5. 추가 문장 | ___사진의 위쪽에___ , ___벽의 그림___ . |

(고득점 챌린지)

아래의 문장도 영작해 보세요.

1 ___책장들 사이에___ , ___두개의 식물___ .

2 It seems like ___그림이 국기이다___ .

(╚┘) 정답 및 해설) p.24

추천 묘사 순서

1 장소   **2** 인원 수   **3** 대상 1   **4** 대상 2   **5** 대상 3   **6** 대상 4

특징

▷ 다수의 인물과 사물이 등장하며 준비시간 동안 묘사 순서를 결정해두는 것이 중요합니다.

▷ 인물 중심 유형과 달리 비중이 큰 사물을 인물보다 먼저 묘사할 수 있습니다.

▷ 인물은 동작 위주로 한 문장씩 묘사해주세요.

▷ 공통점이 있는 인물들은 함께 묘사해주세요.

▷ 시간이 부족하면 인원 수 문장이나 비중이 낮은 대상 한가지를, 혹은 둘 다 생략해주세요.

답변 구성

사진을 참조해서 빈칸을 완성한 뒤, 답변 시간 30초를 지켜 다시 한번 말해보세요. (◁⑴MP3) 2_13

1. 장소	I think this picture was taken _____ . 이 사진은 거리에서 찍힌 것 같습니다.
2. 인원 수	There are _____ . 사진에는 많은 사람들이 있습니다.
3. 대상 1	On the left side of the picture, many kinds of flowers are _____ . 사진의 왼쪽에, 많은 종류의 꽃이 진열되어 있습니다.
4. 대상 2	In the foreground of the picture, three women are _____ . 사진의 앞쪽에, 세명의 여자가 꽃을 쳐다보고 있습니다.
5. 대상 3	On the right side of the picture, a woman is _____ . 사진의 오른쪽에, 한 여자가 자전거를 밀고 있습니다.
6. 대상 4	In the background of the picture, I can see _____ . 사진의 배경에, 작은 건물이 몇 개 보입니다.

TIP 수동태(be동사 + 과거 분사)를 사용해서 사물의 상태를 더 자세히 묘사할 수 있습니다.
📖 docked (정박된), parked (주차된), displayed (진열된), stacked (쌓여 있는)

(모범 답안)

1. on the street

2. many people in this picture

3. displayed

4. looking at the flowers

5. pushing a bicycle

6. some small buildings

준비 시간 45초와 답변 시간 30초를 지켜 사진을 묘사한 뒤, 빈칸을 채워 답변을 완성하세요.

1. 장소	I think this picture was taken _____강가에서_____ .	
2. 인원 수	There are _____많은 사람_____ .	
3. 대상 1	_____사진의 오른쪽에_____ , _____테이블에 앉아있는 많은 사람들_____ .	
4. 대상 2	_____사진의 가운데에_____ , _____검정색 가로등_____ .	
5. 대상 3	_____사진의 왼쪽에_____ , _____정박되어 있는 보트들_____ .	
6. 대상 4	_____사진의 배경에_____ , _____작은 건물들과 많은 나무들_____ .	

(고득점 챌린지)

아래의 문장도 영작해 보세요.

1   I think this picture was taken _____강가의 레스토랑_____ .

2   _____사진의 오른쪽에_____ , _____한 여자가 손님들에게 음식을 서빙하다_____ .

📖 정답 및 해설 p.25

실전 연습

준비 시간과 답변 시간을 지켜 다음의 사진을 묘사해보세요.

1 🔊 MP3 2_15   준비 시간: 45초 / 답변 시간: 30초

장소	
인원 수	
인물 1	
인물 2	
인물 3	
추가 문장(생략 가능)	

📱 정답 및 해설 p.26

2 🔊 MP3 2_16

장소 _____

_____

인원 수 _____

_____

인물 1 _____

_____

인물 2 _____

_____

추가 문장(생략 가능) _____

_____

🔊 정답 및 해설 p.27

Questions 3-4

3 🔊 MP3 2_17

TOEIC Speaking	Question 3 of 11

장소

_____

인원 수

_____

인물 1

_____

인물 2

_____

인물 3

_____

추가 문장(생략 가능)

_____

📖 정답 및 해설 p.28

4

장소

_____

인원 수

_____

대상 1

_____

대상 2

_____

대상 3

_____

대상 4

_____

정답 및 해설 p.29

5 🔊 MP3 2_19

장소	
	_____
인원 수	
	_____
인물 1	
	_____
인물 2	
	_____
인물 3	
	_____

TIP 시간이 부족하면 인원 수 문장이나 비중이 낮은 대상 한가지를, 혹은 둘 다 생략해주세요. 📖 정답 및 해설 p.30

6 MP3 2_20

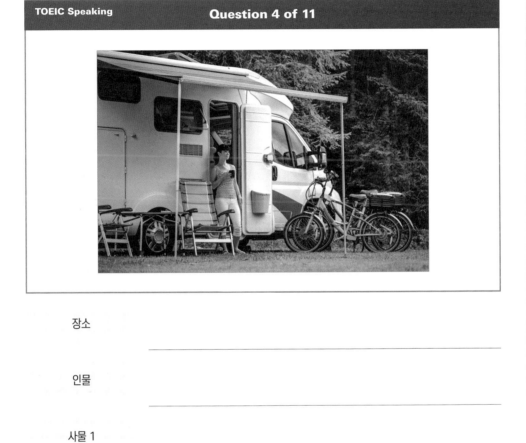

장소	
인물	
사물 1	
사물 2	
추가 문장(생략 가능)	

정답 및 해설 p.31

7  MP3 2_21

장소

_____

인원 수

_____

인물 1

_____

인물 2

_____

인물 3

_____

추가 문장(생략 가능)

_____

정답및해설 p.32

8 (((MP3))) 2_22

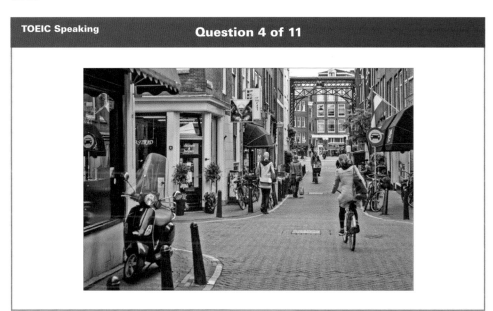

장소

_____

인원 수

_____

대상 1

_____

대상 2

_____

대상 3

_____

대상 4

_____

정답 및 해설 p.33

Questions

5-7

Respond to questions

듣고, 질문에 답하기

살펴보기

문제 구성

문제 번호	Questions 5-7 (3문제)
문제 유형	Respond to questions 듣고 질문에 답하기
준비 시간	문항별 3초
답변 시간	5번: 15초 6번: 15초 7번: 30초
배점	0 - 3
평가 기준	발음, 억양, 강세 / 문법, 어휘, 일관성 / 내용의 관련성 / 내용의 완성도

시험 진행 순서

TOEIC Speaking

Questions 5-7: Respond to questions

Directions: In this part of the test, you will answer three questions. You will have three seconds to prepare after you hear each question. You will have 15 seconds to respond to Questions 5 and 6 and 30 seconds to respond to Question 7.

① 시험 안내문

5-7번 문제 진행 방식을 설명하는 안내문을 화면에 보여준 뒤 이를 음성으로 들려줍니다.

TOEIC Speaking

Imagine that an Australian marketing firm is doing research in your country. You have agreed to participate in a telephone interview about your hometown.

② 상황 설명

안내문이 사라지면 화면 상단에 현재의 상황을 설명하는 내용이 등장합니다.

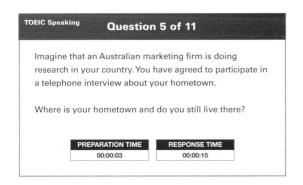

③ 5번 문제

상황 설명 이후 하단에 5번 문제가 등장하며 3초의 준비 시간 이후 15초의 답변 시간이 주어집니다.

④ 6번 문제

뒤이어 6번 문제가 등장하며 3초의 준비 시간 이후 15초의 답변 시간이 주어집니다.

⑤ 7번 문제

뒤이어 7번 문제가 등장하며 3초의 준비 시간 이후 30초의 답변 시간이 주어집니다.

학습 포인트

1 쉽고 간결한 표현을 이용하세요.

답변 준비 시간이 매우 짧습니다. 어려운 문법이나 단어를 사용하기보다 익숙하고 간결한 표현을 이용해서 답변하는 것이 중요합니다.

2 실전처럼 시간을 지켜서 연습하세요.

평소에 시간을 지켜서 말하는 연습을 하면서 답변 순발력을 키우는 것이 중요합니다.

3 개인적인 답변도 괜찮습니다.

5-7번 문제에서는 특정 주제에 대한 설문 조사 혹은 지인과의 대화를 가정합니다. 따라서 개인적인 답변도 얼마든지 사용 가능합니다.

㉠ Q 주말에 요리를 하는 것과 외식을 하는 것 중 어느 것을 선호하나요? 그 이유는 무엇인가요?

A 저는 외식을 하는 것을 선호합니다. 왜냐하면 우리 집 부엌이 너무 낡았기 때문입니다.

4 답변의 사실 여부는 중요하지 않습니다.

사실대로 답변하기 위해 고민하다 답변이 끊기는 분들이 많습니다. 사실 여부에 연연하지 마시고 익숙한 표현을 이용해서 일정한 속도로 답변하는 연습을 해주세요.

5 부정적인 표현의 사용은 피해주세요.

한 주제에 대해 세 문제가 등장하므로 '~을 해본 적 없다', '~을 좋아하지 않는다' 라는 부정적인 표현을 사용할 경우 이어지는 문제에서 답변하기 곤란할 수 있습니다. 따라서 부정적인 답변은 가급적 피하는 것이 좋습니다.

학습 시작에 앞서

5-7번 문제에서는 두 사람이 대화 중인 상황을 가정합니다. 다음의 대화를 읽고 질문에 대한 답변을 완성해 보세요.

Q5	How often do you exercise? And what do you usually do? 얼마나 자주 운동을 하나요? 그리고 주로 무엇을 하나요?
A5	I exercise [빈도] and I usually [하는 일].
Q6	Where is a good place to exercise in your town and why? 당신의 도시 내에서 운동을 하기 좋은 장소는 어디이며 그 이유는 무엇인가요?
A6	A good place to exercise in my town is [장소] because [이유 설명].
Q7	Do you prefer to exercise at a fitness center or at home? Why? 당신은 피트니스 센터에서 운동을 하는 것과 집에서 하는 것 중 무엇을 선호하나요? 그 이유는 무엇인가요?
A7	I prefer to exercise at home. Because, I can exercise [시간에 상관 없이]. Also, I don't have to [많은 돈을 지불하다] to exercise. Therefore, I prefer to exercise at home.

(모범 답안)

A5 once a week, play tennis

A6 a fitness center, I can be motivated by other people

A7 regardless of time, pay a lot of money

기초 다지기

답변 만들기 🔊 MP3 3_1

1 의문사 및 시제 확인

의문사를 통해 질문의 의도를 파악한 뒤 답변에 사용할 시제를 확인해주세요.

Q1 When was the last time you exercised and what kind of exercise did you do?
　　　　　마지막으로 한 시점 말하기　　　　　과거시제　　　　　운동의 종류 말하기　　　과거시제

Q2 How many times have you traveled this year and where was your favorite place?
　　　　　빈도　　　　　현재완료시제　　　　　장소　　과거시제

Q1 마지막으로 운동을 한 것은 언제이고 어떤 운동을 했나요?

Q2 올해 몇 번이나 여행을 했고 가장 좋았던 장소는 어디였나요?

---

2 주어 선정

문장의 주어로 사용할 부분을 찾아 말해준 뒤, 의문사에 대해 답변해주세요. 주로 질문 내 you를 I로 바꾸거나 'the+명사' 부분을 주어로 사용하게 됩니다.

Q1 When was the last time you exercised and what kind of exercise did you do?

A1 The last time I exercised was last weekend and I played tennis with my friends.

Q1 마지막으로 운동을 한 것은 언제이고 어떤 운동을 했나요?

A1 마지막으로 운동을 한 것은 지난 주말이었고 친구들과 테니스를 쳤습니다.

Q2 How many times have you traveled this year and where was your favorite place?

A2 I have traveled twice this year and my favorite place was New Zealand.

Q2 올해 몇 번이나 여행을 했고 가장 좋았던 장소는 어디였나요?

A2 저는 올해 두 번 여행했고, 가장 좋았던 장소는 뉴질랜드였습니다.

---

3 답변 완성

다음의 두가지 요소에 유의해서 답변해주세요.

• 의문사의 답변을 크게 말하기

• 일정한 속도로 말하기

크게 말하기   크게 말하기

The last time I exercised was last weekend / and I played tennis with my friends.

일정한 속도로 말하기   끊어 읽기   일정한 속도로 말하기

크게 말하기   크게 말하기

I have traveled twice this year / and my favorite place was New Zealand.

일정한 속도로 말하기   끊어 읽기   일정한 속도로 말하기

TIP 질문에서 찾아서 말하는 부분은 빠르게 말한 뒤, 의문사에 대한 창작 답변에서는 목소리가 작아질 뿐 아니라 답변 속도 역시 급격히 느려지는 수험자가 많습니다. 이는 감점 사유가 될 수 있으니 유의하세요.

의문사 별 답변 만들기 🔊 MP3 3_2

1 When 의문문

특정 상황에 대한 시간대를 묻습니다. 구체적인 시간대를 언급해주세요.

Q	When do you usually exercise? 당신은 언제 주로 운동을 하나요?		
A	I usually exercise	+	in the evening. 저녁에
			around 7 A.M. 오전 7시경에
			on weekends. 주말마다
			after work / school. 퇴근 후에 / 하교 후에

또한, When was the last time 으로 시작하는 마지막 경험을 묻는 유형 역시 자주 등장하며 과거 시점을 언급할 때 쓰이는 ago와 last가 답변에 주로 사용됩니다.

Q	When was the last time you exercised? 당신이 마지막으로 운동을 한 적은 언제인가요?		
A	The last time I exercised was	+	last week. 지난주에
			two weeks ago. 2주 전에
			a month ago. 한 달 전에

2 How 의문문

주로 빈도와 기간을 묻는 질문이 많이 출제되며, '해본 적 없다, 하지 않는다' 라는 부정적인 답변은 피하는 것이 좋습니다. 뒤이어 나오는 동일한 주제의 문제에서 답변 소재가 부족해질 수 있기 때문입니다.

빈도

Q **How often** do you travel by public transportation? 얼마나 자주 대중교통으로 이동하나요?

A I travel by public transportation + **almost every day.** 거의 매일

once a day. 하루에 한번

twice a week. 일주일에 두 번

기간

Q **How long** do you travel by public transportation a day?

A I travel by public transportation **about 30 minutes a day.**

Q 하루에 대중교통으로 얼마나 오래 이동하나요?

A 저는 하루에 대중교통으로 30분 정도 이동합니다.

> **TIP** '~동안'이라는 의미의 전치사로는 for와 about이 주로 사용됩니다.

3 What 의문문

주로 무엇을 하는지에 대한 질문을 하며, 다른 의문사가 사용된 질문에 비해 좀 더 어려운 문장이 요구됩니다. 그러므로 실수를 줄이기 위해 생소한 표현보다는 자신에게 익숙한 어휘를 사용해주세요.

Q **What** do you usually do to exercise? 당신은 운동을 하기 위해 주로 무엇을 하나요?

A I usually **play badminton** to exercise. 저는 운동을 하기 위해 주로 배드민턴을 칩니다.

또한, 다른 의문사가 사용된 질문에 비해 더 길고 복잡한 형태의 문장이 등장하기도 합니다. 그러므로 질문의 해석에 유의해 주세요.

Q **What is** the most important factor you look for when you select a fitness center?
당신이 피트니스 센터를 선택할 때 고려하는 가장 중요한 요소는 무엇인가요?

A The most important factor I look for is + **various exercise equipment.**
다양한 운동 기구

a convenient location.
편리한 위치

> **TIP** • for와 is 사이에 when I select a fitness center를 넣어줄 수도 있습니다.
> • 답변의 주어가 긴 경우 동사 is를 빠뜨리지 않도록 유의하세요.

4 Where 의문문

장소에 대해서 묻는 유형입니다. 장소를 말할 때 사수 사용되는 전시사 구를 임기해 두면 신속하게 답변할 수 있습니다.

> **Q Where do you usually study a foreign language?** 당신은 주로 어디서 외국어를 공부하나요?
>
> | | | | |
> |---|---|---|---|
> | **A** I usually study a foreign language | **+** | **at home.** | 집에서 |
> | | | **in a library.** | 도서관에서 |
> | | | **at a language school.** | 어학원에서 |

TIP 답변에 자주 사용되는 장소관련 전치사구

at	at home 집에서
	at work 직장에서
	at school 학교에서
	at a department store 백화점에서
on	on the internet 인터넷에서
	on the subway 지하철에서
	on the bus 버스에서
in	in my office 내 사무실에서
	in a park 공원에서

5 Do 의문문

질문에 대한 입장을 묻는 유형으로, 그 이유를 추가로 묻기도 합니다. 답변의 대부분은 질문의 표현을 이용해서 만들 수 있습니다.

> **Q Do you** think it is convenient to use public transportation in your town? **Why?**
> 당신의 도시 내에서 대중교통을 이용하기 편리하다고 생각하나요? 그 이유는 무엇인가요?
>
> **A** I think it is convenient to use public transportation in my town 핵심답변
> **because** there are many subway stations and bus stops in my town. 이유
> 저는 우리 도시에서 대중교통을 이용하기 편리하다고 생각합니다. 왜냐하면 지하철 역과 버스 정류장이 많기 때문입니다.

우측에 제시된 아이디어를 이용해서 답변을 완성해 보세요.

1 Q When was the last time you had a long-distance trip on a train?

   A The last time _____. 작년에

2 Q How often do you go to a shopping center?

   A I _____. 일주일에 한번

3 Q What food do you usually buy at a grocery store?

   A I _____. 우유와 과일

4 Q Where do you get information about traveling?

   A I _____. 인터넷

5 Q Do you prefer driving your own car or taking public transportation in your town? Why?

   A I prefer _____ because _____. 대중교통 / 가격이 저렴해서

TIP ▶ 빈칸 작성 후 바로 답을 확인하지 마시고, MP3 파일을 먼저 들어보는 것도 좋은 연습이 됩니다. 🔊 정답 및 해설 p.35

기타 의문문

앞서 소개한 유형들보다 출제 빈도는 낮지만 꼭 연습해 두어야 하는 의문문입니다.

1 Who 의문문

어떤 행위를 누구와 함께 하는지를 묻는 유형입니다. 간단하고 익숙한 표현을 이용해서 답변해주세요.

> **Q** How often do you make a video call, and **who** do you usually use it with?
> 당신은 얼마나 자주 영상통화를 하고, 주로 누구와 통화하나요?
>
> **A** I make a video call about once a week and I usually use it
>
> + **with my family** — 가족과 함께
>   **with my friends** — 친구들과 함께
>   **with my coworkers** — 직장 동료들과 함께

2 Have you + p.p 의문문

무언가를 해본 경험이 있는지를 묻습니다. 질문에 사용된 현재완료 시제를 이용해 핵심 답변을 만든 뒤, 자신의 경험을 추가로 설명해주세요.

> **Q** **Have** you ever **used** public transportation in other countries?
> 당신은 다른 나라에서 대중교통을 이용해 본 적이 있으신가요?
>
> **A** I **have used** public transportation in other countries. 핵심 답변
> I took the subway in Japan last year. 구체적 경험
> 네, 저는 다른 나라에서 대중 교통을 이용해 본 적이 있습니다.
> 저는 작년에 일본에서 지하철을 탔습니다.

유형별 답변 전략

질문 주제 확인하기

5-7번 문제는 문제가 표시되기 전 주제를 미리 확인할 수 있는 안내문이 등장합니다. 안내문 후반부의 about + 주제 부분을 확인해 주세요.

유형 1 마케팅 회사 등 특정 기관과의 전화 인터뷰

> Imagine that an Australian marketing firm is doing research in your country. You have agreed to participate in a telephone interview **about convenience stores in your city**.
>
> 호주의 마케팅 회사가 당신의 나라에서 시장 조사를 하고 있다고 가정해보세요. 당신은 **살고 있는 도시 내 편의점에 대한** 전화 인터뷰에 참여 하기로 했습니다.

현재 살고 있는 지역의 편의점에 관련된 3개의 질문에 답변하게 됩니다.

유형 2 친구나 직장 동료와의 전화 통화

> Imagine that you are talking on the telephone with a friend. You are talking **about your hobbies**.
>
> 당신이 친구와 전화 통화를 하고 있다고 가정해보세요. 당신은 **취미에 대해서** 이야기 하고 있습니다.

가까운 직장 동료 혹은 친구와의 대화 상황을 가정합니다. 그러므로 격식을 차린 질문이 등장하는 첫번째 유형과는 달리 친근한 구어체 표현이 사용된 질문을 듣게 되며, 답변 역시 자연스러운 대화체 표현을 사용할 수 있습니다.

답변에 사용 가능한 대화체 표현의 예	Let me see.	잠시만 기다려봐.
	Sure.	물론이지.
	Of course.	당연하지.
	You know,	너도 알겠지만,

TIP 두 유형은 질문자와 답변자의 관계 차이로 인해 질문에 사용된 말투가 다를 뿐 답변의 내용에는 큰 변화가 없습니다.

5, 6번 문제 답변하기

15초의 답변시간이 주어지는 5, 6번 문제는 크게 세가지 유형으로 나뉩니다.

유형1 두 개의 의문사를 사용한 질문

주어진 답변 시간 동안 제시된 두 개의 의문사에 모두 답변하는 것이 중요합니다. 의문사와 시제, 이 두가지 요소에 유의해서 차분하게 답변한다면 추가 문장 없이도 좋은 점수를 받을 수 있습니다.

> **Q** **How often** do you visit parks and **what** do you usually do there?
>
> **A** I visit parks **once a week** and I usually **take a walk** there.
>
> Q 당신은 얼마나 자주 공원을 방문하며 거기서 주로 무엇을 하나요?
>
> A 저는 공원을 일주일에 한번 방문하며 주로 거기서 산책을 합니다.

연습 문제   🔊 MP3 3_4

다음 질문을 잘 읽고 답변을 완성해 보세요.

1 Q What was the last electronic product you bought and when did you buy it?
   마지막으로 구매한 전자기기는 무엇이며 언제 그것을 구매했나요?

   A The last electronic product I bought was ＿＿제품의 종류＿＿ and I bought it ＿＿＿과거 시점＿＿＿.

2 Q How often do you check your email and when was the last time you checked it?
   당신은 얼마나 자주 이메일을 확인하며 마지막으로 확인한 것은 언제입니까?

   A I check my email ＿＿빈도＿＿ and the last time I checked it was ＿＿과거 시점＿＿.

3 Q When was the last time you visited a museum and how long did you stay there?
   마지막으로 박물관에 간 것은 언제이며 거기에 얼마나 오래 있었나요?

   A The last time I visited a museum was ＿＿과거 시점＿＿ and I stayed there ＿＿기간＿＿.

4 Q How many best friends do you have and how often do you see them?
   당신은 친한 친구가 몇 명이며, 그들을 얼마나 자주 만나나요?

   A I have ＿＿＿＿＿친한 친구의 수＿＿＿＿＿ and I see them ＿＿＿빈도＿＿＿.

5   Q When was the last time you went to a library and what did you do there?
    A The last time I _____ and I _____.

6   Q What was the last book you read and how long did it take to read the book?
    A The last book I _____ and it took about _____.

7   Q How many times have you traveled this year and where was your favorite place?
    A I have traveled _____ and my favorite place _____.

8   Q When was the last time you used video chat and what electronic device did you use?
    A The last time I _____ and I _____.

정답 및 해설 p.36

TIP 학습자들이 답변 중 자주 저지르는 실수는 다음과 같습니다.
   • 해석을 서두르다 의문사를 착각해 동문서답 하기
   • 질문의 시제를 다른 시제로 바꾸어 말하기

유형 2 이유를 추가로 묻는 질문 MP3 3_5

하나의 질문 이후에 이유를 추가로 묻는 유형입니다. 질문에 사용된 표현을 이용해서 첫 문장을 만든 뒤, 이유를 설명해 주세요.

Q If you wanted to go jogging, where would you go, and why?
A I would go to a park near my house.
   It's because there is a track for jogging.

Q 만약 조깅을 하고 싶다면 어디에 가고 싶으며, 그 이유는 무엇인가요?
A 저는 집 근처에 있는 공원에 갈 것입니다. 왜냐하면 거기에 조깅을 위한 트랙이 있기 때문입니다.

TIP 새로운 문장으로 이유를 설명할 때는 because 앞에 It's를 더하는 것이 좋습니다.
   예 I would go to a park near my house because there is a track for jogging.
      = I would go to a park near my house. It's because there is a track for jogging.

이유 문장 대표 구문

평소 영작에 어려움이 많다면 아래 표현들을 우선적으로 연습해주세요.

동사 중심	can + 동사 ~할 수 있다	We can concentrate on our work. 우리는 일에 집중할 수 있습니다.
형용사 중심	It is + 형용사 + to + 동사 ~하는 것이 형용사 하다	It is helpful to make friends. 그것은 친구를 사귀는데 도움이 됩니다.
명사 중심	There are + 명사 ~에 ~가 있다	There are many kinds of instant food in a convenience store. 편의점에는 많은 종류의 인스턴트 식품이 있습니다.

TIP 아래의 표현도 이유 문장 제작에 자주 사용됩니다.
- need to/should + 동사   ~할 필요가 있다
- don't have to + 동사   ~하지 않아도 된다

연습 문제   MP3 3_6

다음 질문을 잘 읽고 답변을 완성해 보세요.

1 **Q** Do you recommend buying clothes online? Why or why not?
   온라인에서 옷을 사는 것을 추천하나요? 그 이유는 무엇인가요?

   A I recommend buying clothes online. It's because __온라인에는 더 다양한 옷이 있다__.

2 **Q** Are you willing to have lunch in a park? Why or why not?
   공원에서 점심을 먹을 의향이 있나요? 그 이유는 무엇인가요?

   A I am willing to have lunch in a park. It's because __나는 조용한 분위기에서 점심을 먹을 수 있다__.

3 **Q** Do you prefer to watch movies in 3D format? Why or why not?
   3D 형식의 영화를 좋아하나요? 그 이유는 무엇인가요?

   A I don't prefer to watch movies in 3D format. It's because __3D 안경을 착용하기 불편하다__.

4 **Q** Where do people in your area usually buy groceries? Why?
   당신이 사는 지역의 사람들은 주로 어디에서 식료품을 사나요? 그 이유는 무엇인가요?

   A People in my area usually buy groceries at supermarkets. It's because
   __그들은 신선한 식료품을 할인된 가격에 살 수 있다__.

5 **Q** Is it convenient to attend live performances in your city? Why or why not?
당신이 사는 도시에서 라이브 공연을 관람하는 것이 편리한가요? 그 이유는 무엇인가요?

   A It is not convenient to attend live performances in my city. It's because
   ___우리 도시에는 극장이 많지 않다___ .

6 **Q** Are you interested in jogging in the evening? Why or why not?
저녁에 조깅을 하는 것에 관심이 있나요? 그 이유는 무엇인가요?

   A I'm not interested in jogging in the evening. It's because ___저녁에 조깅을 하는 것은 위험하다___ .

정답 및 해설 p.37

유형 3 한 개의 의문사를 사용한 질문 🔊 MP3 3_7

의문사가 하나만 사용된 질문에는 핵심 답변 외에 추가 문장을 더해서 총 두 문장을 말해주세요.

Q Where is your favorite café located?
A My favorite café is located near my office. + (추가 문장)
   _____핵심답변_____

Q 당신이 가장 좋아하는 카페는 어디에 위치해 있나요?
A 제가 가장 좋아하는 카페는 사무실 근처에 있습니다.

추가 문장으로 자주 사용되는 6가지 문형

1 시간
구체적 시간대에 대해 설명합니다.

I usually go there in the evening.
저는 그곳에 주로 저녁에 갑니다.

2 빈도
그것을 얼마나 자주 하는지에 대해 설명할 때 사용합니다.

I go there almost every day.
저는 그곳에 거의 매일 갑니다.

3 이유
핵심 답변에 대한 이유를 설명해 줍니다.

It's because it is a good place to have a chat with my coworkers.
왜냐하면 그곳은 제 직장 동료들과 대화를 하기에 좋은 장소이기 때문입니다.

4 행동 습관
자신의 행동 습관을 설명하며 다음의 세 가지 요소가 자주 사용됩니다.

① 주로 하는 일　② 장소　③ 같이 하는 사람

I usually study English in the café with my friends.
　　　　　　①　　　　②　　　　③
저는 주로 그 카페에서 친구들과 영어 공부를 합니다.

5 구체적 사례
회사 이름, 제품명 등의 고유명사를 언급할 때 사용합니다.

I usually drink some tea called 'English Breakfast'.
저는 주로 'English Breakfast'라는 이름의 차를 마십니다.

> **TIP** '~라고 이름의' 란 의미의 called 뒤에 한글 고유명사를 사용할 수 있습니다.

6 1+1
유사한 종류를 한 가지 더 설명할 때 사용합니다.

Also, I like a café in my office building too.
또한, 저는 회사 건물 안에 있는 카페 역시 좋아합니다.

다음 질문을 잘 읽고 이어지는 추가 문장을 완성해 보세요.

1   Q How long do you travel by public transportation a day?
    당신은 하루에 대중교통으로 얼마나 오래 이동하나요?

답변	I travel by public transportation about 30 minutes a day. 저는 하루에 대중교통으로 30분 정도 이동합니다.
추가 문장 1 (행동 습관)	I usually _____타다_____ _____버스와 지하철_____ . 저는 주로 버스와 지하철을 탑니다.
추가 문장 2 (빈도)	I usually _____버스를 타다_____ _____하루에 두 번_____ . 저는 버스를 하루에 두 번 탑니다.

TIP 지하철에는 주로 정관사 the 를 사용합니다.

2   Q Where do you prefer to buy clothes?
    당신은 어디에서 옷을 사는 것을 선호하나요?

답변	I prefer to buy clothes at a department store. 저는 백화점에서 옷을 사는 것을 선호합니다.
추가 문장 1 (이유)	_____왜냐하면_____ there are _____다양한 브랜드_____ . 왜냐하면 거기에는 다양한 브랜드가 있기 때문입니다.
추가 문장 2 (1+1)	_____또한_____ , I prefer to buy clothes _____인터넷에서_____ _____역시_____ . 또한, 저는 인터넷에서 옷을 사는 것 역시 선호합니다.

3   Q How often do you exercise?
    당신은 얼마나 자주 운동을 하나요?

답변	I exercise once a week. 저는 일주일에 한 번 운동합니다.
추가 문장 1 (행동 습관)	I usually _____테니스를 치다_____ or _____조깅을 하다_____ . 저는 주로 테니스를 치거나 조깅을 합니다.
추가 문장 2 (시간)	I usually exercise _____주말에_____ . 저는 주로 주말에 운동을 합니다.

4 **Q** What kinds of TV programs do you enjoy watching?
당신은 무슨 종류의 TV 프로그램을 즐겨 보나요?

답변	I enjoy watching cooking shows. 저는 요리 쇼를 즐겨 봅니다.
추가 문장 1 (이유)	_____왜냐하면_____ I am very _____관심이 있다_____ in cooking. 왜냐하면 저는 요리에 관심이 많기 때문입니다.
추가 문장 2 (구체적 사례)	I especially like a show _____~라는 이름의_____ '10분 요리'. 저는 특히 '10분 요리' 라는 이름의 쇼를 좋아합니다.

5 **Q** How often do you go to a convenience store?
당신은 얼마나 자주 편의점에 가나요?

답변	I go to a convenience store once a day. 저는 하루에 한번 편의점에 갑니다.
추가 문장 1 (행동 습관)	I usually buy some _____유유_____ and _____과자_____. 저는 주로 우유와 과자를 삽니다.
추가 문장 2 (시간)	I usually go there _____아침에_____ or _____학교가 끝난 뒤_____. 저는 주로 그곳에 아침이나 학교가 끝난 뒤에 갑니다.

6 **Q** When was the last time you went to a cinema?
당신이 마지막으로 극장에 간 것은 언제인가요?

답변	The last time I went to a cinema was last weekend. 제가 마지막으로 극장에 간 것은 지난 주말입니다.
추가 문장 1 (행동 습관)	I went there _____저의 부모님과 함께_____. 저는 그곳에 저의 부모님과 함께 갔습니다.
추가 문장 2 (구체적 사례)	I watched a movie _____~라는 이름의_____ 'The Red Door'. 저는 'The Red Door' 라는 이름의 영화를 보았습니다.

정답 및 해설 p.38

7번 문제 답변하기

7번 문제는 한가지 입장을 선택하고 그 이유를 말하거나 장단점을 묻는 문제가 주로 출제됩니다.

유형1 의견 묻기

제시된 문제에 대해 자신의 입장을 결정한 뒤, 그 이유를 설명해 주세요.

> **Q** Would you recommend your hometown to your friends for sightseeing? Why?
>
> 당신의 고향을 친구들에게 관광지로 추천할 건가요? 그 이유는 무엇인가요?

답변 구성

입장	이유 2가지	마무리

1 입장 결정

입장을 결정한 뒤 질문의 표현을 이용해 첫 문장을 만듭니다.

> **Q** Would you recommend your hometown to your friends for sightseeing? Why?
>
> **A** I would recommend my hometown to my friends for sightseeing.
>
> **Q** 당신의 고향을 친구들에게 관광지로 추천할 건가요? 그 이유는 무엇인가요?
>
> **A** 저는 제 고향을 친구들에게 관광지로 추천하겠습니다.

2 이유 2가지

입장에 대한 이유를 두 개 말해주세요. 이유 문장 제작에 사용되는 대표 구문(p.105)을 이용해주세요.

이유 1

Because + we can ___다양한 야외 활동을 즐기다___ + ___캠핑 같은___ .

Because we can enjoy various outdoor activities such as camping.

왜나하면 우리는 캠핑 같은 다양한 야외 활동을 즐길 수 있기 때문입니다.

Also, + there are _____많은 유명한 식당들_____ in my hometown.

So, they can _____다양한 지역 음식을 즐기다_____ . 추가 문장

이유 2

Also, there are **many popular restaurants in my hometown.**
So, they can **enjoy various local foods.**

또한, 저의 고향에는 유명한 식당이 많습니다.
그래서 그들은 다양한 현지 음식을 즐길 수 있습니다.

TIP
· 답변 시간이 남으면 두번째 이유에 추가 문장을 더해주세요.
· 두 번째 이유가 생각이 나지 않으면 첫 번째 이유에 추가 문장을 더해주세요.
· 이유 문장은 First와 Second로 시작할 수 있습니다.

3 마무리

입장 문장을 다시 한번 말하며 답변을 마무리합니다. 답변 앞에 Therefore를 사용해주세요.

Therefore, **I would recommend my hometown to my friends for sightseeing.**

연습 문제 (MP3) 3_9

우리말과 제시된 표현을 이용해서 입장 문장과 이유 문장을 완성해 보세요.

Q Do you think it is convenient to use public transportation in your city?
Why or why not?
당신의 도시 내에서 대중교통을 이용하는 것이 편리하다고 생각하나요? 그 이유는 무엇인가요?

입장	I think _____. 저는 저희 도시 내에서 대중교통을 이용하는 것이 편리하다고 생각합니다.
이유 1	Because it is _____. 왜냐하면 지하철 역이나 버스 정류장을 찾는 것이 쉽기 때문입니다. **a bus stop**
이유 2	Also, we can _____. 또한, 우리는 다른 대중교통으로 편리하게 환승할 수 있습니다. **transfer, conveniently**
마무리	Therefore, I think it is convenient to use public transportation in my area. 따라서, 저는 저희 도시 내에서 대중교통을 이용하는 것이 편리하다고 생각합니다.

정답 및 해설 p.39

특정 주제에 대한 장점 혹은 단점을 설명하는 유형입니다.

> **Q** What are the advantages of **exercising at a fitness center**?
>
> 피트니스 센터에서 운동을 하는 것의 장점은 무엇인가요?

답변 구성

입장	장단점 2가지

TIP 장단점을 묻는 유형에서는 마무리 문장을 말하지 않아도 됩니다.

1 입장 결정

존재의 의미를 강조하는 'There are some' 표현을 이용해 간략히 입장 문장을 만듭니다.

> **Q** What are the advantages of exercising at a fitness center?
>
> **A** There are some **advantages of exercising at a fitness center.**
>
> ---
>
> Q 피트니스 센터에서 운동하는 것의 장점은 무엇인가요?
>
> A 피트니스 센터에서 운동하는 것에는 몇 가지 장점이 있습니다.

2 장단점

First와 Second를 사용해서 장점 혹은 단점 두 가지를 설명해 주세요. 앞서 사용한 대표 구문을 이용해서 문장을 만드세요. (p.105)

장점 1	First, + we can ____다양한 운동기구를 사용하다____ + ____러닝머신 같은____ . First, we can use various exercise equipment such as a treadmill. 첫 번째로, 우리는 러닝머신 같은 다양한 운동기구를 사용할 수 있습니다.
장점 2	Second, + it is ____가능한____ to ____전문가로부터 운동을 배우다____ . Second, it is possible to learn exercise from an expert. 두 번째로, 전문가로부터 운동을 배우는 것이 가능합니다.

TIP · 답변의 주어로 we 대신 I를 사용할 수 있습니다.
   · can의 반복 사용을 피하기 위해 두 번째 문장에서 형용사 possible을 사용했습니다.

우리말과 제시된 표현을 이용해서 입장 문장과 장단점 문장을 완성해 보세요.

Q What are the advantages of watching a sporting event on television?
텔레비전으로 스포츠 경기를 보는 것의 장점은 무엇인가요?

| 입장 | There are some _____. |
| | 텔레비전으로 스포츠 경기를 보는 것에는 몇 가지 장점이 있습니다. |

| 장점 1 | First, I can _____. |
| | 첫째로, 저는 날씨에 상관없이 스포츠 경기를 즐길 수 있습니다. regardless of |

| 장점 2 | Also, I don't have to _____. |
| | 또한, 저는 입장권에 많은 돈을 낼 필요가 없습니다. a ticket |

TIP 문장을 만들 때, 주어와 동사를 신속히 선정하는 연습을 해보세요.
그 외의 나머지 요소는 동사의 뒤에 천천히 이어 붙여 나가면 됩니다.

정답 및 해설 p.40

Questions 5-7

선택지 중 하나를 고른 뒤 그 이유를 설명하는 유형입니다. 세 개의 선택지가 주어지거나, 동사 prefer(선호하다)를 사용해 둘 중 하나를 선택하는 문제가 주로 출제됩니다.

> **Q** What is the best way to learn how to cook out of the following options?
> - Learning from friends
> - Participating in a cooking class
> - Learning from a book
>
> 다음의 선택지 중 요리를 배우기에 가장 좋은 방법은 무엇인가요?
>
> – 친구들에게 배우기   – 요리 수업에 참여하기   – 책을 통해 배우기

답변 구성

입장	이유 2가지	마무리

> **TIP** 마무리 문장은 중요도가 낮으므로 시간이 부족하면 생략할 수 있습니다.

1 입장 결정

질문의 표현을 이용해 입장 문장을 만들어 주세요. 자신이 선택한 항목을 주어로 사용할 수도 있고 문장의 뒤에서 목적어로 사용할 수도 있습니다.

Q What is the best way to learn how to cook out of the following options?
- **Learning from friends**
- Participating in a cooking class
- Learning from a book

A I think **learning from friends** is the best way to learn how to cook.
　　　　　　　　　　(주어로 활용)

저는 친구들에게 배우는 것이 요리를 배우기에 가장 좋은 방법이라고 생각합니다.

A I think the best way to learn how to cook is **learning from friends**.
　　　　　　　　　　　　　　　　　　　　　　　　　　　(목적어로 활용)

저는 요리를 배우기에 가장 좋은 방법은 친구들에게 배우는 것이라고 생각합니다.

2 이유 2가지

입장에 대한 이유를 두 개 말해주세요.

Because + I don't have to ＿＿＿＿＿＿ (많은 돈을 지불하다) + ＿＿＿＿＿＿ (책이나 수업을 위해)

이유 1

Because I don't have to **pay a lot of money for a book or a class.**
왜냐하면 저는 책이나 수업에 많은 돈을 지불하지 않아도 되기 때문입니다.

Also, + it is ____더 쉽다____ to ____요리에 대해서 질문하다____ .

It's because ____우리는 친하다____ . 추가 문장

이유 2

Also, it is **easier** to **ask questions about cooking**.
It's because we are close.

또한, 요리에 대해서 질문하기 더 쉽습니다.
왜냐하면 우리는 친하기 때문입니다.

TIP • 답변 시간이 남으면 두번째 이유에 추가 문장을 더해주세요.
• 이유 문장은 First와 Second로 시작할 수 있습니다.

3 마무리

입장 문장을 다시 한번 말하며 답변을 마무리합니다. 답변 앞에 Therefore를 사용해주세요.

Therefore, I think learning from friends is the best way to learn how to cook.
따라서, 저는 친구들에게 배우는 것이 요리를 배우기에 가장 좋은 방법이라고 생각합니다.

연습 문제 (MP3) 3_11

우리말과 제시된 표현을 이용해서 입장 문장과 이유 문장을 완성해 보세요.

Q Do you prefer drinking a beverage in a café or taking out the beverage? Why?
당신은 카페 안에서 음료를 마시는 것과 가지고 나가는 것 중 어느 것을 선호하나요? 그 이유는 무엇인가요?

입장	I prefer _____. 저는 음료를 가지고 나가는 것을 선호합니다.
이유 1	Because I can _____. 왜냐하면 저는 약 20%의 할인을 받을 수 있기 때문입니다. **get a discount**
이유 2	Also, the cafés _____. 또한, 우리 동네의 카페는 매우 시끄럽습니다. **noisy**
마무리	Therefore, I prefer _____. 따라서, 저는 음료를 가지고 나가는 것을 선호합니다.

정답 및 해설 p.40

주제별 답변 연습

자주 출제되는 주제에 대한 답변 아이디어를 만드는 연습을 해보세요. 순발력을 키우기 위해 반복해서 말해보는 것이 중요합니다.

주제 1 일상생활 관련 (◁)) MP3 3_12

일상생활에서 자주 접할 수 있는 주제에 대한 문제입니다. 빈칸의 우리말 제시어를 이용해 문장을 만들어 본 뒤 우측의 표현을 확인해 보세요.

1 학교생활

Q Do you think high school students should take more online classes?
고등학생들이 더 많은 온라인 수업을 들어야 한다고 생각하나요?

입장: 동의

They can ____공부하다____ ____어려운 부분들____ again.   study / difficult parts
그들은 어려운 부분을 다시 공부할 수 있습니다.

They can have a ____더 나은 질____ of ____교육____.   better quality / education
그들이 더 나은 질의 교육을 받을 수 있습니다.

입장: 반대

Electronic devices can ____방해하다____ students from ____집중하기____ their   distract / concentrating on
studies.
전자기기는 학생들이 공부에 집중하는 것을 방해할 수 있습니다.

It is ____불가능하다____ to ____질문을 하다____ during online classes.   impossible / ask questions
온라인 수업 동안에는 질문을 하는 것이 불가능합니다.

2 직장 생활

Q What is the most important factor you would consider when you look for a job?
- Location
- Stability of the workplace
- An opportunity to learn various work skills

직업을 구할 때 고려하는 가장 중요한 요소는 무엇인가요?
– 위치   – 직장의 안정성   – 다양한 업무 스킬을 배울 기회

입장: 위치

I want to work _____집 근처에서_____ because of my family.   near my house
저희 가족 때문에 저는 집 근처에서 일하고 싶습니다.

입장: 직장의 안정성

It is _____중요하다_____ to work _____오랫동안_____ to support our family.   important / for a long time
가족을 부양하기 위해 오랫동안 일을 하는 것이 중요합니다.

입장: 기술을 배울 기회

It is _____도움이 되다_____ for getting a better job _____미래에_____.   helpful / in the future
미래에 더 좋은 직장을 구하는 데 도움이 됩니다.

3 온라인 쇼핑 & 매장 쇼핑

Q Where do you prefer to purchase clothes between the local clothing store and the online store?
지역 의류 매장과 온라인 매장 중에 어디서 옷을 구매하는 것을 선호하나요?

입장: 지역 내 의류매장

I can _____입어보다_____ clothes _____직접_____.   try on / in person
저는 직접 옷을 입어볼 수 있습니다.

It is easier to _____교환하다_____ clothes or _____환불을 받다_____.   exchange / get a refund
옷을 교환을 하거나 환불을 받기 더 쉽습니다.

입장: 온라인 매장

We can buy clothes _____더 싼 가격에_____.   at a cheaper price
우리는 더 싼 가격에 옷을 구매할 수 있습니다.

There are more kinds of clothes ~와 비교해서 local clothing stores.   compared to
지역 의류매장과 비교해서 더 많은 종류의 옷이 있습니다.

4 휴가

Q Where is a popular area for a vacation in your country?
당신의 나라에서 휴가로 인기 있는 지역은 어디인가요?

입장: 구체적인 지명 / 장소

There are many popular _____관광지_____ and restaurants.   tourist attractions
그곳에는 인기 있는 관광지와 레스토랑이 많습니다.

We can enjoy a beautiful _____야경_____.   night view
우리는 아름다운 야경을 즐길 수 있습니다.

We can travel _____편리하게_____ without a car.   conveniently
우리는 차 없이도 편리하게 여행할 수 있습니다.

Questions 5-7

5 여행

Q When you travel, do you prefer to go backpacking or take a package tour? Why?
여행을 할 때, 배낭여행과 패키지 투어 중 어느 것을 선호하나요? 그 이유는 무엇인가요?

입장: 배낭여행

I can ____식사를 하다____ ____아무 곳에서나____.
저는 아무 곳에서나 식사를 할 수 있습니다.
have a meal / anywhere

I don't have to ____서두르다____ to follow a schedule.
저는 일정을 따르기 위해 서두를 필요가 없습니다.
rush

입장: 패키지 투어

I'm ____잘하지 못합니다____ speaking ____외국어____.
저는 외국어를 잘 하지 못합니다.
not good at / a foreign language

I don't have to prepare ____관광 일정____ ____직접____.
제가 직접 관광 일정을 준비할 필요가 없습니다.
a tour schedule / personally

6 의사소통

Q What do you prefer between a text message and a phone call when you contact your friends? Why?
친구들에게 연락할 때, 문자 메시지와 전화통화 중에 어떤 것을 선호하나요? 그 이유는 무엇인가요?

입장: 문자 메시지

I can check text messages ____아무 때나____.
아무 때나 메시지를 확인할 수 있습니다.
anytime

It is possible to send ____사진____ and ____동영상____.
사진과 동영상을 보내는 것이 가능합니다.
pictures / videos

입장: 전화 통화

I'm ____익숙하지 않습니다____ typing on my mobile phone.
저는 휴대전화의 자판을 입력하는 것에 익숙하지 않습니다.
not used to

We can talk a lot ____짧은 시간에____.
우리는 짧은 시간에 많은 이야기를 할 수 있습니다.
in a short time

7 휴대전화

Q When you buy a new mobile phone, what is the most important factor out of the following options?
  - Screen size   - Internet speed   - Battery life
  새로운 휴대전화를 구매할 때, 다음의 선택지 중 가장 중요한 요소는 무엇인가요?
  – 화면 크기   – 인터넷 속도   – 배터리 수명

입장: 화면크기

I watch various videos _____제 휴대폰으로_____ on the subway.   on my mobile phone
저는 지하철에서 제 휴대전화로 다양한 동영상을 봅니다.

입장: 인터넷 속도

I usually surf the web _____자유 시간 동안_____.   in my free time
저는 자유 시간 동안 주로 인터넷 검색을 합니다.

입장: 배터리 수명

I can't _____충전하다_____ my phone often because I usually work _____밖에서_____.   recharge / outside
저는 주로 밖에서 일하기 때문에 휴대전화를 자주 충전할 수 없습니다.

8 전자책

Q Do you think e-books will replace paper books entirely in the future? Why or why not?
  당신은 전자책이 미래에 종이 책을 완전히 대체할 것이라고 생각하나요? 그 이유는 무엇인가요?

입장: 동의

E-books have _____편리한 기능들_____ for reading.   convenient functions
전자책은 독서에 편리한 기능들을 가지고 있습니다.

We don't have to _____가지고 다니다_____ heavy books.   carry
우리는 무거운 책들을 가지고 다니지 않아도 됩니다.

입장: 반대

We can't use an e-book if we don't have _____전기_____.   power
우리는 전기가 없으면 전자책을 사용할 수 없습니다.

_____전자책을 사용하는 것은_____ can be difficult for old people.   Using an e-book
전자책을 사용하는 것은 나이가 많은 분들에게 어려울 수 있습니다.

주제 2 주변 편의 시설 관련 🔊 MP3 3_13

평소에 흔하게 이용하는 장소 및 시설에 관한 주제가 자주 출제됩니다. 빈칸의 우리말 제시어를 이용해 문장을 만들어 본 뒤 우측의 표현을 확인해 보세요.

1 영화

Q Do you prefer watching movies alone or with your friends? why?
당신은 혼자 영화를 보는 것과 친구와 함께 보는 것 중 어느 것을 선호하나요? 그 이유는 무엇인가요?

입장: 혼자 보기

I can _____집중하다_____ watching a movie.   concentrate on
저는 영화를 보는 것에 집중할 수 있습니다.

I don't have to _____상의하다_____ to select a movie.   have a discussion
저는 영화를 선택하기 위해 상의하지 않아도 됩니다.

입장: 친구와 함께 보기

We can _____의견을 공유하다_____ after watching a movie.   share our opinions
우리는 영화를 보고나서 의견을 공유할 수 있습니다.

I'm _____익숙하지 않습니다_____ watching a movie _____혼자_____ at a movie theater.   not used to / alone
저는 극장에서 혼자 영화를 보는 것에 익숙하지 않습니다.

2 카페

Q What are the important features you would consider when you choose a café?
- A quiet atmosphere - Location - Business hours
카페를 선택할 때 당신이 고려하는 중요한 요소는 무엇인가요?
– 조용한 분위기 – 위치 – 영업시간

입장: 조용한 분위기

It needs to be quiet because I usually _____책을 읽다_____ at a café.   read books
저는 카페에서 책을 읽기 때문에 조용해야 합니다.

입장: 영업시간

The café should be open _____늦게까지_____.   until late
카페는 늦게까지 영업을 해야 합니다.

3 도서관

   Q What are the advantages of going to a library besides borrowing books?

      책을 빌리는 것 외에 도서관에 가는 것의 장점은 무엇인가요?

입장: 동기부여가 될 수 있음

I can _____동기부여가 된다_____ by others to study hard.   be motivated

제가 열심히 공부하도록 다른 사람들로부터 동기부여가 될 수 있습니다.

입장: 멀티미디어 기기 무료 이용

We can use multimedia devices ____~같은____ a computer or a tablet PC ____무료로____ .   such as / for free

우리는 컴퓨터나 태블릿 PC 같은 멀티미디어 기기를 무료로 이용할 수 있습니다.

입장: 부대 시설 이용

I can study _____단체 학습공간에서_____ with my friends.   in a group study room

저는 단체 학습공간에서 친구들과 함께 공부할 수 있습니다.

4 레스토랑

   Q Do you prefer to eat at a restaurant or cook food at home? Why?

      레스토랑에서 식사를 하는 것과 집에서 음식을 요리하는 것 중 어느 것을 선호하나요? 그 이유는 무엇인가요?

입장: 레스토랑

I'm _____잘 하지 못합니다_____ cooking.   not good at

저는 요리를 잘 하지 못합니다.

I don't have to _____설거지를 하다_____ after I have a meal.   do the dishes

저는 밥을 먹은 뒤 설거지를 할 필요가 없습니다.

입장: 요리하기

I can have a meal _____더 저렴한 가격에_____ .   at a cheaper price

저는 더 저렴한 가격에 밥을 먹을 수 있습니다.

I can use _____건강한 재료_____ for a meal.   healthy ingredients

저는 식사에 건강한 재료를 사용할 수 있습니다.

Respond to questions   **121**

5 은행

Q What improvements do you want from the banks in your city?
당신이 살고 있는 도시의 은행에서 어떤 개선점을 원하나요?

입장: 창구 더 열기

They need to open more bank windows ____점심시간 동안에____ . | during the lunch break
그들은 점심시간에 더 많은 창구를 열어야 합니다.

입장: 영업 시간 늘리기

They should ___늘리다___ the ___영업 시간___ until 6 o'clock. | extend / business hours
그들은 영업시간을 6시까지 늘려야 합니다.

입장: 친절한 서비스 제공

Bankers need to provide ____친절한 고객 서비스____ . | kind customer service
은행원들은 친절한 고객 서비스를 제공해야 합니다.

6 피트니스 센터

Q What is the most important factor when you choose a fitness center?
- Kind trainers   - Operating hours   - Various exercise equipment
피트니스 센터를 선택할 때 가장 중요한 요소는 무엇인가요?
– 친절한 트레이너   – 운영 시간   – 다양한 운동장비

입장: 친절한 트레이너

I ___경향이 있습니다___ ask trainers many questions ____제가 운동할 때____ . | tend to / when I exercise
저는 운동할 때 트레이너에게 많은 질문을 하는 경향이 있습니다.

입장: 운영 시간

I exercise ____늦은 밤에____ because I work overtime often. | late at night
저는 야근을 자주 하기 때문에 늦은 밤에 운동을 합니다.

7 편의점 & 슈퍼마켓

Q When you buy some snacks, which do you prefer more between a convenience store and a supermarket? Why?

스낵을 구매할 때, 편의점과 슈퍼마켓 중 어느 것을 더 선호하나요? 그 이유는 무엇인가요?

입장: 편의점

We can purchase snacks _____시간에 상관없이_____.   regardless of time

우리는 시간에 상관없이 스낵을 구매할 수 있습니다.

It is ___더 쉬운___ to find a convenience store in my town.   easier

우리 동네에서 편의점을 찾기가 더 쉽습니다.

입장: 슈퍼마켓

We can purchase snacks ___더 싼 가격에___ compared to convenience stores.   at a cheaper price

우리는 편의점에 비해 더 싼 가격에 스낵을 구매할 수 있습니다.

Supermarkets have _____더 많은 종류의_____ snacks.   more kinds of

슈퍼마켓은 더 많은 종류의 스낵을 가지고 있습니다.

Questions 5-7

8 의류 매장

Q Are you satisfied with clothing stores nearby your home? Why or why not?

당신은 집 근처에 있는 의류 매장에 만족하나요? 그 이유는 무엇인가요?

입장: 만족

They provide a clothing _____수선 서비스_____ for free.   repair service

그들은 의류 수선 서비스를 무료로 제공합니다.

They sometimes sell clothes _____할인된 가격에_____.   at a discounted price

그들은 가끔 할인된 가격에 옷을 판매합니다.

입장: 불만족

It is ___불편한___ because they don't have ___충분한___ fitting rooms.   inconvenient / enough

탈의실이 충분하지 않아서 불편합니다.

Some employees are ___무례한___ to customers.   rude

몇몇 직원들은 고객에게 무례합니다.

실전 연습

답변 시간을 지켜 각 질문에 답변해보세요.

1 🔊 MP3 3_14

TOEIC Speaking   **Questions 5-7**

Imagine that an Australian marketing firm is doing research in your country. You have agreed to participate in a telephone interview about your hometown.

Question 5   준비시간: 3초 / 답변시간: 15초

🔊 What is the name of your hometown and do you still live there?

🎤 _____

_____

Question 6   준비시간: 3초 / 답변시간: 15초

🔊 What activities do you enjoy in your hometown?

🎤 _____

_____

Question 7   준비시간: 3초 / 답변시간: 30초

🔊 Would you recommend your hometown to your friends for sightseeing? Why or why not?

🎤 _____

_____

🔊 정답 및 해설 p.41

2 (MP3) 3_15

TOEIC Speaking	Questions 5-7

Imagine that a British marketing firm is doing research in your country.
You have agreed to participate in a telephone interview about traveling.

Question 5 준비시간: 3초 / 답변시간: 15초

◁» How often do you travel and what transportation do you usually use?

🎙 _____

_____

Question 6 준비시간: 3초 / 답변시간: 15초

◁» When was the last time you used an electronic device to find a route and
what did you use?

🎙 _____

_____

Question 7 준비시간: 3초 / 답변시간: 30초

◁» What do you prefer to use between a paper map and an electronic device
when you travel? Why?

🎙 _____

_____

정답 및 해설 p.42

3 (MP3) 3_16

TOEIC Speaking   **Questions 5-7**

Imagine that you are talking on the telephone with a friend. You are having a telephone conversation about buying a mobile phone.

Question 5   준비시간: 3초 / 답변시간: 15초

🔊 I need to buy a new mobile phone. Where do you usually buy a mobile phone?

🎤 _____

    _____

Question 6   준비시간: 3초 / 답변시간: 15초

🔊 Which mobile phone is the most popular among your friends? Why?

🎤 _____

    _____

Question 7   준비시간: 3초 / 답변시간: 30초

🔊 Which of the following would you prefer the most when buying a mobile phone?
     - Battery life   - Durability   - Brand popularity

🎤 _____

    _____

    _____

정답 및 해설 p.43

4 MP3 3_17

TOEIC Speaking　　　　**Questions 5-7**

> Imagine that an American marketing firm is doing research in your
> country. You have agreed to participate in a telephone interview about
> reading books.

Question 5　준비시간: 3초 / 답변시간: 15초

🔊 How often do you read books and what kind of books do you usually read?

🎤 _____

_____

Question 6　준비시간: 3초 / 답변시간: 15초

🔊 Where is your favorite place to read books? Why?

🎤 _____

_____

Question 7　준비시간: 3초 / 답변시간: 30초

🔊 What are the advantages of using an e-reader when you read?

🎤 _____

_____

정답 및 해설 p.44

5 (MP3) 3_18

<table>
<tr><td>TOEIC Speaking</td><td>**Questions 5-7**</td></tr>
</table>

Imagine that a British marketing firm is doing research in your country. You have agreed to participate in a telephone interview about buying clothes.

Question 5   준비시간: 3초 / 답변시간: 15초

🔊 When was the last time you purchased a shirt or a blouse and where did you buy it?

🎤 _____

_____

Question 6   준비시간: 3초 / 답변시간: 15초

🔊 Do you prefer to buy clothes from the same brand or try a new one?

🎤 _____

_____

Question 7   준비시간: 3초 / 답변시간: 30초

🔊 Do you think an online store is a good place for clothing shopping? Why or why not?

🎤 _____

_____

정답 및 해설 p.45

6 (◁) MP3 3_19

TOEIC Speaking   **Questions 5-7**

Imagine that your American friend is going to visit your country soon. You
are having a telephone conversation with her about public transportation
in your city.

Question 5 준비시간: 3초 / 답변시간: 15초

◁» How can I get to the downtown area from the airport?

🎤 _____

_____

Question 6 준비시간: 3초 / 답변시간: 15초

◁» Do you think it is easy for foreigners to use public transportation in your city?

🎤 _____

_____

Question 7 준비시간: 3초 / 답변시간: 30초

◁» What type of public transportation in your city do you think is the most
convenient for traveling? Why?

🎤 _____

_____

정답 및 해설 p.46

7 (MP3) 3_20

TOEIC Speaking   **Questions 5-7**

Imagine that an Australian marketing firm is doing research in your country. You have agreed to participate in a telephone interview about department stores.

Question 5   준비시간: 3초 / 답변시간: 15초

🔊 When was the last time you went to a department store and what did you do there?

🎤 _____

   _____

Question 6   준비시간: 3초 / 답변시간: 15초

🔊 In your area, what do people usually buy at a department store?

🎤 _____

   _____

Question 7   준비시간: 3초 / 답변시간: 30초

🔊 For shopping, would you recommend the department stores in your city to your friends?

🎤 _____

   _____

정답 및 해설 p.47

8 (MP3) 3_21

| TOEIC Speaking | Questions 5-7 |

Imagine that a British marketing firm is doing research in your country.
You have agreed to participate in a telephone interview about giving gifts.

Question 5   준비시간: 3초 / 답변시간: 15초

🔊 When was the last time you gave a gift to a friend or a family member and what was it for?

🎤 _____

_____

Question 6   준비시간: 3초 / 답변시간: 15초

🔊 Where is a good place to buy a gift in your city? Why?

🎤 _____

_____

Question 7   준비시간: 3초 / 답변시간: 30초

🔊 When you give gifts to others, do you prefer to give cash or a specific item? Why?

🎤 _____

_____

(정답 및 해설) p.48

Questions

8-10

28시간에
끝내는
토익스피킹

Respond to questions
using information provided

제공된 정보를
사용하여
질문에 답하기

살펴보기

문제 구성

문제 번호	Questions 8-10 (3문제)
문제 유형	Respond to questions using information provided 제공된 정보를 사용하여 질문에 답하기
준비 시간	표 읽는 시간: 45초 답변 준비 시간: 각 문항별 3초
답변 시간	8번: 15초 9번: 15초 10번: 30초
배점	0 - 3
평가 기준	발음, 억양, 강세 / 문법, 어휘, 일관성 / 내용의 관련성 / 내용의 완성도

시험 진행 순서

TOEIC Speaking

Questions 8-10: Respond to questions using information provided

Directions: In this part of the test, you will answer three questions based on the information provided. You will have 45 seconds to read the information before the questions begin. You will have three seconds to prepare and 15 seconds to respond to Questions 8 and 9. You will hear Question 10 two times. You will have three seconds to prepare and 30 seconds to respond to Question 10.

① 시험 안내문

문제 진행 방식을 설명하는 안내문을 화면에 보여준 뒤 이를 음성으로 들려줍니다.

TOEIC Speaking

UTAH Global Marketing Conference
June 3rd, 9 A.M. - 5 P.M. LDS Conference Center

9:00 – 9:30	Welcome Speech (The Future of Marketing) – Dr. Susan
9:30 – 11:00	The Power of SNS – Dr. James Lynch
11:00 – 12:30	The Importance of Online Marketing – Joe Easton
12:30 – 2:00	Lunch
2:00 – 3:30	Group Discussion
3:30 – 4:30	~~Team Building Activities~~ canceled
4:30 – 5:00	Q & A Session

PREPARATION TIME
00:00:45

② 표 읽기

안내문이 사라지면 화면에 표가 등장하며, 내용을 먼저 읽어 볼 시간이 45초 주어집니다.

TIP 표는 문제가 진행되는 동안 화면에 계속 표시됩니다.

③ 내레이션 & 8번 문제

대화의 상황을 설명해 주는 2-3문장 길이의 내레이션 이후 질문을 한 번 들려줍니다. 그 후 3초의 준비 시간과 15초의 답변 시간이 주어집니다.

TIP 문제는 화면에 표기되지 않습니다.

④ 9번 문제

질문을 한 번 들려준 뒤 3초의 준비 시간과 15초의 답변 시간이 주어집니다.

Questions 8-10

⑤ 10번 문제

질문을 두 번 들려준 뒤 3초의 준비 시간과 30초의 답변 시간이 주어집니다.

TIP 10번 문제는 두 번 들려줍니다.

학습 포인트

1 **준비 시간 활용하기**

   표의 내용을 빠르게 정독하되, 의미를 이해하며 읽어야 문제에 대한 답변을 더 신속하게 찾을 수 있습니다.
   특히 이름, 회사 등의 고유명사는 반복해서 읽어 두어야 답변 시 실수를 줄일 수 있습니다.

2 **유형별 필수 표현 학습하기**

   각 표마다 답변으로 자주 쓰이는 표현들이 있습니다. 언제든지 사용할 수 있도록 꼭 암기해두세요.

3 **의문사 잘 듣기**

   문제가 화면에 표기되지 않으니 질문을 잘 듣는 것이 중요합니다. 특히 다양한 의문사가 등장하는 8번 문제에 유의하세요.

4 **이전 문제의 답변으로 사용된 키워드는 다음 문제에 등장하지 않음**

   이전 문제의 답변으로 사용된 키워드는 다음 문제에서 다시 등장하지 않습니다.

학습 시작에 앞서

표의 내용을 참고하여 질문에 대한 답변을 완성해 보세요.

UTAH Global Marketing Conference
June 3rd, 9 A.M. - 5 P.M. LDS Conference Center

9:00 – 9:30	Welcome Speech (The Future of Marketing) – Dr. Susan Miller
9:30 – 11:00	The Power of SNS – Dr. James Lynch
11:00 – 12:30	The Importance of Online Marketing – Joe Easton
12:30 – 2:00	Lunch
2:00 – 3:30	Group Discussion
3:30 – 4:30	~~Team Building Activities~~ canceled
4:30 – 5:00	Q & A Session

Q8 Where will the conference be held and what time is it scheduled to start?

컨퍼런스는 어니에서 얼리고 몇 시에 시직힐 예정인기요?

A8 The conference will be held at [장소] and it is scheduled to start at [시간].

Q9 I was told the team building activities are scheduled in the afternoon. Am I right?

저는 팀 빌딩 활동이 오후에 예정되었다고 들었습니다. 제 말이 맞나요?

A9 I'm sorry, but you have the [잘못된] information.
The team building activities have been [취소되다].

Q10 I'm a college student majoring in marketing. Could you tell me all the sessions related to marketing?

저는 마케팅을 전공 중인 학생입니다. 마케팅에 관련된 모든 세션에 대해 말해주시겠어요?

A10 There are [개수] scheduled sessions.
First, [인물] will give a welcome speech on [주제] at [시간].
And then, [주제] will be given by [인물] at [시간].

(모범 답안)

A8   the LDS Conference center, 9 A.M.

A9   wrong, canceled

A10 2, Dr. Susan Miller, The Future of Marketing, 9 A.M.
     The Importance of Online Marketing, Joe Easton, 11 A.M.

기초 다지기

8-10번 문제에서 자주 쓰이는 표현들은 읽는 법을 알아두세요. 🔊 MP3 4_1

서수 읽는 법

날짜를 설명할 때 서수를 사용합니다.

1	first	21	twenty-first
2	second	22	twenty-second
3	third	25	twenty-fifth
5	fifth	31	thirty-first

TIP 🔊 이 외에 숫자들은 뒤에 -th를 붙여서 읽어 주면 됩니다.

다양한 숫자 읽는 법

시간

7:30 A.M.	seven thirty A.M.
11:47 P.M.	eleven forty seven P.M.
9 A.M. – 11 A.M.	from nine to eleven A.M.

기타 숫자

238 – 6543	two three eight (끊어 읽기) six five four three
room 502	room five oh two
flight No. 371	flight number three seven one
924 Main Street	nine two four Main Street

TIP 🔊 • 시간을 언급할 때 A.M과 P.M은 생략할 수 있습니다.
• 숫자를 한 자리씩 읽는 경우 0은 'oh'라고 읽어주세요.
• 기타 숫자가 두 자리인 경우 끊어읽지 않습니다.
🔊 room 72 (seventy-two)

필수 전치사

적재적소에 사용되는 전치사는 답변요소를 연결하는 데 중요한 역할을 합니다. 자주 쓰이는 전치사를 꼭 익혀두세요.

시간 관련 전치사

in + 월	**in** January
on + 날짜, 요일	**on** the 19th **on** March 15th **on** Monday
at + 시간	**at** 2 P.M.

장소 관련 전치사

in + 실내 장소	**in** hall C **in** room 208
in + 도시	**in** New York City
at + 건물명	**at** the Vista Hotel **at** Ohio University **at** the Dell Conference Center
at + 번지수	**at** 324 Main Road
on + 거리	**on** Elizabeth Street

Questions 8-10

연습 문제

MP3 4_2

빈칸에 알맞은 전치사를 사용해서 다음의 문장을 완성해 보세요.

1 The first session will take place __________ 10 A.M. __________ Room 7.
첫 번째 세션은 오전 10시에 7번 방에서 열릴 것입니다.

2 The conference will be held ______ the Grand Hotel ______ Chicago ______ August 23rd ______ the 24th.
컨퍼런스는 시카고의 그랜드 호텔에서 8월 23일부터 24일까지 열릴 것입니다.

3 The meeting will be held ______ the Washington Convention Center ______ Saturday, November 3rd.
회의는 11월 3일 토요일에 워싱턴 컨벤션 센터에서 열릴 것입니다.

4 You are going to leave Sydney ______ 7:30 P.M. ______ United Airlines flight 307.
당신은 시드니를 오후 7시 30분에 유나이티드 항공사 307편을 통해 떠날 것입니다.

정답 및 해설 p.50

TIP 빈칸 작성 후 바로 답을 확인하지 마시고, MP3 파일을 먼저 들어보는 것도 좋은 연습이 됩니다.

답변 전략

주요 사항 확인하기

준비시간 45초를 이용하여 표의 주요 사항을 미리 확인해야 합니다. 다음의 4가지 항목에 유의해서 표를 읽어주세요.

1 시간 및 장소

8번 문제로 자주 출제되는 항목입니다. 어떤 전치사를 활용해야 하는지 미리 생각해 두세요.

2 제목과 부가 정보와의 관계

제목과 이에 관련된 부가 정보를 어떻게 문장으로 연결할지 생각해 보세요.

3 변경되거나 추가된 사항에 대한 정보

취소, 연기 등으로 변경되거나, 추가로 표기된 유의 사항에 관한 정보는 9번 문제의 답변 소재로 자주 사용됩니다.

4 반복적으로 등장하는 단어 확인

두번 이상 등장하는 단어는 10번 문제의 주요 키워드로 사용되는 경우가 많으니 반복되는 단어가 있는지 확인해 보세요.

행사 일정

	UTAH Global Marketing Conference **June 3rd, 9 A.M. - 5 P.M. LDS Conference Center** ❶
9:00 – 9:30	Welcome Speech (The Future of Marketing) – Dr. Susan Miller ❷
9:30 – 11:00	The Power of SNS – Dr. James Lynch ❹
11:00 – 12:30	The Importance of Online Marketing – Joe Easton ❹
12:30 – 2:00	Lunch
2:00 – 3:30	Group Discussion
3:30 – 4:30	~~Team Building Activities~~ canceled ❸
4:30 – 5:00	Q & A Session

❶ 시간 및 장소

Where(장소) will the conference be held and **what time**(시간) will it start?

어디에서 컨퍼런스가 열리며 몇 시에 시작하나요?

❷ 제목과 부가 정보와의 관계

Welcome Speech (The Future of Marketing) - Dr. Susan Miller
제목　　　　　　　부가 정보 1 (세부 주제)　　　　부가 정보 2 (진행자)

❸ 변경되거나 추가된 사항에 대한 정보

I heard the team building activities are scheduled in the afternoon. Am I right?

팀 빌딩 활동이 오후에 예정되어 있다고 들었습니다. 제 말이 맞나요?

❹ 반복적으로 등장하는 단어 확인

I'm a university student majoring in **marketing**. Could you tell me about all the sessions related to **marketing**?

저는 마케팅을 전공하는 대학생입니다. 마케팅과 관련된 모든 세션에 대해서 말해주시겠어요?

TIP 표 좌측의 시간 관련 정보는 중요도가 낮으므로 준비시간 동안 자세히 읽을 필요는 없습니다.

강의 일정

<table>
<tr><td colspan="3" align="center">**Tasmania Environmental Center**
Summer Schedule of Classes
❶ June 15th – August 19th, Grand Hall</td></tr>
<tr><th>Class</th><th>Days</th><th>Instructor</th></tr>
<tr><td>Energy Conservation in the Workplace</td><td>Mondays</td><td>❹ Janet Wells ❷</td></tr>
<tr><td>Technology for the Environment</td><td>Wednesdays</td><td>Hassan Reza</td></tr>
<tr><td>Environmental Ethics in Business</td><td>Thursdays</td><td>❹ Janet Wells</td></tr>
<tr><td>The Business of Renewable Resources</td><td>Saturdays</td><td>Nolan Batten</td></tr>
<tr><td colspan="3" align="center">❸ * All classes are from 5 P.M. to 7 P.M.
* Registration fee: $50/course</td></tr>
</table>

Questions 8-10

❶ 시간 및 장소

What date(날짜) do the classes begin and **where**(장소)will it take place?

수업은 며칠에 시작하고 어디에서 열리나요?

❷ 제목과 부가 정보와의 관계

Class	Days	Instructor
Energy Conservation in the Workplace	Mondays	Janet Wells
제목 (강의명)	부가 정보 1 (수업일)	부가 정보 2 (강사)

❸ 변경되거나 추가된 사항에 대한 정보

I was told that the classes will be held for free. Right?

저는 수업이 무료로 진행된다고 들었습니다. 맞나요?

❹ 반복적으로 등장하는 단어 확인

Can you tell me the topics and time of the classes **Janet Wells** is teaching this summer?

재닛 웰스가 이번 여름에 가르칠 수업의 주제와 시간을 말해주시겠어요?

필수 표현 익히기

8번-10번 답변에 자주 사용되는 필수 표현들을 익혀두세요. (◁)) MP3 4_3

1 시간, 장소 관련 표현 설명하기

take place + (전치사 + 명사) 개최되다

The conference will take place on June 3rd at 9 A.M.
컨퍼런스는 6월 3일 오전 9시에 개최될 것입니다.

will be held + (전치사 + 명사) 열리다

The conference will be held at the LDS Conference Center.
컨퍼런스는 LDS 컨퍼런스 센터에서 열릴 것입니다.

 • 두 표현은 문법적 형태가 다를 뿐 의미는 거의 같습니다.
• 시간과 장소를 함께 묻는 경우가 많습니다. 전치사를 활용해서 한 문장으로 연결해 주세요.

2 항목 설명하기

답변 항목에 사람 이름이 포함되어 있는지 아닌지에 따라 답변 방식이 달라집니다.

사람 이름이 포함되지 않은 경우

(명사) **is scheduled** ~가 예정되어 있다

A group discussion is scheduled to start at 2 P.M.
그룹 토론이 오후 2시에 시작할 예정입니다.

The company tour is scheduled at 4 P.M.
사내 투어는 오후 4시에 예정되어 있습니다.

There will be (명사) ~가 있을 것이다

There will be a group discussion at 2 P.M.
오후 2시에 그룹 토론이 있을 것입니다.

 • be scheduled는 현재시제로 미래의 의미를 갖기 때문에 앞에 will을 붙이지 않습니다.
• 시간 관련 정보는 문장의 마지막에 더해주면 좋습니다.
• 답변으로 사용 빈도가 높기 때문에 두 표현 모두 학습해 주세요.

사람 이름이 포함된 경우

A(사람) + will give a (speech / presentation / lecture) + on (주제)

(사람)이 (주제)에 대해 연설 / 프레젠테이션 / 강의를 할 것이다

<u>Dr. James Lynch</u> will give a presentation on <u>'The Power of SNS'</u> at 9:30 A.M.
　　　　사람　　　　　　　　　　　　　　　　　　　　　주제

제임스 린치 박사가 오전 9시 30분에 'SNS의 힘'에 대한 프레젠테이션을 할 것입니다.

B(주제) + will be (conducted / given) + by (사람)

(주제)가 (사람)에 의해 진행될 것이다

<u>'The Power of SNS'</u> will be conducted by <u>Dr. James Lynch</u> at 9:30 A.M.
　　　주제　　　　　　　　　　　　　　　　　　　사람

'SNS의 힘'이 제임스 린치 박사로부터 오전 9시 30분에 진행될 것입니다.

> **TIP** 답변으로 사용 빈도가 높기 때문에 두 표현 모두 학습해 주세요.

연습 문제　 🔊MP3 4_4

<table>
<tr><td colspan="2" align="center">UTAH Global Marketing Conference
June 3rd, 9 A.M. - 5 P.M. LDS Conference Center</td></tr>
<tr><td>9:00 – 9:30</td><td>Welcome Speech (The Future of Marketing) – Dr. Susan Miller</td></tr>
<tr><td>11:00 – 12:30</td><td>The Importance of Online Marketing – Joe Easton</td></tr>
<tr><td>12:30 – 2:00</td><td>Lunch</td></tr>
<tr><td>2:00 – 3:30</td><td>Group Discussion</td></tr>
<tr><td>4:30 – 5:00</td><td>Q & A Session</td></tr>
</table>

위의 표를 참고해서 아래의 질문에 답해보세요.

1　**Q** Where will the conference be held and what time will it start?
　A The conference will be held _____ and it will start _____ .

　Q 컨퍼런스는 어디에서 열리며 몇 시에 시작하나요?
　A 컨퍼런스는 LDS 컨퍼런스 센터에서 열릴 것이며 이것은 9시에 시작할 것입니다.

2　**Q** Will I have a chance to ask some questions during the conference?
　A Yes. _____ is scheduled _____ .

　Q 컨퍼런스가 진행되는 동안 제가 질문을 할 기회가 있을까요?
　A 네. 질의응답 시간이 4시 30분에 예정되어 있습니다.

3　**Q** What is the last program before we have lunch?
　A Joe Easton will _____ on _____ at _____ .

　Q 점심 먹기 전의 마지막 프로그램은 무엇인가요?
　A 조 이스턴이 11시에 '온라인 마케팅의 중요성'에 대해서 연설을 할 것입니다.

3 잘못된 정보 고쳐주기 MP3 4_5

질문자가 잘못 알고 있는 정보에 대해서는 먼저 아래의 표현중 한가지를 이용해 오류를 지적한 뒤, 올바른 정보를 제공해 줍니다.

I'm sorry, but it's not true. + 올바른 정보
죄송합니다만 그것은 사실이 아닙니다.

I'm sorry, but you have the wrong information. + 올바른 정보
죄송합니다만 잘못 알고 계십니다.

> **TIP** 답변의 I'm sorry는 사과의 의미가 아닌 '안타깝게도' 라는 뜻으로 사용되었습니다.

4 복수 항목 설명하기 (10번 문항)

10번 문제에서는 반복해서 등장하는 공통 사항이나 특정 시간대의 일정에 관해서 설명하게 됩니다. 주로 두 가지 항목을 설명하게 되며 준비시간이 3초로 매우 짧기 때문에 처음 45초간의 준비시간 동안 표를 잘 읽어두는 것이 중요합니다.

답변 진행 방식

Step 1	**There are** ~가 있다. There are 2 scheduled sessions. 두 가지의 예정된 세션이 있습니다.
Step 2	**First,** 첫 번째로, First, Bill Johns will give a lecture on 'Management Skills' at 9 A.M. 첫 번째로, 빌 존스가 오전 9시에 '경영 기술'에 대한 강연을 할 것입니다.
Step 3	**Second,** 두 번째로, Second, there will be some group activities in room B at 11 A.M. 두 번째로, 오전 11시에 B번 방에서 그룹 활동이 있을 것입니다.

> **TIP** • schedule은 불가산명사이기 때문에 scheduled sessions이라고 답변해 주세요.
> • Second 대신 Also (또한) 혹은 And then (그런 다음)을 사용할 수도 있습니다.
> • 답변 첫 문장의 sessions는 표의 내용에 따라 events, classes, meetings 등으로 변경될 수 있습니다.

UTAH Global Marketing Conference June 3rd, 9 A.M. - 5 P.M. LDS Conference Center	
9:00 – 9:30	Welcome Speech (The Future of Marketing) – Dr. Susan Miller
9:30 – 11:00	The Power of SNS – Dr. James Lynch
11:00 – 12:30	The Importance of Online Marketing – Joe Easton
12:30 – 2:00	Lunch
2:00 – 3:30	Group Discussion
3:30 – 4:30	~~Team Building Activities~~　　canceled
4:30 – 5:00	Q & A Session

위의 표를 참고해서 아래의 질문에 답해보세요.

1　Q　I heard the team building activities are scheduled in the afternoon. Am I right?

　　A　I'm sorry, but _____.
　　　　Team building activities _____.

　　Q　팀 빌딩 활동이 오후에 예정되어 있다고 들었습니다. 제 말이 맞나요?

　　A　죄송합니다만 잘못 알고 계십니다. 팀 빌딩 활동은 취소되었습니다.

> **TIP**　canceled(취소된), postponed(연기된), rescheduled(일정이 변경된)에는 'have been + 과거분사' 형태의
> 현재완료 수동태 시제를 쓰는 것이 가장 좋습니다.
> 📝 The class has been postponed to next Friday. 수업이 다음주 금요일로 연기되었습니다.

2　Q　I'm a university student majoring in marketing. Could you tell me all the sessions
　　　　related to marketing?

　　A　There are _____.
　　　　First, Dr. Susan Miller _____.
　　　　And then, 'The Importance of Online Marketing' _____.

　　Q　저는 마케팅을 전공 중인 대학생입니다. 마케팅에 관련된 모든 세션들에 대해 말해주시겠어요?

　　A　두 가지의 예정된 세션들이 있습니다. 첫 번째로, 수잔 밀러 박사가 9시에 '마케팅의 미래'를 주제로 환영사를 할 것입니다.
　　　　그런 다음, '온라인 마케팅의 중요성'이 조 이스턴으로부터 11시에 진행될 것입니다.

Questions 8-10

유형별 연습

유형1 행사 일정 **출제 순위 1위**

Spencer's Chemical Products Inc.

Winter Intern Presentations
December 15, 1:00 P.M. – 4:00 P.M. Room 16

Topic	Name	Time
Suggestions in Medical Chemistry	Patricia Park	1:00 P.M.
The Future of Hybrid Plastics	Robert Chen	1:30 P.M.
Biofuel and Bioenergy	Edward Dean	2:00 P.M.
Environment-friendly Plastics	Anthony Reynolds	2:30 P.M.
Bioprocess Engineering	Patricia Park	3:00 P.M.
Water Treatment : New Approaches	Ruth Hammond	3:30 P.M.

* Registration fee : $60 (including lunch)
* Early bird registration : $40 (Sign up before Dec. 7th)

행사 일정 특징

▷ 회의, 세미나, 신입사원 교육 등 다양한 행사의 일정표가 출제됩니다.

▷ 질문하는 사람은 대개 직장 동료이거나 행사에 관심이 있는 고객입니다.

답변 전략

▷ 표 상단에 시간과 장소 정보가 표기되어 있다면, 이들은 8번 문제의 답변 소재로 사용될 가능성이 높습니다.

▷ 변경된 정보나 참여자 유의사항은 9번 문제의 답변 소재로 자주 사용됩니다.

▷ 2회 이상 반복해서 등장하는 단어는 10번 문제에서 다뤄질 가능성이 높습니다.

행사 일정 8번 문제 🔊 MP3 4_7

특징	• 시간과 장소에 관해 묻는 경우가 많으며, 답변 소재는 주로 표의 상단에 위치합니다. • 의문사를 잘 들어서 질문자가 원하는 정보를 정확히 파악하는 것이 중요합니다. • 시간과 장소를 둘 다 물어볼 시 전치사를 이용해 한 문장으로 답변할 수 있습니다.
문제 유형	**Q** **What date** will the presentations be held and **where** is the location? 프레젠테이션이 며칠에 열리며 장소는 어디인가요? **A** The presentations will be held **on December 15th in room 16.** 프레젠테이션은 12월 15일에 16번 방에서 열릴 것입니다.
유사 유형	**Q** Where will the meeting be held and what time does it start? 미팅이 어디에서 열리고 몇 시에 시작하나요?

행사 일정 9번 문제 🔊 MP3 4_8

1 잘못된 사실 정정

특징	• 질문자가 잘못 알고 있는 사실을 정정해 주는 유형입니다. • I was told 혹은 I heard로 질문을 시작하거나 부가 의문문 right?으로 질문을 마치는 경우가 많습니다.
문제 유형	**Q** **I was told** that these presentations are scheduled in the morning, **right?** 이 프레젠테이션은 아침에 예정되어 있다고 들었습니다. 맞나요? **A** **I'm sorry, but you have the wrong information.** The presentations are scheduled in the afternoon. 죄송합니다만 잘못 알고 계십니다. 프레젠테이션은 오후에 예정되어 있습니다.
유사 유형	**Q** I heard all participants need to prepare their own lunch. Is that right? 모든 참가자가 각자 점심을 준비해야 한다고 들었습니다. 맞나요?

2 정보 문의

특징	• 자신에게 도움이 되는 정보를 얻고자 질문을 하는 유형으로, 질문자는 대개 원하는 것을 얻을 수 있습니다.
	• 질문은 주로 조동사(will, can) 혹은 be 동사(is, are)로 시작합니다.

문제 유형	**Q** I saw on the website that the conference costs $60. **Is there a way I can attend the conference at a cheaper price?** 컨퍼런스의 비용이 60달러라고 웹사이트에서 보았습니다. 더 싼 가격에 참여할 수 있는 방법이 있나요?
	A You can get a $20 discount if you sign up before December 7th. 12월 7일 전에 등록하시면 20달러를 할인 받을 수 있습니다.

유사 유형	**Q** During the conference, will there be an opportunity to learn about bioenergy? 컨퍼런스 기간 동안, 바이오 에너지에 대해 배울 수 있는 기회가 있을까요?

3 놓치는 세션 문의

특징	• 조퇴를 하거나 지각을 하게 되어 어떤 세션을 놓치는지에 대해 문의합니다.
	• 일정이 화자가 언급한 시간보다 일찍 끝나거나 혹은 늦게 시작하기 때문에 화자가 놓치는 세션은 없는 경우가 대부분입니다.
	• Fortunately로 시작하는 하단의 문장을 이용해 답변을 시작해주세요.

문제 유형	**Q** I might have to leave at 4 P.M. for the meeting with my clients. What presentations will I miss? 저는 고객과 회의가 있어 4시에 떠나야 할 것 같습니다. 제가 어떤 프레젠테이션을 놓치게 되나요?
	A **Fortunately, you will not miss anything.** Because the seminar will finish at 4 P.M. 다행히도, 당신은 아무것도 놓치지 않을 것입니다. 왜냐하면 세미나가 4시에 끝날 것이기 때문입니다.

유사 유형	**Q** Because of my another appointment with a client, I'm not able to participate until 10 A.M. What presentations will I miss? 저는 고객과의 다른 일정 때문에 10시까지 참여할 수 없습니다. 어떤 프레젠테이션을 놓치게 되나요?

특징	• 반복해서 등장하는 항목이나 특정 시간대의 일정에 관해서 설명하게 됩니다.
	• 항목 내 여러 키워드를 전치사 등의 연결어구를 활용해서 자연스러운 문장으로 답변해야 합니다.
	• 같은 표현을 반복하는 것은 피하는 것이 좋습니다.

문제 유형

Q I'm especially interested in the work with plastics. Can you give me all the details about presentations that are **related to plastics**?

저는 특히 플라스틱을 이용한 작업에 관심이 많습니다. 플라스틱에 관련된 프레젠테이션의 모든 세부 사항에 대해 말해주시겠어요?

A There are two scheduled sessions.
First, 'The Future of Hybrid Plastics' will be given by Robert Chen at 1:30. And then, Anthony Reynolds will give a presentation on 'Environment-friendly Plastics' at 2:30.

두 가지 예정된 세션이 있습니다.
첫째로, '하이브리드 플라스틱의 미래'가 로버트 첸으로부터 1시 30분에 진행될 것입니다.
그런 다음, 앤서니 레이놀즈가 '환경친화적인 플라스틱'이라는 주제로 2시 30분에 프레젠테이션을 할 것입니다.

유사 유형

Q I read a lot of articles about Patricia Park and I am really interested in her speeches. Can you tell me all the details of the sessions she will be leading?

저는 패트리샤 박에 대한 많은 기사를 읽었으며 그녀의 연설에 매우 흥미가 있습니다.
그녀가 진행할 세션의 모든 세부사항에 대해 말해주시겠어요?

Questions 8-10

1 다음의 표를 45초간 읽은 뒤 질문에 답변해 보세요. ◁)) MP3 4_10

Neo-Tech New Employee Orientation
Monday, Mar. 7th, Room 8

Time	Presentations	Speakers
10:30 - 11:00	The history of Neo-Tech	Jack Morris, CEO
11:00 - 12:00	Overview of Responsibilities	George Perry, Vice President
12:00 - 1:30	Lunch, ~~Jackson's restaurant~~ (employee cafeteria)	
1:30 - 2:30	Career Development Opportunities	Sophia Hampton, Marketing manager
2:30 - 3:00	Benefits Overview	Richard Myers, HR manager
3:00 - 4:00	Q & A session	
5:00 - 7:00	Welcome dinner	

Check list

☑ 행사가 열리는 시간과 장소는 잘 확인해 두셨나요?

☑ 변경된 정보에 대해서 잘 확인해 두셨나요?

2 빈칸을 채워 답변을 완성해 보세요.

Narration

Hi, my name is Jane from the Human Resources. I heard you're in charge of the new employee orientation. Can I ask you some questions about the schedule?

안녕하세요, 저는 인사부서의 제인입니다. 당신이 신입사원 오리엔테이션을 담당하고 있다고 들었습니다. 제가 일정에 대해 몇 가지 물어봐도 될까요?

Question 8

Q What day is the orientation and where will it be held?

오리엔테이션은 며칠이며 어디에서 열리나요?

A The orientation will _____ on Monday, March 7th _____ room 8.

오리엔테이션은 3월 7일 월요일, 8번 방에서 열립니다.

> **TIP** '8'의 발음에 유의하세요. 마지막의 t 발음을 빠뜨려 'A'처럼 발음하는분들이 많습니다.

Question 9

Q I heard that we are having lunch at Jackson's restaurant. Right?

우리는 잭슨 레스토랑에서 점심식사를 할 것이라고 들었습니다. 맞나요?

A I'm sorry, but _____ .
Lunch _____ in the employee cafeteria.

죄송합니다만 잘못 알고 계십니다. 점심식사는 직원 식당에서 예정되어 있습니다.

Question 10

Q Can you tell me what programs are scheduled in the morning?

오전에 무슨 프로그램이 예정되어 있는지 말해주시겠어요?

A Sure. There are _____ .
First, Jack Morris, the CEO will _____ a presentation _____ 'The History of Neo-Tech' _____ 10:30.
Second, 'The Overview of Responsibilities' will be _____ _____ George Perry, the Vice President _____ 11:00.

물론이죠. 두 가지 예정된 세션이 있습니다. 첫째로, CEO인 잭 모리스가 '네오 테크의 역사'에 대한 프레젠테이션을 10시 30분에 할 것입니다. 둘째로, '직무 개요'가 부회장인 조지 페리로부터 11시에 진행될 것입니다.

3 다음의 표를 45초간 읽은 뒤 질문에 답변해 보세요. (MP3) 4_11

AEI Systems
Human Resources Conference (December 12-13 / The Vista Hotel)

Monday, December 12

9:00 ~ 10:00	Speech : The Roles of Human Resources (Drake Perry)
10:00 ~ 11:30	Group Activity : Employee Training
1:00 ~ 2:00	Seminar : Legal Issues in Hiring
2:00 ~ 2:30	Select location for annual conference

Tuesday, December 13

9:00 ~ 10:30	Seminar : The Conditions of Successful Training
10:30 ~ 12:00	Group Discussion : Hiring Reports
1:00 ~ 2:30	Review of New Computer-Based Training Programs

Check list

☑ 행사가 열리는 시간과 장소는 잘 확인해 두셨나요?

☑ 괄호 및 콜론(:)이 사용된 항목은 어떻게 문장으로 만들지 생각해 보셨나요?

☑ 반복해서 등장하는 단어가 있었나요?

4   빈칸을 채워 답변을 완성해 보세요.

Narration

Hi, this is Jennifer Marsh. I need you to help me confirm a few things about the human resources conference in December. Let me ask you some questions please.

안녕하세요, 저는 제니퍼 마시입니다. 12월에 있을 인사 부서 컨퍼런스에 대해 몇 가지 확인하는 것을 도와주셨으면 합니다. 제가 질문을 좀 드릴께요.

Question 8

Q Please tell me the details of the first program on the first day.

첫날 첫 번째 프로그램의 세부사항을 알려주세요.

A A speech _____ 'The Roles of Human Resources' will be _____ _____ Drake Perry _____ 9 A.M.

'인사부서의 역할'에 대한 연설이 드레이크 페리로부터 오전 9시에 진행될 것입니다.

Question 9

Q The conference will be only a one-day event on December 12th. Is that right?

컨퍼런스는 12월 12일 하루간의 행사인 것으로 알고 있습니다. 이것이 맞나요?

A I'm sorry, but _____ .
The conference will be held _____ December 12th _____ the 13th.

죄송합니다만 잘못 알고 계십니다. 컨퍼런스는 12월 12일부터 13일까지 열릴 것입니다.

Question 10

Q Can you tell me all the details of the seminar programs scheduled?

예정된 세미나 프로그램의 모든 세부사항을 말해주시겠어요?

A Sure. There are _____ .
First, a seminar _____ 'Legal Issues in Hiring' _____ _____ on Monday, December 12th _____ 1 P.M.
Second, there will be a seminar _____ 'The Conditions of Successful Training' _____ Tuesday, December 13th _____ 9 A.M.

물론이죠. 두 가지 예정된 세션이 있습니다. 첫째로, '채용에 있어서의 법적 사항'에 대한 세미나가 12월 12일 월요일 오후 1시에 예정되어 있습니다. 둘째로, '성공적인 직무교육의 조건'에 대한 세미나가 12월 13일 화요일 오전 9시에 있을 것입니다.

정답 및 해설 p.54-55

Itinerary for Luke Evans, assistant manager / August 15 - 17

Wednesday, August 15th

2:45 P.M.	Depart Chicago – Jet Air Flight 153
6:00 P.M.	Arrive Philadelphia (check-in : Blue Planet Hotel)

Thursday, August 16th

10:00 A.M. – 5:00 P.M.	Factory Tour (Morgan Furnishings)	
5:00 P.M.	~~Dinner with CEO of Morgan Furnishings~~	canceled

Friday, August 17th

9:30 – 11:00 A.M.	Meeting (Morgan Furnishings' lighting experts)
1:00 P.M.	Lunch (Jacob Allen, Evergreen Kitchen Design)
4:00 P.M.	Depart Philadelphia – Jet Air Flight 179

개인 일정 특징

▷ 출장 일정표 등 한 개인의 일정을 보고 당사자의 질문에 답변하게 됩니다.

▷ 2-3일짜리 일정 외에 1일 일정표가 출제되기도 합니다.

답변 전략

▷ 질문자는 자신의 일정에 대해 묻는 표의 주인입니다. 따라서 답변의 주어로 you를 사용해주세요.

▷ 단순 미래시제 will보다 be going to 혹은 be scheduled to를 이용해서 더 자연스럽게 답변할 수 있습니다.

▷ 준비 시간 동안 명사 항목(factory tour 등)앞에 사용할 동사를 미리 생각해두세요.

개인 일정 8번 문제 ◁》 MP3 4_12

특징	• 주로 첫번째 일정에 대해 질문하며, 두가지 항목을 한번에 묻는 경우가 많기 때문에 의문사를 잘 들어주세요.
문제 유형	**Q** **What time** do I leave Chicago and **which flight** do I take? 몇 시에 제가 시카고를 떠나며 어떤 비행기를 타나요? **A** You are going to leave Chicago **on Jet Air Flight 153 at 2:45.** 당신은 시카고를 2시 45분에 제트 에어 플라이트 153편을 통해 떠날 것입니다.
유사 유형	**Q** What time will I arrive in Philadelphia and where am I staying? 몇 시에 제가 필라델피아에 도착하며 어디에서 지내게 되나요?

개인 일정 9번 문제 ◁》 MP3 4_13

특징	• 일정의 변동 가능 여부를 묻는 문제가 자주 출제됩니다. 가능 여부를 말해준 뒤 그 이유를 설명해주세요.
문제 유형 **(가능한 경우)**	**Q** There is a restaurant I'd like to visit on Thursday evening. Do you think it's possible? 목요일 저녁에 방문하고 싶은 레스토랑이 있습니다. 가능할까요? **A** **Fortunately,** dinner with the CEO of Morgan Furnishings **has been canceled.** So, you can visit the restaurant. 다행히도, 모건 퍼니싱의 CEO와의 저녁 식사가 취소되었습니다. 그래서 레스토랑에 방문하셔도 괜찮습니다.
문제 유형 **(불가능한 경우)**	**Q** I want to have dinner with my clients in Philadelphia on Friday. Is it possible? 금요일에 필라델피아에서 고객들과 저녁을 먹고자 합니다. 가능할까요? **A** **I'm sorry, but** you don't have enough time for dinner **because** you are going to leave Philadelphia at 4 P.M. 죄송합니다만 시간이 충분하지 않습니다. 왜냐하면 오후 4시에 필라델피아를 떠날 예정이기 때문입니다. **TIP** I'm sorry, but 대신 Unfortunately를 사용할 수도 있습니다.

특징	• 하루의 일정을 설명하는 유형이 자주 출제됩니다.
	• 주로 두 가지 항목을 설명하게 되며 적절한 동사와 전치사를 활용해서 항목 내 요소들을 설명해 주세요.
	• There are '숫자' scheduled appointments로 답변을 시작해 주세요.

Q Could you explain my schedule for Friday before I depart Philadelphia?
제가 금요일에 필라델피아를 출발하기 전의 일정에 대해 설명해 주시겠어요?

문제 유형

A There are two scheduled **appointments.** First, you **are going to** have a meeting **with** Morgan Furnishings' lighting experts **from** 9:30 **to** 11 A.M. And then, you **are scheduled to** have lunch **with** Jacob Allen **from** Evergreen Kitchen Design **at** 1 P.M.
두 가지 예정된 일정이 있습니다. 첫째로 당신은 모건 퍼니싱의 조명 전문가들과 오전 9:30부터 11시까지 회의를 할 예정입니다. 그리고 나서 당신은 오후 1시에 에버 그린 디자인의 제이콥 앨런과 점심식사를 할 예정입니다.

TIP
• 같은 표현을 반복해서 사용하는 것은 피하는 것이 좋습니다.
• 개인 일정에서는 sessions가 아닌 appointments를 사용해주세요.
• 자주 사용되는 동사 표현 정리

give	a speech 연설	a presentation 프레젠테이션	a lecture 강연
lead	a workshop 연수회	a discussion 토론	
have	lunch 점심식사	a meeting 회의	
attend	a seminar 세미나	a conference 컨퍼런스	a tour 견학

1 다음의 표를 45초간 읽은 뒤 질문에 답변해 보세요.

Itinerary for Matt West, the author of "Uncharted"
Sponsored by Brown Publisher

Saturday, October 4th

10:30 A.M.	Depart Washington DC – East Wings Airlines, flight #512
1:00 P.M.	Arrive in New York
3:00 P.M.	Meeting : Book cover design (Jessica Kim)
6:00 P.M.	Book signing event (Riverside Bookstore)

Sunday, October 5th

1:00 P.M.	Lunch meeting (Brown Publisher's marketing team)
3:30 P.M.	Radio interview (Carrie's Book Radio Show)
7:15 P.M.	Depart New York - East Blue Airlines, flight #537

Check list

☑ 명사 항목 앞에 사용할 동사를 미리 생각해두었나요?

☑ 항공편 명 등의 다양한 부가정보를 어떻게 문장화시킬지 생각해 보셨나요?

2 빈칸을 채워 답변을 완성해 보세요.

Narration

Hi, this is Matt West. I am going to fly out to New York this Saturday for the promotional events for my new book. However, I left my itinerary on my desk. Could you tell me a few things about my schedule?

안녕하세요, 저는 매트 웨스트입니다. 저는 이번 주 토요일에 새 책의 홍보 이벤트를 위해 뉴욕으로 갈 예정입니다. 그런데 제가 출장 일정표를 책상에 두고 왔습니다. 제 일정에 대해서 몇 가지 말해주실 수 있나요?

Question 8

Q What time do I leave Washington DC and which flight should I take?

제가 몇 시에 워싱턴 DC를 떠나며 어떤 비행기를 타야 하나요?

A You are going to leave Washington DC _____ 10:30 A.M. _____ East Wings Airlines, flight number 512.

당신은 워싱턴 DC를 오전 10시 30분에 이스트 윙스 항공사 512편을 통해 떠날 것입니다.

Question 9

Q There is an art gallery I'd like to visit in New York. Am I free on Sunday morning?

뉴욕에 제가 방문하고 싶은 미술관이 있습니다. 제가 일요일 아침에 시간이 되나요?

A _____ , your first appointment is _____ _____ 1 P.M.

다행히도, 당신의 첫 일정이 오후 1시에 예정되어 있습니다.

So, you can _____ the art gallery _____ Sunday morning.

그래서, 당신은 일요일 아침에 그 미술관을 방문할 수 있습니다.

다른 답변

A So, you have _____ free time _____ Sunday morning.

그래서, 당신은 일요일 아침에 충분한 자유시간이 있습니다.

Question 10

Q What is my schedule on Saturday afternoon in New York?

뉴욕에서의 제 토요일 오후의 일정은 무엇인가요?

A There are _____ .

First, you are going to _____ a meeting _____ the book cover design _____ Jessica Kim _____ 3 P.M.

Second, a book signing event is _____ _____ Riverside Bookstore _____ 6 P.M.

두 가지 예정된 일정이 있습니다.

첫째로, 당신은 오후 3시에 제시카 김과 책 표지 디자인에 대해 회의를 할 것입니다.

둘째로, 책 사인회가 리버사이드 서점에서 오후 6시에 예정되어 있습니다.

정답 및 해설 p.57

Tasmania Environmental Center

Summer Schedule of Classes
June 15th – August 19th, Grand Hall

Class	Days	Instructor
Energy Conservation in the Workplace	Mondays	Janet Wells
Introduction to Ecotourism	Tuesdays	Fred Ross
Technology for the Environment	Wednesdays	Hassan Reza
Environmental Ethics in Business	Thursdays	Janet Wells
Environmental Management Systems	Fridays	Hassan Reza
The Business of Renewable Resources	Saturdays	Nolan Batten

* All classes are from 5 P.M. to 7 P.M.
* Registration fee: $50/course

강의 일정 특징

▷ 교육 참여 예정자의 질문에 답변하는 유형입니다.

답변 전략

▷ 강의 날짜, 장소, 등록 비용을 확인해 두세요.

▷ 표의 내용에 변경사항이 있는지 확인해 두세요.

▷ 반복해서 등장하는 키워드가 있는지 확인해 두세요. (강사명, 강의명 등)

강의 일정 8번 문제 (MP3) 4_16

특징	• 강의 날짜, 장소, 등록 비용 중에 두가지를 묻는 문제가 자주 출제됩니다.
	• 의문사를 잘 듣고 질문의 의도를 파악하는 것이 중요합니다.
문제 유형	**Q** **How much** is the registration fee and **what date** do the summer classes start? 등록 비용은 얼마인가요? 그리고 여름 수업은 며칠에 시작하나요? **A** The registration fee is $50 per course and the classes start on June 15th. 등록 비용은 수업 당 $50이고, 수업은 6월 15일에 시작합니다.
유사 유형	**Q** What date do the classes start and where will they be held? 수업은 며칠에 시작하고 어디에서 진행되나요?

강의 일정 9번 문제 (MP3) 4_17

1 **잘못된 사실 정정**

특징	• 질문자가 잘못 알고 있는 사실을 정정해 주는 유형입니다.
	• 부가 의문문 Right?로 질문을 마치는 경우가 많습니다.
대표 유형	**Q** I understand Fred Ross is in charge of teaching the Business of Renewable Resources class. **Right?** Fred Ross 강사가 재생 가능한 자원 사업 관련 수업을 담당하는 것으로 알고 있어요. 맞나요? **A** **I'm sorry, but you have the wrong information.** He will teach a class on the introduction to ecotourism. 죄송하지만 잘못 알고 계십니다. 그는 생태 관광의 소개에 대한 수업을 담당할 것입니다.

TIP 질문에 쓰인 표현을 답변에 그대로 사용해도 고득점이 가능하지만 평소에 연습한 표현들로 답변을 만드는 것이 실수를 줄이는데 도움이 됩니다.

2 일정 확인

특징	• 개인 사정으로 인해 놓치는 수업이 있는지 문의합니다. • 일정상 문제가 없는 유형이 주로 출제됩니다. 이유를 함께 설명해주세요.
대표 유형	**Q** I'll be on a business trip from August 20th. Will it be a problem? 저는 8월 20일부터 출장을 갑니다. 이것이 문제가 될까요? **A** **Fortunately, the classes will finish** on August 19th. **So, it's okay.** 다행히도, 수업은 8월 19일에 끝납니다. 그래서 괜찮습니다. **TIP** 두번째 문장은 생략할 수 있습니다.

강의 일정 10번 문제 🔊 MP3 4_18

특징	• 반복해서 등장하는 항목이나 특정 시간대에 진행되는 항목을 설명하게 됩니다. • 주로 두가지를 설명하지만 세가지 항목을 설명하는 유형도 가끔 출제됩니다.
대표 유형	**Q** I really enjoyed the classes with Janet Wells last winter. Can you tell me the topics and time of the classes she is teaching this summer? 지난 겨울에 재닛 웰스가 진행한 수업이 매우 유익했습니다. 이번 여름에 그녀가 가르칠 수업의 주제와 강의 시간에 대해서 자세히 알려주실 수 있나요? **A** There are two scheduled classes. First, **she will teach a class on** energy conservation in the workplace on Mondays from 5 to 7 P.M. Second, **there will be a course on** environmental ethics in business on Thursdays at the same time. 두가지 예정된 수업이 있습니다. 먼저, 그녀는 월요일 오후 5시부터 7시까지 근무지 내 에너지 절약에 관한 수업을 할 것입니다. 두번째로, 기업 내 환경 윤리 강의가 목요일 같은 시간에 예정되어 있습니다.

TIP 강사 정보가 없는 강의 항목은 다음의 표현을 이용해서 설명해주세요.

• You can (take / attend / participate in) a class on (과목명) + (시간 정보)
당신은 (과목명)에 대한 강의를 (시간 정보)에 수강할 수 있습니다.

• (과목명) is scheduled + (시간 정보)
(과목명)이 (시간 정보)에 예정되어 있습니다.

1 다음의 표를 45초간 읽은 뒤 질문에 답변해 보세요.

Cooparoo Tourism Training Center
Training Courses
February 15th – March 18th

Deadline for Registration: February 12th   Fee: $80/course

Course	Date	Time
Transportation for Tourists	Mondays	6:15-8:15 P.M.
Marketing for Tourism	Tuesdays	1:00-3:00 P.M.
Superior Customer Service	~~Wednesdays~~ → rescheduled to Tuesdays	~~9:30-11:30 A.M.~~ 10:00-11:50 A.M.
Tours for Families with Children	Thursdays	2:00-4:00 P.M.
Starting a Tourism Business	Fridays	4:30-6:30 P.M.
Cross-Cultural Communication	Fridays	6:30-8:30 P.M.

Check list

☑ 변경된 정보 및 유의사항을 잘 확인해 두셨나요?

☑ 강사 정보가 없는 강의 항목을 설명하는 방법을 알고 있으신가요?

2 빈칸을 채워 답변을 완성해 보세요.

Narration

Hi, my name is Alison Anker. I think taking a class at your center would be helpful for my career, but I don't have specific details. Could you answer a few questions?

안녕하세요, 제 이름은 앨리슨 앵커입니다. 여기서 수업을 듣는 것이 제 경력에 도움이 될 것이라고 생각하지만, 세부 사항에 대해서 아는 것이 별로 없습니다. 몇 가지 질문에 대답해주실 수 있을까요?

Question 8

Q How much does each course cost and when is the deadline for the registration?

각 과정의 수강료는 얼마이고 등록 마감일은 언제인가요?

A It is _____ _____ course and you need to _____ _____ February 12th.

수강료는 각 과정당 80 달러이고 2월 12일까지 등록해야 합니다.

Question 9

Q I would like to take the superior customer service course. It is scheduled for Wednesday mornings. Am I right?

저는 고급 고객 서비스 과정을 수강하고 싶습니다. 해당 과정이 수요일 오전에 예정되어 있는 게 맞죠?

A I'm sorry, but _____. It _____ _____ _____ to Tuesdays from 10 to 11:50 A.M.

죄송하지만 잘못 알고 계십니다. 그 과정은 화요일 오전 10시부터 11시 50분까지로 변경되었습니다.

Question 10

Q Can you give me all the details for each course that starts after 6 P.M.?

오후 6시 이후에 시작하는 각 과정의 세부사항을 모두 알려주시겠어요?

A There are _____ _____ _____.
First, there will be _____.
Second, you can participate in _____.

두 개의 과정이 있습니다. 첫째로, 월요일 오후 6시 15분부터 8시 15분까지 관광객을 위한 교통수단에 대한 수업 과정이 있을 것입니다. 둘째로, 금요일 오후 6시 30분부터 8시 30분까지 문화간 의사소통에 관한 수업 과정에 참여하실 수 있습니다.

TIP participate in을 attend 혹은 take로 변경할 수 있습니다.

정답 및 해설 p.59

Owen Carter

151 Cannon Rd. Smithfield, London

(558)721-2443

cerbain@itizen.com

Desired position: Senior financial analyst

Experience

Tyler Cooperation, financial specialist	2012 – present
CLE Asset Management, investment advisor	2007 – 2012

Education

South Victoria University, Master's degree in Business Administration (2012)

Darwin University, Bachelor's degree in Finance (2007)

Certifications

Risk Management in International Business

Certified Financial Analyst

이력서 특징

▷ 질문자는 여러분의 직장 동료이자 면접관으로서 면접 시작 전 이력서의 내용에 관해 묻습니다.

▷ 이력서는 크게 학력-경력-특이사항의 세 부분으로 나뉩니다.

답변 전략

▷ 답변에 과거, 현재, 현재완료 등 다양한 시제가 사용됩니다.

▷ 학력(8번), 특이사항(9번), 업무 경력(10번)에서 각각 한 문제씩 출제됩니다.

▷ 8번 문제에서 업무 경력에 관해 묻기도 합니다. 이런 경우에는 10번 문제에서 학력에 관해 질문합니다.

이력서 8번 문제 🔊 MP3 4_20

특징	• 지원자의 학력에 대해 묻는 문제가 자주 출제됩니다. 출신 대학, 전공, 졸업 년도 중 두 가지를 묻는 경우가 많기 때문에 의문사를 잘 듣는 것이 중요합니다. • 학력에 관련된 요소를 전부 답변해 주는 것도 좋은 전략입니다.
답하기	학력 관련 요소 한 문장으로 답하기 주어 + **received** + 학위의 종류 + **in** 전공명 + **at** 출신 대학 + **in** 졸업 년도
문제 유형	**Q** At which university did he get his master's degree from and when did he graduate? 어느 대학에서 그가 석사 학위를 받았으며 언제 졸업했나요? **A** He **received** a master's degree **in** Business Administration **at** South Victoria University **in** 2012. 그는 2012년에 사우스 빅토리아 대학교에서 경영학 석사학위를 취득했습니다.

이력서 9번 문제 🔊 MP3 4_21

특징	• 지원자가 관련 업무에 적합한지를 묻는 유형이 8번 문제로 자주 출제됩니다. 대개 지원자는 업무에 적합한 인물이며, 그 이유는 주로 이력서 하단에 위치한 특이사항 항목에서 찾을 수 있습니다.
답하기	특이사항 관련 요소 설명하기 **He has a certification in** + 자격증 이름 그는 ~분야의 자격증을 가지고 있습니다. **She received an award in** + 상 이름 그녀는 ~분야에서 상을 받았습니다. **He is fluent in** + 외국어 종류 그는 ~언어가 유창합니다. **She has some experience in** + 업무 분야 그녀는 ~분야에서 업무 경험이 있습니다.
문제 유형	**Q** I want to hire someone who understands how to handle risks in international business. Do you think he is a suitable applicant? 저는 국제 비즈니스 상의 위험요소들을 어떻게 다루는지 이해하고 있는 사람을 고용하고 싶습니다. 그가 적합한 지원자라고 생각하나요? **A** I think he is a suitable applicant because **he has a certification in** Risk Management in International Business. 저는 그가 적합한 지원자라고 생각하는데, 그 이유는 그가 국제 비즈니스 내 위기관리 분야에서 자격증을 가지고 있기 때문입니다.

이력서 10번 문세 🔊 MP3 4_22

특징	• 10번 문제에서는 지원자의 경력을 묻는 경우가 많습니다. 따라서 각 경력 사항에 대해 어떠한 시제를 사용할지, 또 여러 요소들을 어떻게 문장으로 만들지 생각해 두어야 합니다. • 이전 경력에는 과거시제, 현재 재직 중인 경력에는 현재 완료시제를 사용해 주세요.
답하기	경력 관련 요소 한 문장으로 답하기 주어 + **work**(시제에 유의) + **at** 직장명 + **as a** 직급 + 근무 기간
문제 유형	**Q** Could you please tell me about his career background? 그의 경력사항에 대해서 말해주시겠어요? **A** He has two different kinds of work experience. First, he **worked at** CLE Asset Management **as an** investment advisor **from** 2007 to 2012. And then, he **has been working at** Tyler Cooperation **as a** financial specialist **since** 2012. 그는 두 가지의 경력을 가지고 있습니다. 첫째로 그는 CLE 에셋 매니지먼트 에서 투자 조언가로 2007년부터 2012년까지 일했습니다. 그리고 나서 그는 타일러 코퍼레이션에서 재무관리 전문가로 2012년부터 일해오고 있습니다.

> **TIP** • 첫 문장은 생략할 수 있으며, 경력은 과거의 것부터 이야기 해주는 것이 좋습니다.
> • 경력에 관련된 질문이 8번 문제에서 등장할 수도 있습니다. 이런 경우 10번 문제에서 학력에 대해 묻습니다.

1 다음의 표를 45초간 읽은 뒤 질문에 답변해 보세요.

Paul Smibert

324 Dalton Road, Bowen, Queensland
Smibert123@bluemail.com
0411-553-711

Position desired	Peak Performance Fitness Center Manager	
Education	Bachelor's Degree in Exercise Science (Victoria University, 2011)	
Work History	Bodylift Fitness Club, Head Trainer Cape Wellness Center, Fitness instructor	2016 – present 2012 – 2016
Other Skills and Qualifications	Certification : Advanced Fitness Nutrition Functional Training Specialist	
References	Available upon request	

Check list

☑ 학력에 관련된 정보를 한 문장으로 설명하실 수 있나요?

☑ 교육과 경력정보 외의 특이사항을 잘 확인해두셨나요?

☑ 경력에 관련된 정보를 한 문장으로 설명하실 수 있나요?

2 빈칸을 채워 답변을 완성해 보세요.

Narration

Hi. I'm Sandy Kym in the HR department. I'm supposed to interview Paul Smibert this afternoon but I can't find his resume. Since you are in charge of gathering resumes, could you tell me a few things about the applicant?

안녕하세요, 저는 인사부서의 샌디 킴입니다. 저는 오늘 오후에 폴 스미버트를 인터뷰하기로 되어 있는데 그의 이력서를 찾을 수가 없습니다. 당신이 이력서 취합을 담당하고 있으니 제게 지원자에 대해서 몇 가지만 말해주실 수 있나요?

Question 8

Q Which school did he get his bachelor's degree and what was his major?

그가 어느 학교에서 학사 학위를 받았으며 그의 전공은 무엇인가요?

A He _____ a bachelor's degree _____ Exercise Science _____ Victoria University _____ 2011.

그는 운동학 학사학위를 빅토리아 대학교에서 2011년에 받았습니다.

Question 9

Q Since we are going to expand the number of classes, I'd like to hire someone who can teach Fitness Nutrition. Do you think he is a suitable applicant for the job?

우리가 수업의 수를 늘릴 것이기 때문에 저는 신체 영양에 대해 지도할 수 있는 사람을 고용하고 싶습니다. 그가 이 직업에 적합하다고 생각하나요?

A I think he is a _____ _____ because he _____ a certification _____ Advanced Fitness Nutrition.

저는 그가 적합한 지원자라고 생각하는데, 왜냐하면 그는 상급 신체 영양 자격증을 가지고 있기 때문입니다.

Question 10

Q Could you tell me about his work experience?

그의 근무 경력에 대해 말해주시겠어요?

A He has two different kinds of work experience.
First, he worked _____ Cape Wellness Center _____ a fitness instructor _____ 2012 _____ 2016. And then, he _____ _____ working _____ Bodylift Fitness Club _____ a head trainer _____ 2016.

그는 두 가지의 경력을 가지고 있습니다. 먼저, 그는 케이프 건강 관리 센터에서 운동 지도사로 2012년부터 2016년까지 일했습니다. 그리고 나서, 그는 보디리프트 피트니스 클럽에서 트레이너 책임자로 2016년부터 일해오고 있습니다.

정답 및 해설 p.61

Kiston Laboratories
Job Interview Schedule
Friday, March 10th
Interview Location : Meeting Room C

TIME	APPLICANT	POSITION
9:00 a.m.	Gilbert Barker	Research Assistant
10:00 a.m.	Peter Khan	Web Technician
11:30 a.m.	Downy Miller	Chemical Technician
~~1:00 p.m.~~	~~Carlos Garner~~	~~Sanitation Supervisor~~ **canceled**
2:30 p.m.	Andy Wang	Research Analyst
3:15 p.m.	Sandy Barkley	Sanitation Supervisor
4:00 p.m.	Denise Felton	Research Assistant

Materials for interview questions: available at Human Resources

면접 일정 특징

▷ 면접을 진행할 직장 동료의 질문에 답변하는 유형입니다.

답변 전략

▷ 면접 날짜, 장소, 시작시간을 확인해 두세요.

▷ 면접 일정에 변경사항이 있는지 확인해 두세요. (canceled, rescheduled 등)

▷ 표 하단에 면접 진행관련 유의사항이 있는지 확인해 두세요.

▷ 반복해서 등장하는 직위(position)가 있는지 확인해 두세요.

면접 일정 8번 문세 🔊 MP3 4_24

특징	• 면접 날짜, 장소, 시작시간 중에 두가지를 묻는 문제가 자주 출제됩니다.
	• 의문사를 잘 듣고 질문의 의도를 파악하는 것이 중요합니다.
대표 유형	**Q** **What date** will the job interviews be held and **what time** does the first interview start?
	면접은 며칠에 진행되고 첫번째 면접은 몇 시에 시작하나요?
	A The job interviews will be held on Friday, March 10th, and the first interview will start at 9:00 A.M.
	면접은 3월 10일 금요일에 진행되고 첫번째 면접은 오전 9시에 시작합니다.
유사 유형	**Q** Where will the interviews take place and what date will they be held?
	인터뷰는 어디서 진행되고 날짜는 언제 인가요?

면접 일정 9번 문제 🔊 MP3 4_25

특징	• 변경된 정보를 이용해서 답변을 만드는 유형이 주로 출제됩니다.
	• 표 하단의 추가정보 및 유의사항에 대해 묻는 유형도 가끔 출제됩니다.
대표 유형	**Q** I have an urgent appointment with the marketing manager at 1 P.M. Would it be a problem?
	저는 오후 1시에 마케팅 매니저와 급한 약속이 있습니다. 이게 문제가 될까요?
	A **Fortunately, the interview** at 1 P.M. **has been canceled.** So, it's okay.
	다행히도 1시 면접이 취소되었습니다. 그래서 괜찮습니다.
	TIP 지원자의 이름과 희망 직위는 답변에 포함시키지 않아도 됩니다.
유사 유형	**Q** I understand that we'll be interviewing two candidates for the position of sanitation supervisor. Is that right?
	위생 감독관 자리를 위해서 두 명의 지원자를 면접 볼 것이라고 들었습니다. 맞나요?

Questions 8-10

특징	• 공통점을 가진 면접 일정들을 상세히 설명하는 문제가 주로 출제됩니다.

Q Among the applicants, are there any applying for a position related to research?

지원자들 중에서 연구에 관련된 직위에 지원한 사람이 있나요?

A There are three applicants. First, **you will interview Gilbert Barker for the research assistant position** at 9 A.M. Second, **there will be an interview with Andy Wang, who is applying for the research analyst position,** at 2:30 P.M. Lastly, **you will interview Denise Felton for the research assistant position** at 4 P.M.

대표 유형

세 명의 지원자가 있습니다. 첫째로, 당신은 연구 보조직에 지원하는 길버트 바커를 오전 9시에 면접 볼 예정입니다. 둘째로, 연구 분석가 직위에 지원하는 앤디 왕의 면접이 오후 2시 30분에 있습니다. 마지막으로, 당신은 연구 보조직에 지원하는 데니스 펠턴을 오후 4시에 면접 볼 예정입니다.

> **TIP** • 세 항목을 설명하는 경우 두 개의 표현을 교대로 사용해서 같은 표현의 반복을 피해주세요.
> • 답변 시간이 부족하면 첫 문장은 생략해주세요.

1 다음의 표를 45초간 읽은 뒤 질문에 답변해 보세요.

Bowen University
Interview Schedule
June 25th – June 26th
Library Room 107

Date	Time	Applicant	Department	Position
25th	9:00 10:00 11:00 1:00	Christopher Lee Brendon Chang Vicki Sims Clause Wonder	Math Language Business World History	Associate professor Chinese instructor Administrative assistant Instructor
26th	9:00 10:00 11:00	Morgan Louise Tom Donnelly Kim Smith	Language Biology Fine Art	French instructor Department director Associate professor

Check list

☑ 이름, 희망 직위, 면접시간 등 여러 키워드를 한 문장으로 설명하실 수 있나요?

☑ 반복해서 등장하는 키워드가 있는지 확인해 두셨나요?

Questions 8-10

2 빈칸을 채워 답변을 완성해 보세요.

Narration

Hi, this is Pristine from the Human Resources office. I'm one of the interviewers, but I don't know anything about the interview schedule. Could you check some information for me?

안녕하세요, 저는 인사부의 프리스틴입니다. 저는 면접관 중 한 명인데 아직 면접 일정에 대해 아무것도 모릅니다. 몇 가지 정보를 확인해 주실 수 있을까요?

Question 8

Q What dates are the interviews scheduled for and where will they be held?

면접은 며칠에 예정되어 있고, 어디서 진행되나요?

A The interviews are scheduled _____ and they will be held

_____ .

면접은 6월 25일부터 26일까지 열리고 도서관 107호에서 진행될 것입니다.

Question 9

Q Interviews are only scheduled in the morning, right?

면접은 오전에만 예정되어 있는 것이 맞나요?

A I'm sorry, but _____ . One of the interviews

_____ on the 25th.

죄송하지만 잘못 알고 계십니다. 25일의 면접 중 하나는 오후 1시에 예정되어 있습니다.

TIP 지원자의 이름과 희망 직위는 답변에 포함시키지 않아도 됩니다.

Question 10

Q I just received an email from the manager of the Language Department asking about the upcoming interviews. Can you give me all the details about the interviews scheduled for language teaching positions?

저는 방금 언어학부 부장으로부터 다가오는 면접에 대해 물어보는 이메일을 받았습니다. 어학 강사직에 예정된 면접의 세부사항을 모두 알려주시겠습니까?

A There are _____ . First, you will _____ Brendon Chang _____

_____ on the 25th at 10 A.M. Second, there will be an _____ with

Morgan Louise, who is _____ , on the 26th at 9 A.M.

두개의 예정된 면접이 있습니다.

첫째로, 당신은 중국어 강사직에 지원하는 브랜든 장을 25일 오전 10시에 면접 볼 예정입니다.

둘째로, 프랑스어 강사직에 지원하는 모건 루이스의 면접이 26일 오전 9시에 예정되어 있습니다.

TIP 답변에 날짜를 꼭 포함해야 합니다.

정답 및 해설 p.63

Sam's Deli

26 Delton Road (331-5979)
Store hours: 7 A.M. – 7 P.M.

Customer : Coles Construction
Order date : May 16th

	Price	Menu
Sandwich	$ 7	10 Ham, 5 Tuna
Drink	$ 2	15 Assorted Sodas
Cookie	$ 1	9 Chocolate Chip Cookies 6 Peanut Butter Cookies

Total : $150 Paid (v) Unpaid (   )
Pick up time : May 17th, 6:30 P.M.

영수증 및 주문서 특징

▷ 주문 내용에 대한 고객의 질문에 답변하는 유형입니다.

▷ 축약되어 표기된 정보를 문장으로 설명하는 것이 중요합니다.

답변 전략

▷ 8번 문제에서는 위치, 영업시간 등 매장에 대한 정보를 묻는 문제가 자주 출제됩니다.

▷ 표의 하단에서 주문 관련 유의사항을 확인할 수 있으며, 이는 9번 문제의 답변 소재로 자주 사용됩니다.

▷ 10번에서는 주문 내역에 대해 묻는 문제가 자주 출제됩니다.

매장 기본 정보 관련 질문 🔊 MP3 4_28

특징	• 매장의 위치와 영업시간에 대해 답변하는 방법을 알아두세요.
문제 유형	**Q** Where is your store located and what time do you close? 매장이 어디에 있으며 몇 시에 문을 닫나요? **A** Our store **is located at** 26 Delton Road and we close at 7 P.M. 저희 매장은 델든 로드 26번지에 있으며 7시에 문을 닫습니다.

주문 관련 참조사항 관련 질문 🔊 MP3 4_29

특징	• 가격, 유의사항 등 주문 관련 참조사항에 대해 답변하는 방법을 알아두세요.
문제 유형	**Q** How much is the order and should I pay when I pick it up? 주문 비용은 얼마이며, 그것을 찾아갈 때 비용을 지급해야 하나요? **A** It is 150dollars. However, it is already paid. 150달러입니다. 그런데 비용이 이미 지급되었습니다. **TIP** 미지급인 경우 However, it is not paid yet 이라고 답변해주세요.

주문내역 세부정보 관련 질문 🔊 MP3 4_30

특징	• 주문 상세 내역을 설명하게 됩니다. 각 항목을 문장으로 설명하는 방법을 학습해두세요.
문제 유형	**Q** Could you tell me all the details about the order I'll be picking up? 제가 가져갈 주문 품목에 대한 세부내용을 알려주시겠어요? **A** Sure. **First, you will get** 10 ham and 5 tuna sandwiches and **they are 7 dollars each.** **Also, there will be** 15 assorted sodas **which are 2 dollars each.** **Lastly, you will get** 9 chocolate chip and 6 peanut butter cookies **which are 1 dollar each.** 물론입니다. 먼저, 당신은 10개의 햄과 5개의 참치 샌드위치를 받을 것이며 그것들은 각각 7달러입니다. 또한 각 2달러인 여러 종류의 탄산음료가 15잔 있습니다. 마지막으로 당신은 9개의 초콜릿 칩, 그리고 6개의 땅콩버터 쿠키를 받을 것이며 그것들은 각각 1달러입니다.

1 다음의 표를 45초간 읽은 뒤 질문에 답변해 보세요.

Franny's Pizza

135 Vulture Street
0451-9241-9141

Order number : 13102
Customer name : Leon Nelson

Item	Quantities	Price	Total
Hawaiian Pizza	2	$17	$34
Vegetarian Pizza	2	$14	$28
Garlic Pie	3	$7	$21
Total			$83

Pick up time & date: June 9th (12 P.M.)

UNPAID

[Thank you for using Franny's Pizza]

Check list

☑ 시간 및 장소관련 정보를 설명하기 위한 전치사를 알고 있으신가요?

☑ 비용 완납 여부를 확인해 두었나요?

☑ 주문 상세 내역을 문장으로 설명할 수 있나요?

2 빈칸을 채워 답변을 완성해 보세요.

Narration

Hi. My name is Sam Geller. My boss asked me to pick up some food he ordered for our lunch, but I don't know much about the order. Could you please answer my questions to confirm the details?

안녕하세요, 제 이름은 샘 갤러입니다. 제 상사가 저에게 점심으로 주문한 음식들을 가져오라고 하였습니다.

그런데 저는 주문 내역에 대해 아는 것이 별로 없습니다. 세부 내용을 확인할 수 있게 제 질문에 대답해 주시겠어요?

Question 8

Q Where should I go to pick up the order and what time will it be ready?

주문한 물건을 받기 위해 어디로 가야 하며 그것이 몇 시에 준비될까요?

A Our restaurant is _____ _____ 135 Vulture Street. And it will be ready _____ 12 P.M.

저희 레스토랑은 벌쳐 스트리트 135번지에 있습니다. 그리고 주문하신 것은 12시에 준비가 될 거예요.

Question 9

Q I was told that the order was fully paid. Am I right?

주문에 대한 비용이 전부 지급되었다고 들었습니다. 이것이 맞나요?

A I'm sorry, but you have the wrong information. The order is _____.
You need to _____ when you _____ _____ the order.

죄송합니다만 잘못 알고 계십니다. 주문은 아직 비용이 지급되지 않았습니다.

주문한 것을 가져가실 때 비용을 지급해야 합니다.

Question 10

Q I want to know if my boss ordered enough food for our team. Could you please tell me what food has been ordered?

제 상사가 저희 팀을 위해 충분한 음식을 주문했는지 알고 싶습니다. 어떤 음식들이 주문되었는지 말해주시겠어요?

A Sure. First, you _____ _____ 2 Hawaiian pizzas and they are 17 dollars _____.
Also, there _____ _____ 2 vegetarian pizzas _____ _____ 14 dollars _____.
Lastly, you _____ _____ 3 garlic pies and _____ _____ 7 dollars _____.
So, it is 83 dollars in total.

물론입니다. 먼저, 당신은 2개의 하와이안 피자를 받을 것이며 그것들은 각각 17달러입니다. 또한 각 14달러인 야채 피자가 2개 있습니다. 마지막으로 당신은 3개의 마늘 파이를 받을 것이며 그것들은 각각 7달러입니다. 그래서, 총합 83달러입니다.

TIP 시간 여유가 된다면 마지막 문장도 말해주는 것이 좋습니다.

정답 및 해설 p.65

제이크 쌤이 현장 강의에서 학생들에게 자주 들려주는 이야기를 영상으로 만나보세요.

토익스피킹을 혼자 공부하는 학생들이 유의해야 할
점에 대해 알아봅니다.

시험 중 어려운 문제를 만나도 당황하지 않고 끝까지
집중력을 유지하기 위한 방법을 알아봅니다.

목표했던 점수보다 결과가 나빠서 좌절한 분들께
제이크쌤이 짧은 이야기를 들려드립니다.

토익스피킹 학습을 시작하기 전에 기억해 두어야 할
8가지 팁에 대해 알아봅니다.

실전 연습

45초간 표를 읽고, 준비 시간과 답변 시간을 지켜 질문에 답변하세요. 10번 문제는 두 번 들려줍니다.

1 행사 일정 ◉)MP3 4_32

Southbank Historical Day

Sponsored by the Southbank Historical Society
Saturday, October 5

Time	Topic	Location
9:30 – 10:00 A.M.	Welcome Speech (Mayor Jones)	City Hall
10:00 – 10:30 A.M.	Historical Talk : Early Southbank	Morningside Park
10:30 – 11:00 A.M.	Tour : Private Gardens	Morningside Park
1:00 – 1:30 P.M.	Historical Talk : Industry in Southbank	Owen Park
1:30 – 2:30 P.M.	Concert (Southbank Youth Orchestra)	Perth Plaza
2:30 – 4:00 P.M.	Bus Tour of historic sites *	City Hall

* $5 / person

Question 8   준비시간: 3초 / 답변시간: 15초

🎤 _____

_____

Question 9   준비시간: 3초 / 답변시간: 15초

🎤 _____

_____

Question 10   준비시간: 3초 / 답변시간: 30초

🎤 _____

_____

정답 및 해설 p.66

2 개인 일정 (◁) MP3) 4_33

Itinerary for Adam Roberts
Luke & Khan Architecture Inc.

Monday, June 15
10:15	Depart from Detroit, United Air Flight #510
12:00	Arrive in Boston
5:30	Dinner meeting at Boston branch

Tuesday, June 16 (Attending Architecture Conference)
10:30	Panel Discussion : Minimalism in Architecture (room 103)
1:00	Lecture : Learn from the Past (Dr. Lorenzo)

Wednesday, June 17
8:00	Meet Ellis Parker (Marketing Director, Whitebox Architecture)
11:00	Depart from Boston, United Air Flight #517
1:30	Arrive in Detroit

Question 8   준비시간: 3초 / 답변시간: 15초

🎙 _____

_____

Question 9   준비시간: 3초 / 답변시간: 15초

🎙 _____

_____

Question 10   준비시간: 3초 / 답변시간: 30초

🎙 _____

_____

(정답 및 해설) p.67

3 강의 일정 (MP3) 4_34

Natural Fitness Center

621 Delton Street
Winter Classes: December 1 ~ February 23
Cost: $100, three-hour courses / $50, all other courses

Group exercise classes			Instructor
Mondays	5:00~6:00pm	strength training: intermediate	Marco Louis
Mondays	6:00~7:00pm	cardio dance	Yuki Raymond
Tuesdays	5:00~6:00pm	cardio dance	Anne Wales
Tuesdays	7:00~8:00pm	strength training: advanced	Kurt Jensen
Fridays	4:00~7:00pm	power walking	Jason Park
Saturdays	1:00~4:00pm	yoga: beginning	Shawn Hill
Saturdays	5:00~6:00pm	yoga: intermediate	Sarah Corner

Question 8　준비시간: 3초 / 답변시간: 15초

🎤 _____

_____

Question 9　준비시간: 3초 / 답변시간: 15초

🎤 _____

_____

Question 10　준비시간: 3초 / 답변시간: 30초

🎤 _____

_____

정답 및 해설 p.68

4 이력서 🔊 MP3 4_35

Shannon Marsh

105 Maple Avenue, Baltimore, Maryland

(037) 2308 - 6609

Marsh101@bine.com

Position desired	Chief designer	
Work experience	Best Kitchen Company : Senior designer	2013 - Present
	Marigold Kitchen Design : Product designer	2010 - 2013
Education	**Newcastle University**	
	Master of Modern Design	2008
	Bachelor of Industrial Design	2006
Awards and Certificates	Golden Award : Innovative Designs for Energy Saving	
	Certificate : Industrial Design Level 5	

Question 8   준비시간: 3초 / 답변시간: 15초

🎤 _____

_____

Question 9   준비시간: 3초 / 답변시간: 15초

🎤 _____

_____

Question 10   준비시간: 3초 / 답변시간: 30초

🎤 _____

_____

Questions 8-10

5 면접 일정 (🔊 MP3) 4_36

Job Interviews at UniCredit Insurance
Wednesday, May 5th, Meeting Room D

Time	Applicant	Position
10:15 am ~ 11:00 am	Matt Stevenson	Assistant Accountant
11:00 am ~ 11:45 am	Carmen Li	Financial Analyst
11:45 am ~ 12:15 pm	Bryan Scott	Legal Assistant
1:45 pm ~ 2:30 pm	Alan Paley	Office Manager
2:30 pm ~ 3:15 pm	Aiden Park	Senior Accountant
~~3:15 pm ~ 4:00 pm~~	~~Selene Gomez~~	~~Office Manager~~ *canceled*
4:00 pm ~ 4:45 pm	Michael Sergeant	Assistant Accountant

Question 8   준비시간: 3초 / 답변시간: 15초

🎙 _____

_____

Question 9   준비시간: 3초 / 답변시간: 15초

🎙 _____

_____

Question 10   준비시간: 3초 / 답변시간: 30초

🎙 _____

_____

정답 및 해설 p.70

6 영수증 및 주문서 (◀MP3) 4_37

Questions 8-10 of 11

Kangaroo Point Office Supplies

27 Lindum Road, Kangaroo Point

Tel : 935-3047

Business hours: 9 A.M. – 7 P.M.

Customer Name : Mackie Wells

Item	Quantities	Price
Stapler	10	$100
Scissors	10	$70
Notepad	40	$40

Total Price : $210

* Paid on Monday, Jan 17th

Visit www.KPsupplies.com for more items!

We promise 2-day delivery service.

Question 8   준비시간: 3초 / 답변시간: 15초

🎤 _____

_____

Question 9   준비시간: 3초 / 답변시간: 15초

🎤 _____

_____

Question 10   준비시간: 3초 / 답변시간: 30초

🎤 _____

_____

(▣ 정답 및 해설) p.71

Question

11

Express an opinion

의견 제시하기

살펴보기

문제 구성

문제 번호	Question 11 (1문제)
문제 유형	Express an opinion 의견 제시하기
준비 시간	45초
답변 시간	60초
배점	0 – 5
평가 기준	발음, 억양, 강세 / 문법, 어휘, 일관성 / 내용의 관련성 / 내용의 완성도

시험 진행 순서

TOEIC Speaking

Question 11: Express an opinion

Directions: In this part of the test, you will give your opinion about a specific topic. Be sure to say as much as you can in the time allowed. You will have 45 seconds to prepare. Then you will have 60 seconds to speak.

① 시험 안내문

11번 문제 진행 방식을 설명하는 안내문을 화면에 보여준 뒤 이를 음성으로 들려줍니다.

TOEIC Speaking   **Question 11 of 11**

For business leaders, which of the following qualities is the most important for their success?

- Time management skills
- Communication skills
- Financial planning skills

② 질문 제시

안내문이 종료되면 화면에 질문이 등장하며 이를 음성으로 읽어줍니다.

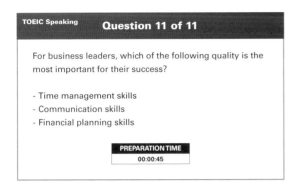

③ 준비 시간

그 후 답변 준비 시간이 45초 주어집니다.

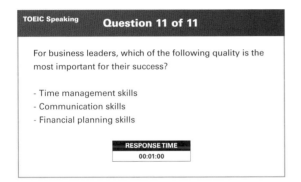

④ 답변 시간

그 후 답변 시간이 60초 주어집니다.

학습 포인트

1 답변 아이디어 연습의 중요성

교육, 직장 생활, 사회적 이슈 등 다양한 주제에 대한 답변 아이디어 연습이 고득점 달성에 필수입니다.

2 문제를 차분하게 읽기

서두르다가 문제를 잘 못 해석하거나 몇 번씩 반복해서 읽는 분들이 많습니다. 문제를 차분하게 읽으며 그 의미를 확실히 이해하는 것이 중요합니다.

3 자신의 평소 생각 고수하기

더 쉬운 답변 주제를 고르기 위해 주어진 선택사항들을 일일이 비교하기에는 준비시간이 부족합니다. 평소 자신의 생각과 가장 유사한 선택을 하였을 때 좋은 아이디어가 만들어질 확률이 높습니다.

4 논리적으로 답변하기

많은 문장을 말한다 할지라도 전체적인 답변의 흐름이 논리적이지 않으면 고득점 달성이 어렵습니다. 문장이 짧더라도 기승전결을 갖춘 답변을 만드는 연습을 해주세요.

5 문법적으로 정확한 문장을 말하기

문법적으로 정확한 문장을 말하려 노력하세요. 답변에 문법적 실수가 있었다면 그것을 올바른 문장으로 수정하는 것이 좋습니다.

학습 시작에 앞서

11번 문제에서는 문제에 대한 자신의 입장을 정한 뒤 그 이유와 구체적 예시를 말하게 됩니다. 예제를 참고하여 하단 연습 문제의 답변 아이디어를 준비해 보세요.

예제

질문	당신은 외국어를 배우기 위한 방법으로 자국에서 공부하는 것과 외국에서 공부하는 것 중 무엇을 더 선호하나요?
입장	**자국에서** 공부하는 것을 선호
이유	외국에서 공부하는 것은 비싸다
구체적 예시	• 내 친구의 경우, 영어를 공부하기 위해서 작년에 미국에 갔음 • 그런데 매달 수업료로 많은 돈을 지불했음 • 또, 생활비가 매우 비쌌음 • 그 결과, 그는 5개월만에 한국으로 돌아왔음

연습 문제

질문	당신은 외국어를 배우기 위한 방법으로 자국에서 공부하는 것과 외국에서 공부하는 것 중 무엇을 더 선호하나요?
입장	**외국에서** 공부하는 것을 선호
이유	
구체적 예시	

(모범 답안)

이유	외국어를 더 자주 사용할 수 있음
구체적 예시	• 2년 전, 나는 베이징에서 중국어를 공부했음 • 나는 학교에서 친구들과 항상 중국어로 대화했음 • 또, 외국인 친구들과 함께 살았음 • 그 결과, 나는 중국어를 빠르게 배울 수 있었음

기초 다지기

답변 구성

답변의 구성 순서에 대해 자세히 살펴보겠습니다.

> Do you agree or disagree with the following statement?
>
> *People care more about their physical fitness than in the past.*
>
> Use specific reasons and examples to support your opinion.
>
> 다음의 의견에 동의하시나요, 반대하시나요?
>
> 사람들이 과거보다 그들의 신체 건강에 더 관심을 갖는다.
>
> 구체적인 이유와 예를 들어 당신의 의견을 뒷받침하세요.

입장 결정	**입장 결정하기** 질문의 표현을 이용해서 자신의 입장 설명 I agree that people care more about their physical fitness than in the past. 저는 사람들이 과거보다 그들의 신체 건강에 더 관심을 갖는다는 것에 동의합니다.
이유 설명	**이유 설명하기** 선택한 입장에 대한 이유 설명 Most of all, people have healthier eating habits. 무엇보다도, 사람들이 더 건강한 식습관을 가지고 있습니다.
예시 설명	**예시 설명하기** 이유를 뒷받침하기 위한 구체적인 사례 설명 When I was a new employee, I had unhealthy eating habits. For example, I drank beer almost every day with my coworkers. But nowadays, I rarely drink and I usually have dinner at home. As a result, I lost about 5kg of weight. 제가 신입사원이었을 때, 저는 건강에 좋지 않은 식습관을 가지고 있었습니다. 예를 들면, 저는 직장 동료들과 거의 매일 맥주를 마셨습니다. 그런데 요즘에는 술을 거의 마시지 않으며, 주로 집에서 저녁식사를 합니다. 그 결과 저는 몸무게가 5kg정도 줄었습니다.
마무리	**마무리** 다시 한번 자신의 입장을 설명하며 답변 마무리 Therefore, I agree that people care more about their physical fitness than in the past. 따라서, 저는 사람들이 과거보다 그들의 신체 건강에 더 관심을 갖는다는 것에 동의합니다.

빈칸의 우리말 표현을 이용해서 반대 입장의 답변을 만들어 보세요.

입장 결정

입장 결정하기 질문의 표현을 이용해서 자신의 입장 설명

I ___반대하다___ that people care more about their physical fitness than in the past.

저는 사람들이 과거보다 그들의 신체 건강에 더 관심을 갖는다는 것에 반대합니다.

이유 설명

이유 설명하기 선택한 입장에 대한 이유 설명

Most of all, people have ___건강하지 않은 식습관___ .

무엇보다도, 사람들이 건강하지 않은 식습관을 가지고 있습니다.

예시 설명

예시 설명하기 이유를 뒷받침하기 위한 구체적인 사례 설명

When I was a ___고등학생___ , I had ___건강한 식습관___ .
For example, I ___집에서 가족들과 저녁을 먹었다___ .
But nowadays, I ___인스턴트 음식을 자주 먹는다___ since I ___대학에 입학하다___ .
As a result, I ___5kg 정도 살이 쪘다___ .

제가 고등학생이었을 때, 저는 건강한 식습관을 가지고 있었습니다.

예를 들면, 저는 집에서 가족들과 저녁을 먹었습니다.

그런데 요즘에는 대학에 입학한 이래로 인스턴트 음식을 자주 먹습니다.

그 결과 저는 5kg 정도 살이 쪘습니다.

마무리

마무리 다시 한번 자신의 입장을 설명하며 답변 마무리

Therefore, I ___반대하다___ that people care more about their physical fitness than in the past.

따라서, 저는 사람들이 과거보다 그들의 신체 건강에 더 관심을 갖는다는 것에 반대합니다.

Question 11

(모범 답안)

입장 결정 disagree

이유 설명 unhealthy eating habits

예시 설명 high school student, healthy eating habits, had dinner with my family at home, eat instant food often, entered university, gained about 5kg of weight

마무리 disagree

답변 전략

입장 결정

▷ 입상 결정   이유 설명   예시 설명   마무리

질문의 내용을 잘 이해한 뒤, 자신의 입장을 확실히 설명해 주세요. (◁)) MP3) 5_2

유형1 동의 여부 말하기

자신의 입장을 결정한 뒤 I agree (혹은 disagree) that 뒤에 제시문을 이어서 말해주세요.

┌ 유형: 동의 여부 말하기

Q Do you **agree or disagree** with the following statement?
Schools should prohibit students from using electronic devices such as smart phones or laptops at school.
Use specific reasons and examples to support your opinion.

A **I agree that** schools should prohibit students from using electronic devices such as smart phones or laptops at school.

Q 다음의 의견에 동의하시나요, 반대하시나요?
학교는 학생들이 교내에서 스마트폰이나 노트북 컴퓨터 같은 전자기기를 사용하는 것을 금지해야 한다.
구체적인 이유와 예를 들어 당신의 의견을 뒷받침하세요.

A 저는 학교가 학생들이 교내에서 스마트폰이나 노트북 컴퓨터 같은 전자기기를 사용하는 것을 금지해야 한다는 것에 동의합니다.

유형2 셋 중 택일

세가지 선택지 중 하나를 골라 답변하는 유형입니다. 'I think'로 답변을 시작한 뒤, 고른 선택지를 주어로 사용한 후 질문 내 동사와 연결하면 쉽게 문장을 만들 수 있습니다.

Q For business leaders, which of the following qualities is the most important for their success? Choose one of the options below and provide specific reasons or examples to support your opinion.
- Time-management skill   - Communication skill   - Financial planning skill

A **I think communication skill is the most important for their success.**
      └ 고른 선택지   └ 질문의 표현

Q 비즈니스 리더에게 있어서 다음들 중 어떤 특징이 그들의 성공을 위해 가장 중요한가요?
아래의 선택지 중 하나를 고른 뒤 구체적인 이유와 예를 들어 당신의 의견을 뒷받침하세요.
– 시간 관리 기술 – 의사소통 기술 – 재무 계획 기술

A 저는 의사소통 기술이 그들의 성공을 위해 가장 중요하다고 생각합니다.

장단점 말하기

주제의 장점 혹은 단점을 설명하는 유형입니다. 존재의 의미를 나타내는 'There are some' 표현을 이용해 문장을 시작해 주세요.

*유형: 장단점 말하기

Q What are the **advantages** of working with close friends?
Use specific reasons and examples to support your opinion.

A **There are some advantages** of working with close friends.

Q 친한 친구들과 함께 일하는 것의 장점은 무엇인가요? 구체적인 이유와 예를 들어 당신의 의견을 뒷받침하세요.

A 친한 친구들과 함께 일하는 것에는 몇 가지 장점이 있습니다.

TIP • 앞에 I think를 붙여서 답변을 시작할수도 있습니다.
• 장점과 단점 중 어느 것을 묻는 것인지 확실하게 체크해 주세요.

선호 사항 말하기

A와 B 두 요소 중 하나를 선택하는 유형으로 각 요소에 해당하는 부분을 찾아낸 뒤 질문의 표현을 이용해 답변을 완성시킵니다. 질문의 you를 I로 바꾸어 주어로 사용해 주세요.

Q If you were a new employee, would **you** prefer to receive job training from
[**a team manager**] or [**a young experienced employee**]?
       A   B

Use specific reasons and examples to support your opinion.

A I would prefer to receive job training from **a team manager**.

Q 만약 당신이 신입사원이라면, 팀 매니저와 경험 있는 젊은 사원 중 누구로부터 직무 교육을 받는 것을 선호하겠나요?
구체적인 이유와 예를 들어 당신의 의견을 뒷받침하세요.

A 저는 팀 매니저로부터 직무 교육을 받는 것을 선호하겠습니다.

TIP 질문에 사용된 would는 답변에도 꼭 사용해 주세요.

Question 11

다음의 문제를 잘 읽은 뒤 입장 문장을 만들어 보세요.

1   아래의 질문에 대해 동의하는 입장 문장을 만들어 보세요.

    Q Do you agree or disagree with the following statement?
    High schools should decrease the number of classes and provide more online
    education instead.

    A _____.

2   아래의 선택지 중 Location of the office를 골라 입장 문장을 만들어 보세요.

    Q Which of the following factors is the most important when choosing a job?
    - Location of the office
    - Possibility of long-term career
    - Business travel opportunities

    A _____.

3   아래의 질문에 대한 입장 문장을 만들어 보세요.

    Q What are the advantages of accepting a job offer recommended by your family
    members?

    A _____.

4   아래의 선택지 중 who has creative ideas를 골라 입장 문장을 만들어 보세요.

    Q Do you prefer to work with an employee who has creative ideas or one who has good
    communication skills?

    A _____.

정답 및 해설 p.73

이유 설명

다음에 유의해서 입장에 대한 이유를 설명하세요.

1 이유 문장 시작하기

Most of all (무엇보다도) 혹은 Because (왜냐하면)를 이용해서 이유 문장을 시작해주세요.

2 한 문장으로 만들기

이유 문장의 내용이 간결해야 자신의 의도가 명확히 전달될 뿐 아니라 영작이 쉬워집니다.

3 1인칭 주어의 사용 피하기

답변의 설득력을 높이기 위해 이유 문장에 1인칭(I, my) 주어의 사용을 피해주세요. 대신 2인칭(we, they) 혹은 3인칭(it, there) 주어를 사용하세요.

4 명확한 의미의 어휘 사용하기

추상적이거나 분명하지 않은 표현의 사용을 피해주세요. 영작이 힘들 뿐 아니라 자신의 의도가 제대로 전달되지 않을 수 있습니다.
예 갈 만한 곳이 없다. → 유명한 관광지가 없다.

5 대표 구문 사용하기

5-7번 문제에서 학습한 이유 문장에 사용되는 대표 구문을 이용해서 더 쉽게 문장을 만들 수 있습니다.

괄호 안의 힌트와 빈칸의 우리말 표현을 이용해 이유 문장을 완성해 보세요.

1　What are the disadvantages of working with close friends?
　Use specific reasons and examples to support your opinion.

　친한 친구들과 함께 일하는 것의 단점은 무엇인가요? 구체적인 이유와 예를 들어 당신의 의견을 뒷받침하세요.

입장	I think there are some disadvantages of working with close friends. 친한 친구과 함께 일을 하는 것에는 몇가지 단점이 있다고 생각합니다.
단점 1	Most of all, it is difficult to ___집중하다___ work. (concentrate on) 무엇보다도, 업무에 집중하기 어렵습니다.
단점 2	Because it could be ___불편하다___ to ___명령을 내리다___ . (give orders) 왜냐하면 명령을 내리는 것이 불편할 수 있기 때문입니다.

　TIP 마음의 불편함을 강조할 때는 형용사 inconvenient를 사용하지 않습니다.

2　Do you agree or disagree with the following statement?
　Being able to cook is getting more important nowadays.
　Use specific reasons and examples to support your opinion.

　다음의 의견에 동의하시나요, 반대하시나요?
　요즘에는 요리를 할 줄 아는 것이 점점 더 중요해지고 있다.
　구체적인 이유와 예를 들어 당신의 의견을 뒷받침하세요.

입장	I agree that being able to cook is getting more important nowadays. 요즘에는 요리를 할 줄 아는 것이 점점 더 중요해지고 있다는 것에 동의합니다.
이유 1	Most of all, we can ___건강한 식습관을 가지다___ . (eating habits) 무엇보다도, 우리는 건강한 식습관을 가질 수 있습니다.
이유 2	Because it is possible to ___식사를 하다___ ___더 저렴한 비용에___ . (meal) 왜냐하면 우리는 더 저렴한 비용에 식사를 하는 것이 가능하기 때문입니다.

입장	I disagree that being able to cook is getting more important nowadays. 요즘에는 요리를 할 줄 아는 것이 점점 더 중요해지고 있다는 것에 반대합니다.
이유 1	Most of all, many restaurants ___배달 서비스를 제공하다___ ___요즘에는___ . (provide) 무엇보다도, 요즘에는 많은 레스토랑이 배달 서비스를 제공합니다.
이유 2	Because we can ___다양한 인스턴트 음식을 구매하다___ ___쉽게___ . (힌트 없음) 왜냐하면 다양한 인스턴트 음식을 쉽게 구매할 수 있기 때문입니다.

　TIP 조동사 could는 단정적인 의미의 문장을 자연스럽게 만들어 줍니다.
　　　(예) it is difficult to concentrate on studies. 공부에 집중하기 어렵다.
　　　　→ it could be difficult to concentrate on studies. 공부에 집중하기 어려울 수 있다.

정답 및 해설　p.74

예시 설명

앞서 만든 이유를 뒷받침하는 예시를 구체적으로 설명합니다.

답변 구성

- 질문을 잘 읽고 자신의 입장과 이유를 설명합니다.

> Do you agree or disagree with the following statement?
> *The best way to learn a foreign language is to study in the country where the language is spoken.*
>
> 다음 의견에 동의하시나요, 반대하시나요?
> 외국어를 배우는 가장 좋은 방법은 그 외국어가 사용되는 나라에서 공부하는 것이다.

입장	I agree that the best way to learn a foreign language is to study in the country where the language is spoken. 저는 외국어를 배우는 가장 좋은 방법은 그 외국어가 사용되는 나라에서 공부하는 것이라는 데 동의합니다.
이유	Most of all, we can use a foreign language more often. 무엇보다도, 우리는 외국어를 더 자주 사용할 수 있습니다.

- 이유를 뒷받침하는 예시(사례, 경험담) 한가지를 3-4개의 짧은 문장으로 설명해주세요.

예시	About 2 years ago, I studied Chinese in Beijing. So, I always talked to my friends in Chinese at school. Also, I lived with my foreign friends from other countries. As a result, I was able to improve my Chinese skills quickly. 약 2년 전에, 저는 베이징에서 중국어를 공부했습니다. 그래서 저는 학교에서 친구들과 항상 중국어로 이야기했습니다. 또한, 저는 다른 나라에서 온 외국인 친구들과 함께 살았습니다. 그 결과, 저는 중국어 실력을 빠르게 향상시킬 수 있었습니다.

TIP
- 꼭 사실에 기반한 사례를 들 필요는 없습니다. 마치 자신이나 지인의 경험담인 것처럼 아이디어를 만들어 내는 것도 좋은 전략입니다.
- 다음 표현 중 하나를 사용해서 예시 문장을 시작하세요.

내 경험		지인의 경험
When I was a 명사, 내가 (명사)이었을 때.	About 시간 ago, 약 (시간) 전에.	In the case of my 명사, (명사)의 경우.

Question 11

예시 확장하기

다음의 요소를 이용해서 더 구체적인 예시 문장을 만들 수 있습니다.

요소	표현	예문
빈도	once a day twice a week almost every day	I exercised once a week. 저는 일주일에 한번 운동을 했습니다.
장소	at school at work	I studied Russian twice a week at a famous language school. 저는 유명한 어학원에서 일주일에 두 번 러시아어를 공부했습니다.
사람	with my friends with my coworkers	I worked part-time at a convenience store with my best friend. 저는 가장 친한 친구와 편의점에서 아르바이트를 했습니다.
시점	in the morning on weekends after work	I went to a fitness center after work. 저는 퇴근하고 헬스장에 갔습니다.
목적	to + 동사	I went to a shopping mall to buy a present. 저는 선물을 사기 위해 쇼핑몰에 갔습니다.
열거	and / or	I traveled to Spain and England about 2 years ago. 저는 약 2년 전에 스페인과 영국을 여행했습니다. I exercised once or twice a week. 저는 일주일에 한두 번 운동을 했습니다.
이유	because	I couldn't participate in the class because I work overtime almost every day. 저는 거의 매일 야근을 해서 수업에 참여할 수 없었습니다.

TIP • 처음에는 문장을 짧고 간결하게 만든 뒤, 위 요소를 이용해서 문장의 길이를 점차 늘리는 연습을 해주세요.
  • 2-3개의 요소를 함께 사용하면 더 구체적인 문장을 만들 수 있습니다.
    예 I exercised at a gym almost every day to lose weight.
         장소   빈도   목적

템플릿을 이용한 예시 만들기

예시 아이디어를 쉽게 만들기 위해서는 다음 네 가지 템플릿 중 한가지를 사용해주세요.

> 템플릿1 긍정적 사례 소개 (배경 – 경과 – 결과)
> 템플릿2 부정적 사례 소개 (배경 – 문제점 – 결과)
> 템플릿3 문제점의 대안 소개 (배경 – 문제점 – 대안 – 결과)
> 템플릿4 과거와 현재의 비교 (과거의 배경 – 문제점 – 현재 상황 – 결과)

템플릿1 긍정적 사례 소개 (◁)) MP3 5_5

시간과 과정의 흐름에 따른 '긍정적' 사례를 설명하는 방식입니다.

> Do you agree or disagree with the following statement?
> *It is easier to achieve professional success in a big city than in a small town nowadays.*
>
> 다음 의견에 동의하시나요, 반대하시나요?
> 요즘에는 작은 도시보다 대도시에서 직업적인 성공을 거두기가 더 쉽다.

입장		I **agree** that it is easier to achieve professional success in a big city than in a small town nowadays. 저는 요즈음 작은 도시보다 대도시에서 직업적인 성공을 거두기가 더 쉽다는데 동의합니다.
이유		Most of all, it is easy to get job information in a big city. 무엇보다도, 대도시에서는 취업 정보를 얻기가 쉽습니다.
예시	**배경**	묘사하려는 상황의 배경을 설명해주세요. (처한 상황, 주변 환경 및 인물 소개) When I was a university student, I lived in a big city called Seoul. 제가 대학생이었을 때, 저는 서울이라는 큰 도시에 살았습니다.
	경과	그로 인해 발생한 점을 설명해주세요. So, I was able to participate in famous job fairs often. At the job fair, I received detailed feedback on my resume and cover letter. 그래서 저는 유명한 취업 박람회에 자주 참여할 수 있었습니다. 취업 박람회에서, 저는 이력서와 자기소개서에 대한 자세한 피드백을 받았습니다.
	결과	이후의 긍정적 결과를 설명해주세요. As a result, it was very helpful for me to get a job. 그 결과, 그것은 제가 취업을 하는데 큰 도움이 되었습니다.

> **TIP** 구체적인 표현을 사용하는 것이 고득점에 더 유리합니다.
> 🔟 다양한 정보를 얻었습니다 (X) → 이력서에 대한 자세한 피드백을 받았습니다 (O)

템플릿 2 부정적 사례 소개 🔊 MP3 5_6

시간과 과정의 흐름에 따른 '부정적' 사례를 설명하는 방식입니다.

Do you agree or disagree with the following statement?

It is easier to achieve professional success in a big city than in a small town nowadays.

다음 의견에 동의하시나요, 반대하시나요?

요즘에는 작은 도시보다 대도시에서 직업적인 성공을 거두기가 더 쉽다.

입장		I **disagree** that it is easier to achieve professional success in a big city than in a small town nowadays. 저는 요즈음 작은 도시보다 대도시에서 직업적인 성공을 거두기가 더 쉽다는데 반대합니다.
이유		Most of all, it is very competitive to run a business in a big city. 무엇보다도, 대도시에서 사업을 운영하는 것은 경쟁이 매우 심합니다.
예시	배경	묘사하려는 상황의 배경을 설명해주세요. (처한 상황, 주변 환경 및 인물 소개) In the case of my best friend, he opened a café in a big city about 3 years ago. 제 가장 친한 친구의 경우, 그는 약 3년 전에 대도시에 카페를 열었습니다.
	문제점	그로 인해 발생한 부정적인 상황을 설명해주세요. But there were already too many cafés in the city. And it was very difficult to compete with large franchise cafés. 하지만 도시 내에는 이미 너무 많은 카페들이 있었습니다. 그리고 대형 프랜차이즈 카페들과 경쟁하는 것이 너무 어려웠습니다.
	결과	이후의 부정적 결과를 설명해주세요. As a result, he closed the café after a year. 그 결과, 그는 1년 뒤 카페를 폐업했습니다.

TIP • 영작에 어려움이 있다면 1, 2번 템플릿을 우선 학습해 주세요.
　　　• 과거의 경험을 설명하던 중 실수로 현재시제를 사용하는 분들이 많습니다. 시제를 틀리지 않도록 유의하세요.

문제점의 대안책 소개 (MP3) 5_7

대안을 통해 문제를 해결한 사례를 설명하는 방식입니다.

> Do you agree or disagree with the following statement?
> *It is easier to achieve professional success in a big city than in a small town nowadays.*
>
> 다음 의견에 동의하시나요, 반대하시나요?
> 요즘에는 작은 도시보다 대도시에서 직업적인 성공을 거두기가 더 쉽다.

입장		I **agree** that it is easier to achieve professional success in a big city than in a small town nowadays. 저는 요즘 작은 도시보다 대도시에서 직업적인 성공을 거두기가 더 쉽다는데 동의합니다.
이유		Most of all, it is easy to get job information in a big city. 무엇보다도, 대도시에서는 취업 정보를 얻기가 쉽습니다.
예시	**배경**	묘사하려는 상황의 배경을 설명해주세요. (처한 상황, 주변 환경 및 인물 소개) When I was a university student, my university was located in a small city. 제가 대학생이었을 때, 저희 대학은 작은 도시에 위치해 있었습니다.
	문제점	그로 인해 발생한 부정적인 상황을 설명해주세요. But it was difficult to get the latest job information in the city. 그런데 그 도시에서는 최신 취업 정보를 얻는 것이 어려웠습니다.
	대안	문제 해결을 위해 자신이 직접 찾거나 남이 제시해 준 대안책을 설명해주세요. So, I moved to a big city called Seoul. 그래서, 저는 서울이라는 큰 도시로 이사를 갔습니다.
	결과	이후의 긍정적 변화를 설명해주세요. As a result, I was able to participate in famous job fairs often and it was very helpful for me to get a job. 그 결과, 저는 유명한 취업 박람회에 자주 참여할 수 있었으며, 이것은 제가 취업을 하는데 큰 도움이 되었습니다.

TIP 예시 문장 사이에 적절한 연결 어구를 사용해서 각 문장을 자연스럽게 연결해주세요.

의미	표현			
연결	So, 그래서	Also, 또한	For example, 예를 들면	While -ing -하는 동안
역접	However, 그러나	But one day, 그런데 어느날	But nowadays, 그런데 요즘엔	
결과	As a result, 그 결과	Therefore, 따라서		

Question 11

과거와 현재의 비교 🔊 MP3 5_8

과거와 현재 방식의 차이점을 설명하는 방식입니다.

Do you agree or disagree with the following statement?
It is easier to achieve professional success in a big city than in a small town nowadays.

다음 의견에 동의하시나요, 반대하시나요?
요즘에는 작은 도시보다 대도시에서 직업적인 성공을 거두기가 더 쉽다.

입장		I **disagree** that it is easier to achieve professional success in a big city than in a small town nowadays. 저는 요즈음 작은 도시보다 대도시에서 직업적인 성공을 거두기가 더 쉽다는데 반대합니다.
이유		Most of all, it is very competitive to run a business in a big city. 무엇보다도, 대도시에서 사업을 운영하는 것은 경쟁이 매우 심합니다.
예시	**과거의 배경**	묘사하려는 상황의 배경을 설명해주세요. (처한 상황, 주변 환경 및 인물 소개) In the case of my best friend, he opened a café in a big city about 3 years ago. 내 가장 친한 친구의 경우, 그는 약 3년 전에 대도시에 카페를 열었습니다.
	문제점	그로 인해 발생한 부정인 상황을 설명해주세요. But it was very difficult to compete with large franchise cafés in the city. 하지만 도시 내 대형 프랜차이즈 카페들과 경쟁하는 것이 너무 어려웠습니다.
	현재의 상황	과거와 상반되는 현재의 환경을 설명해주세요. So, he is running a small café in his hometown nowadays. 그래서 그는 요즈음에 고향에서 작은 카페를 운영하고 있습니다.
	결과	그로 인한 긍정적 변화를 설명해주세요. As a result, he is working in a more comfortable atmosphere and he has more customers than before. 그 결과, 그는 더 편안한 분위기 속에서 일을 하고 있으며, 전보다 손님이 많아졌습니다.

TIP • 시제의 변화에 유의하세요.
• 각 문장이 짧고 단순해도 답변이 논리적이면 고득점을 받는 것이 가능합니다. 반대로 많은 문장을 말해도 답변이 논리적이지 않으면 고득점이 어렵습니다.

마무리 🔊 MP3 5_9

다시 한번 자신의 입장을 설명하며 답변을 마무리합니다. 문장 앞에 therefore를 붙여주세요.

> Do you agree or disagree with the following statement?
> *It is easier to achieve professional success in a big city than in a small town nowadays.*
>
> 다음 의견에 동의하시나요, 반대하시나요?
> 요즘에는 작은 도시보다 대도시에서 직업적인 성공을 거두기가 더 쉽다.

마무리	Therefore, I agree that it is easier to achieve professional success in a big city than in a small town nowadays. 따라서, 저는 요즘에 작은 도시보다 대도시에서 직업적인 성공을 거두기가 더 쉽다는 데 동의합니다.

TIP 답변 시간이 부족한 경우 마무리 문장을 생략해주세요.

Question 11

빈칸의 우리말 표현을 이용해서 전체 답변을 완성해 보세요.

> Do you agree or disagree with the following statement?
> *Being able to cook is getting more important nowadays.*
> Use specific reasons and examples to support your opinion.
>
> 다음의 의견에 동의하시나요, 반대하시나요?
> 요즘에는 요리를 할 줄 아는 것이 점점 더 중요해지고 있다.
> 구체적인 이유와 예를 들어 당신의 의견을 뒷받침하세요.

입장		I **disagree** that being able to cook is getting more important nowadays. 저는 요즘에 요리를 할 줄 아는 것이 점점 더 중요해지고 있다는 것에 반대합니다.
이유		_____왜냐하면_____ we can _____다양한 인스턴트 음식을 구매하다_____ _____쉽게_____ . 왜냐하면 다양한 인스턴트 음식을 쉽게 구매할 수 있기 때문입니다.
예시 [템플릿1] p.199	**배경**	_____제 경우에_____ , I often buy instant food _____이마트라고 불리는 슈퍼마켓에서_____ . 제 경우에, 저는 이마트라는 슈퍼마켓에서 자주 인스턴트 음식을 구매합니다.
	경과	There are _____많은 종류의_____ instant food _____찌개나 초밥 같은_____ . 그곳에는 찌개나 초밥 같은 많은 종류의 인스턴트 음식이 있습니다. Also, the price is _____합리적인_____ . 또한, 가격이 합리적입니다.
	결과	_____그 결과_____ , I can eat delicious food _____집에서_____ _____편리하게_____ . 그 결과 저는 집에서 맛있는 음식을 편리하게 먹을 수 있습니다.
마무리		_____따라서_____ , I disagree that being able to cook is getting more important nowadays. 따라서, 저는 요즘에 요리를 할 줄 아는 것이 점점 더 중요해지고 있다는 것에 반대합니다.

입장		I **agree** that being able to cook is getting more important nowadays. 저는 요즘에 요리를 할 줄 아는 것이 점점 더 중요해지고 있다는 것에 찬성합니다.
이유		___무엇보다도___ , it is possible to ___식사를 하다___ ___더 싼 가격에___ . 무엇보다도, 더 싼 가격에 식사를 하는 것이 가능합니다.
예시 템플릿 4 p.202	과거의 배경	When I was a ___신입사원___ , I often ___외식을 했다___ ___집 근처 레스토랑에서___ . 제가 신입사원이었을 때, 저는 집 근처 레스토랑에서 자주 외식을 했습니다.
	문제점	So, I spent a lot of money ___음식에___ . 그래서 저는 음식에 돈을 많이 썼습니다.
	현재의 상황	But nowadays, I usually ___집에서 요리를 하다___ ___직접___ . 하지만 요즘은 집에서 직접 요리를 합니다.
	결과	As a result, I can ___생활비를 아끼다___ a lot. 그 결과, 저는 생활비를 많이 아낄 수 있습니다.
마무리		___따라서___ , I agree that being able to cook is getting more important nowadays. 따라서, 저는 요즘에 요리를 할 줄 아는 것이 점점 더 중요해지고 있다는 것에 찬성합니다.

정답 및 해설 p.75-76

노트테이킹 전략

토익스피킹 시험 중에는 OMR 카드 뒷면의 scratch paper(메모장)에
시험장에서 제공하는 컴퓨터용 사인펜을 활용하여 필기가 가능합니다.
아래의 순서를 참고하여 전체적인 필기 전략을 익힌 뒤, 연습을 통해
본인만의 노하우를 만들어 나간다면 더욱 완성도 있는 답변을 만들 수
있습니다.

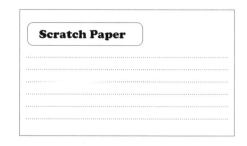

Step 1   **시험 안내문(Direction)이 나오는 동안**

답변 중 두 번째 단계인 '이유' 문장을 만드는데 쓰이는 표현들을 적어 두세요.

Step 2   **문제를 듣는 동안**

문제를 집중해서 읽어주세요. 시간적 여유가 된다면 '입장' 문장을 어떻게 시작할지 생각해두세요.

Step 3   **준비 시간 45초 동안**

축약형 표현을 이용해서 '이유' 문장을 완성한 뒤, '예시' 문장에 사용할 템플릿을 선정해두세요.

Step 1   시험 안내문(Direction)이 나오는 동안

'이유' 문장을 만드는데 자주 쓰이는 다섯가지 표현을 적어 두세요. 본인만이 쉽게 알아볼 수 있는 축약형 표현을 사용하는 것도 효과적
입니다.

can	~할 수 있다
it is 형 to V	~하는 것이 형용사 하다
there are ~	~가 있다
we need to	~해야 한다
we don't have to	~하지 않아도 된다

TIP 위에서부터 세 표현의 활용 빈도가 더 높습니다.

문제를 읽어주는 동안

서두르지 말고 문제를 집중해서 읽어주세요. 시간적 여유가 된다면 '입장' 문장을 어떻게 시작할지 생각해두세요.

Q Do you agree that people do not trust advertising as much today as in the past?

당신은 사람들이 오늘날 과거만큼 광고를 신뢰하지 않는다는 것에 동의하시나요?

> I agree that people −   ~라는데 동의합니다

TIP 이 부분은 필기를 하지 않아도 됩니다.

Step 3 준비 시간 45초 동안

'입장' 문장을 마무리한 뒤, 축약형 표현을 이용해서 '이유' 문장을 완성하세요. 이 때, 축약형 표현은 한글보다 영어로 작성하는 것을 권장합니다. 한글로 준비할 경우 문장의 난이도가 너무 높아져 영어로 말하기 어려울 수 있습니다.

> ~~can~~
> ~~it is 형 to V~~
> there are M exa- AD   과장된 광고가 많습니다
> ~~we need to~~
> ~~we don't have to~~

M: many   exa-: exaggerated   AD: advertisements

TIP 이유 문장은 간결하고 명확하게 만드는 것이 중요합니다.

이유 문장을 완성했다면 답변에 사용할 예시 템플릿을 선정해 주세요. 남는 시간을 이용해 템플릿 각 단계의 세부적인 아이디어를 구상한 후, 각 문장의 동사를 필기해 두세요.

> 2번 템플릿
>
> bought   →   didn't last   →   had to buy
> (광고 보고 폰 구매)   (배터리 오래 안감)   (새로 삼)

TIP 교재에서 제시하는 방식을 참조해서 나만의 필기 노하우를 만드는 것이 중요합니다.

주제별 연습

주제1 직장 생활

직장 생활에서 접할 수 있는 다양한 상황에 대해 질문하며 가장 자주 출제되는 주제입니다. 자신의 경험담인 것처럼 아이디어를 만들면 보다 쉽게 답변할 수 있습니다.

최다 빈출 주제	문제 예시

업무에 필요한 자질 관련	• 비즈니스 리더의 성공을 위해 가장 중요한 자질 선택
	   – 의사소통 능력 – 시간 관리 – 재무관리
	• 신입 사원을 고용할 때 가장 중요시 여기는 점 선택
	   – 배우려는 자세 – 대인 관계 – 외국어 능력

업무 방식의 차이 관련	• 국제 회사의 업무가 국내 회사보다 더 어려운지에 대한 동의 여부 • 잦은 팀원의 변경에 비해 같은 직원들과 오래 일하는 것의 장점 설명
업무 지식의 습득 관련	• 업무 지식을 배우기에 가장 좋은 방법 선택 – 친구에게 질문 – 인터넷 검색 – 책을 통한 학습 • 인터넷 활용과 세미나 참여 중 업무 지식을 배우기에 더 효과적인 항목 선택

직장 생활 관련 필수 표현

be late for	~에 늦다	have difficulty in -ing	-하는데 어려움을 겪다
do business	거래를 하다	large corporation	대기업
employee benefit	사원 복지혜택	meet a deadline	마감기한을 맞추다
free of charge	무료로	performance evaluation	인사 고과
gain trust	신뢰를 얻다	qualification for the job	근무 자격 요건
get along with	~와 잘 지내다	video conference	화상 회의
get promoted	승진하다	work hours	근무 시간
go on a business trip	출장을 가다	work life	직장 생활
go on a vacation	휴가를 가다	work overtime	초과근무를 하다
have a meeting	회의를 하다	work performance	업무 성과

1 업무에 필요한 자질 관련

> For business leaders, which of the following qualities is the most important for their
> success? Choose one of the options below and provide specific reasons or examples to
> support your opinion.
> -Time management skill - Communication skill - Financial planning skill
>
> 비즈니스 리더에게 있어서 다음 중 어떤 특징이 그들의 성공을 위해 가장 중요한가요?
> 아래의 선택지 중 하나를 고른 뒤 구체적인 이유와 예를 들어 당신의 의견을 뒷받침하세요.
> – 시간 관리 기술   – 의사소통 기술   – 재무 계획 기술

• 입장 문장 만들기

I think **time management skill** is the most important for their success.
저는 시간 관리 기술이 그들의 성공을 위해 가장 중요하다고 생각합니다.

• 답변 아이디어 만들기

아래의 답변 가이드를 참고하여 전체 아이디어를 준비해 보세요.

이유		그들이 비즈니스 파트너들로부터 신뢰를 얻을 수 있음
예시 템플릿1 p.199	배경	시간을 잘 지키는 나의 매니저 소개
	경과	그가 시간을 잘 지키는 구체적 사례 1~2가지 설명
	결과	그로 인한 긍정적인 결과 설명

TIP communication skill을 선택해서 답변 아이디어를 만들어보세요.

Question 11

(답변 아이디어)

arrive at the meeting place early   회의장소에 일찍 도착하다
be never late for a meeting   회의에 절대 늦지 않다
meet a deadline   마감 기한을 맞추다
extend a deadline   마감 기한을 연기하다

• 답변 완성하기 🔊 MP3 5_11

입장 결정			I think time-management skill is the most important for their success.
이유		1	Because they can _____신뢰를 얻다_____ from business partners.
예시 템플릿1 p.199	배경	2	_____제 팀 매니저의 경우_____, he is a very _____시간을 잘 지키는_____ person.
	경과	3	_____예를 들면_____, he is never _____~에 늦다_____ meetings with our business partners.
		4	_____또한_____, he always _____맞추다_____ _____마감기한_____ for our projects.
	결과	5	_____그래서_____, his business partners like to _____거래를 하다_____ with our company.
마무리		6	_____따라서_____, I think time-management skill is the most important for their success.

해석

입장 결정 저는 시간 관리 능력이 그들의 성공을 위해 가장 중요하다고 생각합니다.

이유 1 왜냐하면 그들이 비즈니스 파트너들로부터 신뢰를 얻을 수 있기 때문입니다.

예시 2 제 팀 매니저의 경우, 그는 시간을 매우 잘 지키는 분입니다.
3 예를 들면, 그는 우리의 비즈니스 파트너들과의 회의에 절대 늦지 않습니다.
4 또한, 그는 항상 프로젝트의 마감기한을 맞춥니다.
5 그래서 그의 비즈니스 파트너들은 우리 회사와 거래를 하는 것을 좋아합니다.

마무리 6 따라서, 저는 시간 관리 능력이 그들의 성공을 위해 가장 중요하다고 생각합니다.

TIP 영작이 어렵다면 경과를 한 문장만 만들어도 괜찮습니다.

모범 답안

1 gain trust 2 In the case of my team manager, punctual 3 For example, late for
4 Also, meets, deadlines 5 So, do business 6 Therefore

2 업무 방식의 차이 관련

Do you agree that the tasks at international companies are more difficult than the tasks at local businesses?
Use specific reasons and examples to support your opinion.

당신은 국제 회사에서의 업무가 지역 내 사업체의 업무보다 더 어렵다는 것에 동의하시나요?
구체적인 이유와 예를 들어 당신의 의견을 뒷받침하세요.

• 입장 문장 만들기

I agree that the tasks at international companies are more difficult than the tasks at local businesses.
저는 국제 회사에서의 업무가 지역 내 사업체의 업무보다 더 어렵다는 것에 동의합니다.

• 답변 아이디어 만들기

아래의 답변 가이드를 참고하여 전체 아이디어를 준비해 보세요.

이유		직장에서 외국어를 자주 사용
예시 템플릿 2 p.200	배경	국제 회사에서 근무하는 나의 환경 혹은 지인 소개
	문제점	직장에서 외국어를 사용하는 구체적 사례 1~2가지 설명
	결과	그로 인한 부정적인 결과 설명

(답변 아이디어)

have a phone conversation	전화 통화를 하다
have a video conference	화상 회의를 하다
go on a business trip	출장을 가다
write emails	이메일을 작성하다

- 답변 완성하기 🔊 MP3 5_12

입장 결정		I agree that the tasks at international companies are more difficult than the tasks at local businesses.
이유		1 _____무엇보다도_____, we need to use _____외국어_____ often ____직장에서____.
예시 [템플릿2] p.200	배경	2 _____저의 경우_____, I'm working at an international company.
	문제점	3 ____그래서____, I often have _____화상 회의_____ ____영어로____ _____일주일에 한번_____. 기타 아이디어: 그래서, 저는 미국인 고객들과 매일 전화 통화를 합니다. 4 ____또한____, I ____출장을 가다____ to the USA ____정기적으로____.
	결과	5 ____하지만____, I usually have difficulty in ____의사소통을 하다____ with them and I sometimes ____실수를 하다____ at work.
마무리		6 ____그러한 이유로____, I agree that the tasks at international companies are more difficult than the tasks at local businesses.

해석

입장 결정 저는 국제 회사에서의 업무가 지역 내 사업체의 업무보다 더 어렵다는 것에 동의합니다.

이유 1 무엇보다도, 우리는 직장에서 외국어를 자주 사용해야 합니다.

예시 2 저의 경우, 저는 국제 회사에서 일하고 있습니다.
3 그래서 저는 일주일에 한번 영어로 화상 회의를 합니다.
4 또한, 저는 미국에 정기적으로 출장을 갑니다.
5 하지만, 저는 그들과 의사소통을 하는데 자주 어려움을 겪으며, 가끔씩 업무 중에 실수를 합니다.

마무리 6 그러한 이유로, 저는 국제 회사에서의 업무가 지역 내 사업체의 업무보다 더 어렵다는 것에 동의합니다.

TIP 영작이 어렵다면 문제점을 한 문장만 만들어도 괜찮습니다.

(모범 답안)

1 Most of all, a foreign language, at work   2 In my case,   3 So, a video conference, in English, once a week   4 Also, go on a business trip, regularly   5 However, communicating, make mistakes   6 For that reason

(기타아이디어) So, I have a phone conversation with my American customers every day.

3 업무 지식의 습득 방식 관련

> People often want to learn new skills which are helpful in the workplace. What is the most helpful way to learn a new skill for a job?
> Choose one of the options and provide specific reasons or examples to support your opinion.
> - Attending a seminar - Taking an online class - Learning from a knowledgeable friend
>
> 사람들은 종종 직장에서 도움이 되는 새로운 기술을 배우고 싶어합니다. 직업을 위한 새로운 기술을 배우기에 가장 도움이 되는 방식은 무엇인가요? 아래의 선택지 중 하나를 고른 뒤 구체적인 이유와 예를 들어 당신의 의견을 뒷받침하세요.
> – 세미나에 참여하기 – 온라인 수업 듣기 – 잘 아는 친구로부터 배우기

• 입장 문장 만들기

I think **taking an online class** is the most helpful way to learn a new skill for a job.
저는 온라인 강의를 듣는 것이 직업을 위한 새로운 기술을 배우기에 가장 도움이 되는 방식이라고 생각합니다.

• 답변 아이디어 만들기

아래의 답변 가이드를 참고하여 전체 아이디어를 준비해 보세요.

이유		시간과 장소에 상관없이 기술을 배울 수 있음
예시 **템플릿 3** p.201	배경	내가 과거에 중국어를 배워야 했던 상황 설명
	문제점	외국어 학원에서 공부하기 힘들었던 이유 설명
	대안	온라인 강의를 대안으로 활용한 경험 설명
	결과	그로 인한 긍정적인 결과 설명

TIP Learning from a knowledgeable friend를 선택해서 답변 아이디어를 만들어보세요.

(답변 아이디어)

work overtime almost every day	거의 매일 야근을 하다
have irregular working hours	근무 시간이 불규칙적이다
have a company dinner	회사 회식을 하다
go on a business trip	출장을 가다

입장 결정		I think taking an online class is the most helpful way to learn a new skill for a job.
이유	1	___왜냐하면___ , we can learn a new skill ___~에 상관없이___ time and location.
예시 [템플릿 3] p.201	배경 2	___작년에___ , I had to study Chinese for ___승진 시험___ .
	문제점 3	___하지만___ , I couldn't study at ___외국어 학원___ because I ___야근을 했다___ almost every day. 기타 아이디어 ⓐ: 왜냐하면 우리는 자주 회사 회식을 했기 때문입니다. 기타 아이디어 ⓑ: 왜냐하면 제 근무 시간이 불규칙적이었기 때문입니다.
	대안 4	___그래서___ , I ___온라인 수업을 들었다___ at home ___퇴근 후에___ .
	결과 5	___그 결과___ , I was able to ___승진 시험을 통과하다___ .
마무리	6	___그러한 이유로___ , I think taking an online class is the most helpful way to learn a new skill for a job.

해석

입장 결정 저는 온라인 강의를 듣는 것이 직업을 위한 새로운 기술을 배우기에 가장 도움이 되는 방식이라고 생각합니다.

이유 1 왜냐하면, 우리는 시간과 장소에 상관 없이 새로운 기술을 배울 수 있기 때문입니다.

예시 2 작년에, 저는 승진시험을 위해 중국어를 공부해야 했습니다.
3 하지만, 저는 외국어 학원에서 공부할 수 없었습니다. 왜냐하면 저는 거의 매일 야근을 했기 때문입니다.
4 그래서, 저는 퇴근 후에 집에서 온라인 수업을 들었습니다.
5 그 결과, 저는 승진 시험을 통과할 수 있었습니다.

마무리 6 그러한 이유로, 저는 온라인 강의를 듣는 것이 직업을 위한 새로운 기술을 배우기에 가장 도움이 되는 방식이라고 생각합니다.

(모범 답안)

1 Because, regardless of   2 Last year, a promotion test   3 However, a language school, worked overtime   4 So, took an online class, after work   5 As a result, pass the promotion test
6 For that reason

(기타 아이디어) ⓐ Because we had company dinners very often.
ⓑ Because I had irregular working hours.

주제 2 인터넷

단독 주제로 출제되기 보다는 직장, 교육 등 타 주제와 연관되서 출제되는 경우가 많습니다. 또한, SNS에 관련된 주제의 출제 빈도가 높습니다.

최다 빈출 주제	문제 예시
인터넷이 생활에 미치는 영향 관련	• 인터넷에 의해 가장 많이 영향을 받은 산업 선택 　－ 여행 산업　－ 출판 산업　－ 음악 산업 • 인터넷의 발달이 인간 관계를 더 향상시켰는지에 대한 동의 여부
SNS 관련	• 회사에서 SNS의 사용이 허용되어야 하는지에 대한 동의 여부 • 연예인, 작가 등 전문직 종사자가 SNS를 사용하는 것의 장점 설명

인터넷 관련 필수 표현

anywhere at anytime　언제 어디서나	on the internet　인터넷 상에서
at a cheaper price　더 저렴한 가격에	regardless of　~에 상관없이
at an online store　온라인 매장에서	save time　시간을 절약하다
attach files　파일을 첨부하다	search for information　정보를 검색하다
communicate by email　이메일로 의사소통 하다	select information　정보를 선택하다
for free　무료로	share information　정보를 공유하다
get information　정보를 얻다	the latest information　최신 정보
in real time　실시간으로	use the Internet　인터넷을 이용하다

Question 11

1 인터넷이 생활에 미치는 영향 관련

The Internet has changed many industries in our lives.
In your opinion, which of the following has been most affected by the Internet?
Choose one of the options below and provide specific reasons or examples to support your opinion.

-The travel industry -The publishing industry -The music industry

인터넷은 우리 삶의 많은 산업들을 변화시켜 왔습니다.
당신의 의견으로는 다음 중 무엇이 인터넷에 의해 가장 많은 영향을 받았나요?
아래의 선택지 중 하나를 고른 뒤 구체적인 이유와 예를 들어 당신의 의견을 뒷받침하세요.
– 여행 산업 – 출판 산업 – 음악 산업

• 입장 문장 만들기

I think **the music industry** has been most affected by the Internet.
저는 음악 산업이 인터넷에 의해 가장 많은 영향을 받았다고 생각합니다.

• 답변 아이디어 만들기

아래의 답변 가이드를 참고하여 전체 아이디어를 준비해 보세요.

이유		음악을 더 편리하게 구매할 수 있음
예시 템플릿 4 p.202	과거의 배경	고등학생 때, 음악을 구매하던 방식 설명
	문제점	그로 인해 불편했던 점 설명
	현재의 상황	인터넷을 이용해서 음악을 구매하는 현재의 방식 설명
	결과	그로 인한 긍정적인 변화 설명

TIP The travel industry를 선택해서 답변 아이디어를 만들어보세요.

답변 아이디어

anywhere at anytime	언제 어디서나
at a cheaper price	더 저렴한 가격에
regardless of time and location	시간과 장소에 상관없이
on my smartphone	내 스마트폰으로

• **답변 완성하기** (MP3) 5_14

입장 결정		I think the music industry has been most affected by the Internet.
이유		1 ＿＿＿무엇보다도＿＿＿, we can buy music more conveniently.
예시 템플릿 4 p.202	과거의 배경	2 ＿＿＿제가 고등학생이었을 때＿＿＿, I always bought music at a record shop.
	문제점	3 ＿＿그런데＿＿, popular music was always ＿＿＿다 팔린＿＿＿.
		기타 아이디어 ⓐ: 그래서, 저는 음반 매장에 가기 위해 오래 걸어야 했습니다.
	현재의 상황	4 However, ＿＿요즈음에＿＿, I purchase music ＿＿＿제 스마트폰에서＿＿＿ directly.
	결과	5 ＿＿그래서＿＿, I can download popular music ＿＿＿언제 어디서든＿＿＿.
		기타 아이디어 ⓑ: 그래서, 저는 시간과 장소에 상관없이 음악을 구매할 수 있습니다.
		6 ＿＿게다가＿＿, I can buy music ＿＿＿더 저렴한 가격에＿＿＿.
마무리		7 ＿＿따라서＿＿, I think the music industry has been most affected by the Internet.

해석

입장 결정　저는 음악 산업이 인터넷에 의해 가장 많은 영향을 받았다고 생각합니다.

이유　1 무엇보다도, 우리는 음악을 더 편리하게 구매할 수 있습니다.

예시　2 제가 고등학생이었을 때, 저는 항상 음악을 음반 매장에서 구매했습니다.
3 그런데, 인기 있는 음악은 항상 품절이었습니다.
4 하지만 요즈음에 저는 스마트폰에서 바로 음악을 구매합니다.
5 그래서 저는 언제 어디서나 인기 있는 음악을 다운로드 할 수 있습니다.
6 게다가, 저는 음악을 더 저렴한 가격에 구매할 수 있습니다.

마무리　7 따라서, 저는 음악 산업이 인터넷에 의해 가장 많은 영향을 받았다고 생각합니다.

(모범 답안)

1 Most of all　2 When I was a high school student　3 But, sold out　4 nowadays, on my smartphone
5 So, anywhere at anytime　6 Moreover, at a cheaper price　7 Therefore

(기타 아이디어) ⓐ So, I had to walk for a long time to go to a record shop.
ⓑ So, I can buy music regardless of time and location.

2 SNS의 장단점 관련

These days, many people use a social network service for their career. What advantages do authors receive by using a social network service? Use specific reasons and examples to support your opinion.

오늘날, 많은 사람늘이 그들의 직업을 위해 소셜 네트워크 서비스를 이용합니다. 작가들이 소셜 네트워크 서비스를 사용함으로써 얻는 장점은 무엇인가요? 구체적인 이유와 예를 들어 당신의 의견을 뒷받침하세요.

• 입장 문장 만들기

I think there are some advantages authors receive by using a social network service.
저는 작가들이 소셜 네트워크 서비스를 사용함으로써 얻는 장점이 몇 가지 있다고 생각합니다.

• 답변 아이디어 만들기

아래의 답변 가이드를 참고하여 전체 아이디어를 준비해 보세요.

이유		팬들과 더 자주 의사소통이 가능
예시 템플릿 1 p.199	배경	SNS를 소통에 활용하는 작가 소개
	경과	그가 SNS상의 소통을 집필에 활용하는 사례 1~2가지 설명
	결과	그로 인한 긍정적인 결과 설명

답변 아이디어

get various ideas   다양한 아이디어를 얻다
ask for feedback   피드백을 요청하다
have a discussion   토론을 하다
answer questions   질문에 답변하다

입장 결정		I think there are some advantages authors receive by using a social network service.
이유		1 ___무엇보다도___, they can communicate with their fans more often.
예시 [템플릿1] p.199	배경	2 For example, one of the famous authors in Korea has ___정기적 모임___ with her fans ___SNS 상에서___.
	경과	3 And they ___토론을 하다___ about her ___최신의___ book. 기타 아이디어 ⓐ: 그리고 그녀는 팬들의 질문에 친절하게 답변을 해줍니다. 4 Also, they ___줄거리를 함께 쓰다___ for her next book. 기타 아이디어 ⓑ: 또한, 그녀는 팬들로부터 다양한 아이디어를 얻습니다.
	결과	5 So, she always ___좋은 인상을 주다___ on her fans.
마무리		6 ___따라서___, I think there are some advantages authors receive by using a social network service.

해석

입장 결정   저는 작가들이 소셜 네트워크 서비스를 사용하는 것에 몇 가지 장점이 있다고 생각합니다.

이유   1 무엇보다도, 그들은 팬들과 더 자주 의사소통을 할 수 있습니다.

예시   2 예를 들면, 한국의 유명한 작가 중 한 명은 SNS상에서 팬들과 정기적인 모임을 가집니다.
     3 그리고 그들은 그녀의 최신 서적에 대해서 토론합니다.
     4 또한 그들은 그녀의 다음 서적에 대한 줄거리를 함께 씁니다.
     5 그래서 그녀는 팬들에게 언제나 좋은 인상을 줍니다.

마무리   6 따라서, 저는 작가들이 소셜 네트워크 서비스를 사용하는 것에 몇 가지 장점이 있다고 생각합니다.

(모범 답안)

1 Most of all   2 regular meetings, on SNS   3 have a discussion, latest   4 write a story together
5 makes a good impression   6 Therefore

(기타 아이디어)   ⓐ And she answers their questions kindly.
         ⓑ Also, she gets various ideas from her fans.

주제 3 사회적 이슈

여러 가지 사회적 이슈에 관한 문제가 출제됩니다. 자신의 평소 생각에 기반해서 아이디어를 만들면 어렵지 않게 답변할 수 있습니다.

최다 빈출 주제	문제 예시
뉴스 매체 관련	• 요즘에 과거보다 부정확한 뉴스가 더 많은지에 대한 동의 여부 • 뉴스를 얻기 위한 수단으로 신문과 라디오 중 선호항목 선택
광고 관련	• 사람들이 광고를 과거만큼 신뢰하지 않는지에 대한 동의 여부 • 인터넷이 제품이나 서비스를 광고하기에 최고의 방법이라는 것에 대한 동의 여부
환경 관련	• 회사가 친환경 에너지를 사용하는 것의 장점 설명 • 재활용을 위해 더 강경한 정책이 필요한지에 대한 동의 여부

사회적 이슈 관련 필수 표현

뉴스 관련

attract their interest 그들의 관심을 끌다

be interested in ~에 관심이 있는

investigate 살피다, 조사하다

objective information 객관적인 정보

latest information 최신 정보

private lives of celebrities 연예인의 사생활

related to ~와 관련된

rumors 소문

unprofessional 전문가답지 않은

various media 다양한 매체

광고 관련

a TV commercial TV 광고

compare products 제품을 비교하다

cost a lot of money 많은 비용이 들다

customer reviews 고객 리뷰

incorrect information 잘못된 정보

online advertisement 온라인 광고

put an advertisement 광고를 게재하다

exaggerated information 과장된 정보

환경 관련

environment-friendly 환경 친화적인

financial support 재정적 지원

an electric car 전기 자동차

impose a fine 벌금을 부과하다

natural resources 천연 자원

protect the environment 환경을 보호하다

recycle garbage 쓰레기를 재활용하다

in the long term 장기적으로는

1 뉴스 매체 관련

Do you agree or disagree with the following statement?
Nowadays, there are more inaccurate news articles than there were in the past.
Use specific reasons and examples to support your opinion.

다음의 의견에 동의하시나요, 반대하시나요?
요즘에는 과거보다 부정확한 뉴스 기사들이 더 많다.
구체적인 이유와 예를 들어 당신의 의견을 뒷받침하세요.

• 입장 문장 만들기

I agree that nowadays, there are more inaccurate news articles than in the past.
저는 요즘에 과거보다 부정확한 뉴스 기사들이 더 많다는 것에 동의합니다.

• 답변 아이디어 만들기

아래의 답변 가이드를 참고하여 전체 아이디어를 준비해 보세요.

이유		전문적이지 않은 기자들이 많음
예시 [템플릿 2] p.200	**배경**	예전에 비해 기자가 되기 쉬워진 환경 설명
	문제점	그로 인한 문제점 1~2가지 설명
	결과	그로 인한 부정적인 결과 설명

(답변 아이디어)

professional journalist	전문 기자
online news agency	온라인 언론사
accurate news article	정확한 뉴스 기사
based on facts	사실에 기반해서

입장 결정		I agree that nowadays, there are more inaccurate news articles than in the past.
이유		1 ___왜냐하면___, there are many ___기자___ who are not ___전문적인___.
예시 템플릿 2 p.200	배경	2 Nowadays, it is easy to become a journalist because there are a lot of ___온라인 언론사___.
	문제점	3 So, they don't have to ___언론학을 전공하다___ to be a journalist.
		4 Also, some journalists are only ___~에 관심이 있다___ ___독자들을 끌어들이다___.
	결과	5 As a result, ___일부 뉴스 기사의 질___ is very low.
마무리		6 ___그러한 이유로___, I agree that nowadays, there are more inaccurate news articles than in the past.

TIP 자신이나 지인의 경험담이 아닌 사회 현상을 예시로 든 답변 방식입니다.

해석

입장 결정   저는 요즘에 과거보다 부정확한 뉴스 기사들이 더 많다는 것에 동의합니다.

이유   1 왜냐하면 전문적이지 않은 기자들이 많기 때문입니다.

예시   2 요즘에는 온라인 언론사가 매우 많기 때문에 기자가 되기 쉽습니다.
3 그래서, 기자가 되기 위해 언론학을 전공하지 않아도 됩니다.
4 또한, 일부 기자들은 독자들을 끌어들이는 데만 관심이 있습니다.
5 그 결과, 일부 뉴스 기사의 질이 매우 낮습니다.

마무리   6 그러한 이유로, 저는 요즘에 과거보다 부정확한 뉴스 기사들이 더 많다는 것에 동의합니다.

모범 답안

1 Because, journalists, professional   2 online news agencies   3 major in journalism
4 interested in, attracting readers   5 the quality of some news articles   6 For that reason

2 광고 관련

> Do you agree that people do not trust advertising as much today as in the past?
> Use specific reasons and examples to support your opinion.
>
> 당신은 사람들이 오늘날 과거만큼 광고를 신뢰하지 않는다는 것에 동의하시나요?
> 구체적인 이유와 예를 들어 당신의 의견을 뒷받침하세요.

• 입장 문장 만들기

I agree that people do not trust advertising as much today as in the past.
저는 사람들이 오늘날 과거만큼 광고를 신뢰하지 않는다는 것에 동의합니다.

• 답변 아이디어 만들기

아래의 답변 가이드를 참고하여 전체 아이디어를 준비해 보세요.

이유		요즘에는 과장된 광고가 많음
예시 템플릿 2 p.200	배경	특정 광고를 통해 제품을 구매한 경험 소개
	문제점	제품이 광고와 달랐던 점 1~2가지 설명
	결과	그로 인한 부정적인 결과

답변 아이디어

exaggerated information	과장된 정보
a TV commercial	TV 광고
last (기간)	(기간)동안 지속되다
resistant to A	A에 강한
different from A	A와 다른

- 답변 완성하기 🔊 MP3 5_17

입장 결정		I agree that people do not trust advertising as much today as in the past.
이유	1	<u>왜냐하면</u>, there is a lot of <u>과장된 정보</u> nowadays.
예시 템플릿2 p.200	배경 2	<u>약 6개월 전에</u>, I bought a smartphone after watching <u>TV 광고</u>.
	문제점 3	The commercial said the battery <u>지속되다</u> <u>15시간 이상</u>.
		기타 아이디어 ⓐ: 광고에 따르면, 그 스마트폰은 충격에 강하다고 되어 있었습니다.
	4	However, I had to <u>충전하다</u> the smartphone <u>하루에 두 번</u> and it was very <u>불편한</u>.
		기타 아이디어 ⓑ: 하지만, 내가 그것을 떨어뜨렸을 때, 화면에 금이 갔습니다.
	결과 5	So, I bought another smartphone <u>결국에는</u>.
마무리	6	<u>그러한 이유로</u>, I agree that people do not trust advertising as much today as in the past.

해석

입장 결정 저는 사람들이 오늘날 과거만큼 광고를 신뢰하지 않는다는 것에 동의합니다.

이유 1 왜냐하면, 많은 광고들이 과장된 정보를 제공합니다.

예시 2 예를 들면, 약 6개월 전에, 저는 TV 광고를 보고 스마트폰을 구매했습니다.
3 광고에는 배터리가 15시간 이상 지속된다고 되어 있었습니다.
4 그러나 저는 그 스마트폰을 하루에 두 번 충전해야 했으며, 이것은 너무 불편했습니다.
5 그래서 저는 결국 다른 스마트폰을 구매했습니다.

마무리 6 그러한 이유로, 저는 사람들이 오늘날 과거만큼 광고를 신뢰하지 않는다는 것에 동의합니다.

모범 답안

1 Because, exaggerated information   2 About 6 months ago, a TV commercial
3 lasts, over 15 hours   4 recharge, twice a day, inconvenient   5 in the end   6 For that reason

기타 아이디어 ⓐ The commercial said the smartphone is resistant to shock.
　　　　　　 ⓑ However, when I dropped it, the screen cracked.

쇼핑, 여행 등 일상생활에서 경험하기 쉬운 주제에 대해 질문하며, 과거와 현재를 비교하는 유형이 자주 출제되고 있습니다.

최다 빈출 주제	문제 예시
쇼핑 관련	• 쇼핑이 과거보다 시간이 덜 걸린다는 것에 대한 동의 여부 • 쇼핑할 장소를 선택할 때 가장 중요시 여기는 점 선택 　– 집으로부터의 거리　– 제품의 종류　– 회원 혜택
여행 관련	• 해외 여행을 하는 것이 과거보다 더 쉽다는 점에 대한 동의 여부 • 혼자 여행하는 것과 지인들과 함께 하는 것 중 선호항목 선택

일상생활 관련 필수 표현

쇼핑 관련

at a cheaper price   더 저렴한 가격에

at no extra cost   추가 비용 없이

compare prices   가격을 비교하다

delivery service   배송 서비스

get a discount   할인을 받다

get a refund   환불을 받다

go shopping   쇼핑을 가다

have a defect   결함이 있다

in one place   한 장소에서

on the Internet   인터넷 상에서

place an order   주문을 하다

save time   시간을 절약하다

여행 관련

a duty-free shop   면세점

a popular restaurant   유명한 식당

a tourist attraction   관광지

a travel agency   여행사

arrive at a destination   목적지에 도달하다

book a hotel   호텔을 예약하다

experience another culture   다른 문화를 경험하다

make a plan   계획을 세우다

public transportation   대중교통

search for information   정보를 검색하다

the locals   현지인들

cultural differences   문화적 차이

Question 11

1 쇼핑 관련

Do you agree that shopping takes less time nowadays than it did in the past?
Use specific reasons and examples to support your opinion.

당신은 오늘날 쇼핑이 과거보다 시간이 적게 든다는 것에 동의하시나요?
구체적인 이유와 예를 들어 당신의 의견을 뒷받침하세요.

• 입장 문장 만들기

I agree that shopping takes less time nowadays than it did in the past.
저는 오늘날 쇼핑이 과거보다 시간이 적게 든다는 것에 동의합니다.

• 답변 아이디어 만들기

아래의 답변 가이드를 참고하여 전체 아이디어를 준비해 보세요.

이유		쇼핑을 하기 위해 이동하지 않아도 됨
예시 템플릿 4 p.202	과거의 배경	쇼핑을 위해 여러 매장을 방문했던 과거의 경험
	문제점	그로 인한 문제점 설명
	현재의 상황	과거에 비해 편리해진 현재의 쇼핑 환경 설명
	결과	그로 인한 긍정적인 결과

답변 아이디어

in one place	한 장소에서
thanks to	~덕택에
in person	직접, 몸소
delivery service	배송 서비스

- **답변 완성하기** 🔊 MP3 5_18

입장 결정			I agree that shopping takes less time nowadays than it did in the past.

이유		1	Because we don't have to ___돌아다니다___ for shopping.

예시
[템플릿 4]
p.202

과거의 배경	2	___과거에는___, we had to visit many stores for shopping.
문제점	3	So, it ___오랜 시간이 걸렸다___ to ___쇼핑을 하러 가다___.
현재의 상황	4	But nowadays, there are large shopping malls in ___대부분의 도시들___.
결과	5	So, we can ___쇼핑을 하다___ ___한 장소에서___ and we can ___시간을 절약하다___ on shopping.

마무리	6	___그러한 이유로___, I agree that shopping takes less time nowadays than it did in the past.

해석

입장 결정 저는 오늘날 쇼핑이 과거보다 시간이 적게 든다는 것에 동의합니다.

이유 1 왜냐하면, 우리는 쇼핑을 하기 위해 돌아다니지 않아도 되기 때문입니다.

예시 2 과거에는 우리가 쇼핑을 위해 많은 매장을 방문해야 했습니다.
3 그래서 쇼핑을 하러 가는데 오랜 시간이 걸렸습니다.
4 하지만 요즘에는 대부분의 도시에 대형 쇼핑몰이 있습니다.
5 그래서 우리는 한 장소에서 쇼핑을 할 수 있으며 쇼핑에 드는 시간을 절약할 수 있습니다.

마무리 6 그러한 이유로, 저는 오늘날 쇼핑이 과거보다 시간이 적게 든다는 것에 동의합니다.

(모범 답안)

1 walk around   2 In the past   3 took a long time, go shopping   4 most cities
5 do shopping, in one place, save time   6 For that reason

Question 11

2 여행 관련

> Do you agree or disagree with the following statement?
> *Nowadays, traveling is easier than it was in the past.*
> Use specific reasons and examples to support your opinion.
>
> 다음의 의견에 동의하시나요, 반대하시나요?
> 오늘날 여행을 하는 것이 과거에 비해 더 쉽다.
>
> 구체적인 이유와 예를 들어 당신의 의견을 뒷받침하세요.

• 입장 문장 만들기

I agree that nowadays, traveling is easier than it was in the past.
저는 오늘날 여행을 하는 것이 과거에 비해 더 쉽다는 데에 동의합니다.

• 답변 아이디어 만들기

아래의 답변 가이드를 참고하여 전체 아이디어를 준비해 보세요.

이유		여행 정보를 얻기가 매우 편리해짐
예시 템플릿 1 p.199	배경	해외로 여행을 가게 된 배경 설명
	경과	편리하게 관광 정보를 획득한 경험 설명
	결과	그로 인한 긍정적인 결과

(답변 아이디어)

a popular restaurant	유명한 식당
a tourist attraction	관광지
a discount coupon	할인 쿠폰
a travel agency	여행사
how to use 명사	어떻게 (명사)를 사용하는지

입장 결정		I agree that nowadays, traveling is easier than it was in the past.
이유		1 ___무엇보다도___, it is very ___편리한___ to get ___여행 정보___.
예시 [템플릿1] p.199	배경	2 Last year, I traveled to Japan with my friends.
	경과	3 Before I traveled, I visited ___유명한 여행 블로그___ to get information about ___인기 있는 식당___ and ___관광지___ in Japan.
		4 Also, I was able to download ___다양한 할인 쿠폰___ on the blog. 기타 아이디어 ⓐ: 또한, 저는 일본에서 지하철을 어떻게 이용하는지 배울 수 있었습니다. 기타 아이디어 ⓑ: 또한, 저는 저렴한 가격에 비행기를 예약할 수 있었습니다.
	결과	5 As a result, I ___~할 필요가 없었다___ visit ___여행사___.
마무리		6 ___따라서___, I agree that nowadays, traveling is easier than it was in the past.

해석

입장 결정 저는 오늘날 여행을 하는 것이 과거에 비해 더 쉽다는 데에 동의합니다.

이유 1 무엇보다도, 여행 정보를 얻기 매우 편리하기 때문입니다.

예시 2 작년에, 저는 친구들과 일본으로 여행을 갔습니다.
3 여행을 하기 전, 저는 일본 내 인기있는 식당과 관광지에 대한 정보를 얻기 위해 유명한 여행 블로그에 방문했습니다.
4 또한, 저는 그 블로그에서 다양한 할인 쿠폰을 다운로드 할 수 있었습니다.
5 그 결과, 저는 여행사를 방문할 필요가 없었습니다.

마무리 6 따라서, 저는 오늘날 여행을 하는 것이 과거에 비해 더 쉽다는 데에 동의합니다.

Question 11

(모범 답안)

1 Most of all, convenient, travel information   3 a famous travel blog, popular restaurants, tourist attractions   4 various discount coupons   5 didn't have to, a travel agency   6 Therefore

(기타 아이디어) ⓐ Also, I was able to learn how to use the subway in Japan.
ⓑ Also, I was able to book a flight at a cheap price.

주제 5 교육

기존의 교육방식과 온라인 교육을 비교하거나, 교육 정책 변화에 따른 자신의 생각을 묻는 문제가 자주 출제됩니다.

최다 빈출 주제	문제 예시
교육 정책 관련	• 고등학교 교과 과정에 체육 수업을 늘리는 것에 대한 동의 여부 • 대학생들에게 인턴사원 근무를 강요하는 것에 대한 동의 여부 • 대학이 명성을 높이기 위해 투자가 더 필요한 분야 선택 – 장학금 – 학생 편의 시설 – 교수 급여
온라인 교육 관련	• 온라인 학습과 교실에서 공부하는 것 중 선호항목 선택 • 대학생들에게 교내 수업 수를 줄이고 더 많은 온라인 수업을 제공하는 것에 대한 동의 여부

교육 관련 필수 표현

a certificate 자격증	choose a career path 진로를 결정하다
graduate school 대학원	curriculum 교과 과정
a private institute 사설 학원	have a part-time job 아르바이트를 하다
a scholarship 장학금	impolite behavior 무례한 행동
a tuition fee 수업료	in class 수업 중에
an internship program 인턴 근무 프로그램	major in ~을 전공하다
college graduates 대학 졸업자	make friends 친구를 사귀다
concentrate on ~에 집중하다	people skills 대인관계 기술
distract 정신을 산만하게 하다	relieve stress 스트레스를 해소하다
distractions 방해 요소	school uniform 교복
find an aptitude 적성을 발견하다	take an online class 온라인 수업을 듣다

1 교육 정책 관련

> Do you agree or disagree with the following statement?
> *Universities should require students to do an internship before they graduate.*
>
> Use specific reasons and examples to support your opinion.
>
> 다음의 의견에 동의하시나요, 반대하시나요?
> 대학은 학생들이 졸업하기 전에 인턴 근무를 할 것을 요구해야 한다.
>
> 구체적인 이유와 예를 들어 당신의 의견을 뒷받침하세요.

• 입장 문장 만들기

I agree that universities should require students to do an internship before they graduate.
저는 대학이 학생들이 졸업하기 전에 인턴 근무를 할 것을 요구해야 한다는 것에 동의합니다.

• 답변 아이디어 만들기

아래의 답변 가이드를 참고하여 전체 아이디어를 준비해 보세요.

이유		직업에 대한 현실적인 정보를 얻을 수 있음
예시 템플릿 3 p.201	배경	인턴 근무를 하게 된 배경 설명
	문제점	인턴 근무가 불만족스러웠던 점 설명
	대안	그로 인해 결심한 대안 설명
	결과	그로 인한 긍정적인 결과 설명

TIP '업무에 필요한 스킬을 미리 배울 수 있다' 라는 이유 문장에 대한 예시 아이디어를 만들어보세요.

(답변 아이디어)

physically demanding	몸에 무리가 가는
repeat the same work	같은 일을 반복하다
enter graduate school	대학원에 입학하다
change a major to A	전공을 A로 변경하다

입장 결정		I agree that universities should require students to do an internship before they graduate.

| 이유 | | 1 _____무엇보다도_____, students can get _____현실적인_____ information about work. |

예시 템플릿 3 p.201	배경	2 When I was a university student, I _____기회가 있었다_____ to do an internship at a research lab _____여름방학 동안_____.
	문제점	3 However, the work was very _____지루한_____ and I had to _____같은 일을 반복하다_____. 기타 아이디어 ⓐ: 그런데, 저는 매주 주말에 일을 해야 했습니다. 기타 아이디어 ⓑ: 그런데, 저는 거의 매일 밤 9시까지 야근을 했습니다.
	대안	4 So, I decided to change my major to _____식품 공학_____. 기타 아이디어 ⓒ: 그래서, 저는 새로운 전공을 배우기 위해 대학원에 입학했습니다.
	결과	5 As a result, I'm working at a food company nowadays and I love my job.

| 마무리 | | 6 _____따라서_____, I agree that universities should require students to do an internship before they graduate. |

해석

입장 결정 저는 대학이 학생들이 졸업하기 전에 인턴 근무를 할 것을 요구해야 한다는 것에 동의합니다.

이유 1 무엇보다도 학생들이 직업에 대한 현실적인 정보를 얻을 수 있기 때문입니다.

예시 2 제가 대학생이었을 때, 저는 여름방학 동안에 연구실에서 인턴 근무를 할 기회가 있었습니다.
3 그런데, 업무가 매우 지루했으며, 저는 같은 일을 반복해야 했습니다.
4 그래서 저는 전공을 식품 공학으로 변경하기로 결심했습니다.
5 그 결과, 저는 현재 식품 회사에서 일하고 있으며, 저는 제 일이 매우 좋습니다.

마무리 6 따라서, 저는 대학이 학생들이 졸업하기 전에 인턴 근무를 할 것을 요구해야 한다는 것에 동의합니다.

(모범 답안)

1 Most of all, realistic   2 had a chance(opportunity), during the summer vacation
3 boring, repeat the same work   4 food engineering   6 Therefore

(기타 아이디어) ⓐ However, I had to work every weekend.
ⓑ However, I worked overtime almost every day until 9 P.M.
ⓒ So, I entered graduate school to learn a new major.

2 온라인 교육 관련

> Do you agree that the traditional way of studying in a classroom is more effective than studying online individually?
>
> Use specific reasons and examples to support your opinion.
>
> 당신은 교실 안에서 공부하는 기존의 방식이 온라인 상에서 개별적으로 공부하는 것보다 더 효과적이라는 것에 동의하시나요?
>
> 구체적인 이유와 예를 들어 당신의 의견을 뒷받침하세요.

• 입장 문장 만들기

I agree that the traditional way of studying in a classroom is more effective than studying online individually.

저는 교실 안에서 공부하는 기존의 방식이 온라인 상에서 개별적으로 공부하는 것보다 더 효과적이라는데 동의합니다.

• 답변 아이디어 만들기

아래의 답변 가이드를 참고하여 전체 아이디어를 준비해 보세요.

이유		학생들이 공부에 더 쉽게 집중할 수 있음
예시 [템플릿 2] p.200	배경	과거에 온라인 강의로 학습한 경험 설명
	문제점	학습 중에 발생한 문제점 1~2가지 설명
	결과	그로 인한 부정적인 결과 설명

(답변 아이디어)

be distracted by 명사	~에 주의가 산만해지다
postpone 명사	~을 미루다
surf the internet	인터넷 검색을 하다
fall asleep	잠이 들다
send a text message	문자 메시지를 보내다

입장 결정		I agree that the traditional way of studying in a classroom is more effective than studying online individually.
이유		1 Because students can _____~에 집중하다_____ their studies more easily.
	배경	2 About 6 months ago, I _____온라인 중국어 강의를 들었다_____ _____집에서_____.
예시 템플릿 2 p.200	문제점	3 However, I was easily _____정신이 산만해진_____ by my smartphone and computer.
		4 Also, I often _____잠이 들었다_____ while studying. 기타 아이디어 ⓐ: 그런데, 저는 강의 중에 자주 인터넷 검색을 했습니다. 기타 아이디어 ⓑ: 또한, 저는 공부를 자주 미뤘습니다.
	결과	5 As a result, I was not able to _____프로그램을 마치다_____ _____기간 내에_____.
마무리		6 _____따라서_____, I agree that the traditional way of studying in a classroom is more effective than studying online individually.

TIP 답변의 시제에 유의하세요.

해석

입장 결정 저는 교실 안에서 공부하는 기존의 방식이 온라인 상에서 개별적으로 공부하는 것보다 더 효과적이라는데 동의합니다.

이유 1 왜냐하면, 학생들이 공부에 더 쉽게 집중할 수 있기 때문입니다.

예시 2 약 6개월 전, 저는 집에서 온라인 중국어 강의를 들었습니다.
3 하지만 저는 스마트폰과 컴퓨터에 의해 쉽게 정신이 산만해졌습니다.
4 또한 저는 공부를 하다가 자주 잠이 들었습니다.
5 그 결과, 저는 기간 내에 프로그램을 마칠 수 없었습니다.

마무리 6 따라서, 저는 교실 안에서 공부하는 기존의 방식이 온라인 상에서 개별적으로 공부하는 것보다 더
효과적이라는데 동의합니다.

(모범 답안)

1 concentrate on   2 took an online Chinese lecture, at home   3 distracted   4 fell asleep
5 finish the program, in time   6 Therefore

(기타 아이디어) ⓐ However, I surfed the Internet often during the lecture.
ⓑ Also, I often postponed studying.

토익스피킹
💬 영작 노하우

평소에 예시 문장 영작에 어려움이 있다면 처음부터 길고 복잡한 문장을 만들지 말고, 간결하고 짧은 문장을 만든 뒤, 아래의 일곱가지 요소를 사용해서 문장의 길이를 점차 늘려 나가는 연습을 해주세요. 이를 반복하다 보면 영작의 속도가 빨라지고 문장이 더 길어질 것입니다.

> 빈도 (얼마나 자주)   장소 (어디서)   사람 (누구와)   시점 (언제)
> 목적 (~을 위해)   열거 (그리고, 또한)   이유 (왜냐하면)

대학생이었을 때
아르바이트를 했다

대학생이었을 때 나는 친구와 함께 - 사람
편의점에서 새벽 2시까지 아르바이트를 했다 - 장소, 시점

그런데 수업에 집중하기
어려웠다

그런데 너무 피곤해서 수업에 집중하기 어려웠다 - 이유
또한, 수업에 자주 지각을 했다 - 열거, 빈도

그 결과 아르바이트를
그만 두었다

그 결과 나는 공부에 집중하기 위해 - 목적
2달 뒤 아르바이트를 그만 두었다 - 시점

Question 11

Express an opinion   235

실전 연습

문제를 잘 읽고 노트테이킹을 하면서 실전처럼 답변해보세요.

1 ◁)) MP3 5_22

Do you agree or disagree with the following statement?

Schools should prohibit students from using electronic devices such as smart phones or laptops at school.

Use specific reasons and examples to support your opinion.

준비시간: 45초 / 답변시간: 60초

Scratch Paper

....

....

....

....

....

....

정답 및 해설 p.77

2 MP3 5_23

Most work teams have a selected leader. On the other hand, some teams work without a leader and every team member is equal. Which system do you think is more efficient and why?

Use specific reasons and examples to support your opinion.

준비시간: 45초 / 답변시간: 60초

Scratch Paper

....

....

....

....

....

....

....

정답 및 해설 p.79

3 🔊 MP3 5_24

Which of the following could be the most difficult thing when our working environment has changed?

Choose one of the options below and provide specific reasons or examples to support your opinion.

- Working with a new supervisor
- Leading your own project
- Unexpected change of schedule

준비시간: 45초 / 답변시간: 60초

Scratch Paper

....
....
....
....
....
....
....

🔊 정답 및 해설   p.81

4 (◁)) MP3 5_25

TOEIC Speaking　　　　　**Question 11 of 11**

If you are starting a new company, what personal quality would be the most important when choosing an employee?

Choose one of the options below and provide specific reasons or examples to support your opinion.

- Openness to new ideas

- A sense of humor

- An ability to learn from mistakes

준비시간: 45초 / 답변시간: 60초

Scratch Paper

....

....

....

....

....

....

(🔊) 정답 및 해설　p.83

Actual Test

1-5

실전 모의고사

실전 모의고사 1

📖 정답 및 해설 p.86

TOEIC Speaking

Questions 1-2: Read a text aloud

Directions: In this part of the test, you will read aloud the text on your screen. You will have 45 seconds to prepare. Then you will have 45 seconds to read the text aloud.

TOEIC Speaking   **Question 1 of 11**

Thank you for calling Kane's Furniture, your destination for home furnishings. For store location, hours, and weekly specials, press one. If you would like to speak to our customer representative, press two. To reach another department, please stay on the line and wait for assistance from a live operator. Again, thank you for calling Kane's Furniture.

PREPARATION TIME	RESPONSE TIME
00:00:45	00:00:45

TOEIC Speaking   **Question 2 of 11**

Welcome to The Contemporary Art Museum of Berlin. Before we start the tour, I will give you a brief overview of what you'll be seeing today. We'll begin in the north gallery, where you will view paintings from Eastern Europe. Afterwards, we'll examine artwork from Russia, Austria, and Poland. Finally, we'll end with a question and answer session.

PREPARATION TIME	RESPONSE TIME
00:00:45	00:00:45

TOEIC Speaking

Questions 3-4: Describe a picture

Directions: In this part of the test, you will describe the picture on your screen in as much detail as you can. You will have 45 seconds to prepare your response. Then you will have 30 seconds to speak about the picture.

PREPARATION TIME	RESPONSE TIME
00:00:45	00:00:30

TOEIC Speaking

Questions 5-7: Respond to questions

Directions: In this part of the test, you will answer three questions. You will have three seconds to prepare after you hear each question. You will have 15 seconds to respond to Questions 5 and 6 and 30 seconds to respond to Question 7.

TOEIC Speaking　　**Questions 5-7 of 11**

Imagine that a British marketing company is doing research in your country. You have agreed to participate in a telephone interview about amusement parks.

TOEIC Speaking　　**Question 5 of 11**

When was the last time you went to an amusement park?
And how long did you stay there?

PREPARATION TIME	RESPONSE TIME
00:00:03	00:00:15

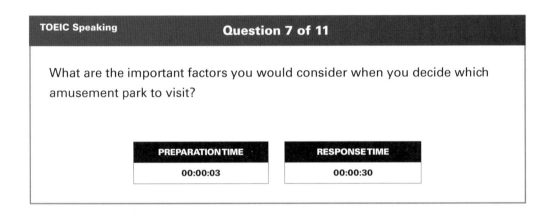

TOEIC Speaking   **Question 6 of 11**

What would you do if the line was too long to take a ride?

PREPARATION TIME	RESPONSE TIME
00:00:03	00:00:15

TOEIC Speaking   **Question 7 of 11**

What are the important factors you would consider when you decide which amusement park to visit?

PREPARATION TIME	RESPONSE TIME
00:00:03	00:00:30

TOEIC Speaking

Questions 8-10: Respond to questions using information provided

Directions: In this part of the test, you will answer three questions based on the information provided. You will have 45 seconds to read the information before the questions begin. You will have three seconds to prepare and 15 seconds to respond to Questions 8 and 9. You will hear Question 10 two times. You will have three seconds to prepare and 30 seconds to respond to Question 10.

TOEIC Speaking   **Questions 8-10 of 11**

Wilson Public Library
Staff Meeting
January 5, Meeting Room C
1:30 P.M. ~ 3:00 P.M.

1:30 P.M.	Introduction of New Staff (Sally Hawkins, Michael Shannon)	Laura Chung : Head Librarian
1:45 P.M.	1. Projects Updates 2. Second Floor Renovations 3. Update on the Library Web Site	Rosy Hanks Sarah Forest Fred Milton
3:00 P.M.	Discussion : How to Get More Donations	Martin Kim
3:30 P.M.	Final Comment about the New Year	Laura Chung : Head Librarian

PREPARATION TIME
00:00:45

Wilson Public Library
Staff Meeting
January 5, Meeting Room C
1:30 P.M. ~ 3:00 P.M.

1:30 P.M.	Introduction of New Staff (Sally Hawkins, Michael Shannon)	Laura Chung : Head Librarian
1:45 P.M.	1. Projects Updates 2. Second Floor Renovations 3. Update on the Library Web Site	Rosy Hanks Sarah Forest Fred Milton
3:00 P.M.	Discussion : How to Get More Donations	Martin Kim
3:30 P.M.	Final Comment about the New Year	Laura Chung : Head Librarian

PREPARATION TIME	RESPONSE TIME
00:00:03	00:00:15

PREPARATION TIME	RESPONSE TIME
00:00:03	00:00:15

PREPARATION TIME	RESPONSE TIME
00:00:03	00:00:30

TOEIC Speaking

Question 11: Express an opinion

Directions: In this part of the test, you will give your opinion about a specific topic. Be sure to say as much as you can in the time allowed. You will have 45 seconds to prepare. Then you will have 60 seconds to speak.

TOEIC Speaking	Question 11 of 11

Do you agree or disagree with the following statement?
The best teachers are the ones who communicate frequently with their students.
Give specific reasons or examples to support your opinion.

PREPARATION TIME	RESPONSE TIME
00:00:45	00:01:00

Actual Test

실전 모의고사 2

 MP3 AT2_Questions

정답 및 해설 p.92

TOEIC Speaking

Questions 1-2: Read a text aloud

Directions: In this part of the test, you will read aloud the text on your screen. You will have 45 seconds to prepare. Then you will have 45 seconds to read the text aloud.

TOEIC Speaking   **Question 1 of 11**

Kingstone Park, located near the football stadium, was planned and developed by the city's parks and recreation committee. It features rare species of trees, a children's playground, and a stage for theater performances. Since Saturday, citizens have been crowding into the new park to relax and enjoy the greenery.

PREPARATION TIME	RESPONSE TIME
00:00:45	00:00:45

TOEIC Speaking   **Question 2 of 11**

Welcome to the Ohio State Library tour. Before we begin, let me tell you a little bit about the facility. The library, which is funded by Ohio State University, has always been free and open to the public. All of the library's books, periodicals, and other materials may be used by community members as well as students.

PREPARATION TIME	RESPONSE TIME
00:00:45	00:00:45

TOEIC Speaking

Questions 3-4: Describe a picture

Directions: In this part of the test, you will describe the picture on your screen in as much detail as you can. You will have 45 seconds to prepare your response. Then you will have 30 seconds to speak about the picture.

TOEIC Speaking   **Question 3 of 11**

PREPARATION TIME	RESPONSE TIME
00:00:45	00:00:30

Actual Test

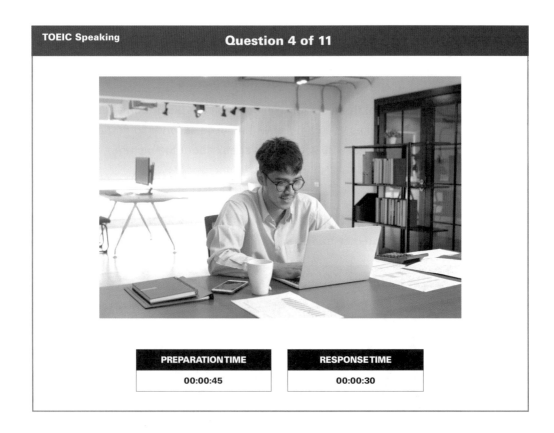

PREPARATION TIME	RESPONSE TIME
00:00:45	00:00:30

TOEIC Speaking

Questions 5-7: Respond to questions

Directions: In this part of the test, you will answer three questions. You will have three seconds to prepare after you hear each question. You will have 15 seconds to respond to Questions 5 and 6 and 30 seconds to respond to Question 7.

TOEIC Speaking

Questions 5-7 of 11

Imagine that a British University is doing research about environmental programs in your country. You have agreed to participate in a telephone interview about recycling.

TOEIC Speaking

Question 5 of 11

What are some things you recycle and where do you take them for recycling?

PREPARATION TIME	RESPONSE TIME
00:00:03	00:00:15

Actual Test

What do you do when you are not sure if an item can be recycled?

PREPARATION TIME	RESPONSE TIME
00:00:03	00:00:15

What do you think is the good way to encourage people to recycle?

PREPARATION TIME	RESPONSE TIME
00:00:03	00:00:30

Questions 8-10: Respond to questions using information provided

Directions: In this part of the test, you will answer three questions based on the information provided. You will have 45 seconds to read the information before the questions begin. You will have three seconds to prepare and 15 seconds to respond to Questions 8 and 9. You will hear Question 10 two times. You will have three seconds to prepare and 30 seconds to respond to Question 10.

Date Palm Hotel and Resort
Job interview schedule: Wed, October 7
Location: Room 305

Time	Applicants	Positions
09:00 A.M.	Bruce Comber	Activities coordinator
10:30 A.M.	Jin Wang	Marketing manager
11:30 A.M.	David Takaya	Pastry shop manager
1:30 P.M.	Ashley Taylor (canceled)	Special events coordinator
2:30 P.M.	Linda Forrest	Marketing assistant
3:00 P.M.	Aiden Park	Marketing manager

PREPARATION TIME
00:00:45

Date Palm Hotel and Resort
Job interview schedule: Wed, October 7
Location: Room 305

Time	Applicants	Positions
09:00 A.M.	Bruce Comber	Activities coordinator
10:30 A.M.	Jin Wang	Marketing manager
11:30 A.M.	David Takaya	Pastry shop manager
1:30 P.M.	Ashley Taylor (canceled)	Special events coordinator
2:30 P.M.	Linda Forrest	Marketing assistant
3:00 P.M.	Aiden Park	Marketing manager

PREPARATION TIME	RESPONSE TIME
00:00:03	00:00:15

PREPARATION TIME	RESPONSE TIME
00:00:03	00:00:15

PREPARATION TIME	RESPONSE TIME
00:00:03	00:00:30

TOEIC Speaking

Question 11: Express an opinion

Directions: In this part of the test, you will give your opinion about a specific topic. Be sure to say as much as you can in the time allowed. You will have 45 seconds to prepare. Then you will have 60 seconds to speak.

TOEIC Speaking　　　　　**Question 11 of 11**

In your opinion, which of the following is more important for an employee's success at work?

- A positive relationship with coworkers

- A positive relationship with one's manager

PREPARATION TIME	RESPONSE TIME
00:00:45	00:01:00

Actual Test

실전 모의고사 3

28시간에 끝내는 토익스피킹

🔊 MP3 AT3_Questions

📖 정답 및 해설 p.98

TOEIC Speaking

Questions 1-2: Read a text aloud

Directions: In this part of the test, you will read aloud the text on your screen. You will have 45 seconds to prepare. Then you will have 45 seconds to read the text aloud.

TOEIC Speaking   **Question 1 of 11**

We're pleased to announce the opening of Enterprise Car Rental here in Lamington. To celebrate, we're offering discounted prices on all our rentals this month. We offer daily, weekly and monthly car rentals. Whether you need a compact vehicle for commuting or a premium sedan to make your day special, Enterprise Car Rental has the right car for you. All you need to bring is a valid driver's license.

PREPARATION TIME	RESPONSE TIME
00:00:45	00:00:45

TOEIC Speaking   **Question 2 of 11**

Attention, Eastport Fitness Center members. Due to the unexpected weather conditions, some of our instructors are not able to come to work today. Therefore, the Advanced Yoga, Indoor Cycling and Cardio Dance classes will not be available today. If you have registered for one of those classes, please come to the front desk to reschedule. We apologize for the inconvenience.

PREPARATION TIME	RESPONSE TIME
00:00:45	00:00:45

TOEIC Speaking

Questions 3-4: Describe a picture

Directions: In this part of the test, you will describe the picture on your screen in as much detail as you can. You will have 45 seconds to prepare your response. Then you will have 30 seconds to speak about the picture.

PREPARATION TIME	RESPONSE TIME
00:00:45	00:00:30

TOEIC Speaking

Questions 5-7: Respond to questions

Directions: In this part of the test, you will answer three questions. You will have three seconds to prepare after you hear each question. You will have 15 seconds to respond to Questions 5 and 6 and 30 seconds to respond to Question 7.

TOEIC Speaking — **Questions 5-7 of 11**

Imagine that an English newspaper company is doing research for an article it plans to publish. You have agreed to participate in an interview about buying food or groceries.

TOEIC Speaking — **Question 5 of 11**

When was the last time you purchased groceries and where did you buy them?

PREPARATION TIME	RESPONSE TIME
00:00:03	00:00:15

Do you usually make a list of groceries you need before you go shopping?
Why or why not?

PREPARATION TIME	RESPONSE TIME
00:00:03	00:00:15

Would you ever buy groceries over the Internet? Why or why not?

PREPARATION TIME	RESPONSE TIME
00:00:03	00:00:30

TOEIC Speaking

Questions 8-10: Respond to questions using information provided

Directions: In this part of the test, you will answer three questions based on the information provided. You will have 45 seconds to read the information before the questions begin. You will have three seconds to prepare and 15 seconds to respond to Questions 8 and 9. You will hear Question 10 two times. You will have three seconds to prepare and 30 seconds to respond to Question 10.

TOEIC Speaking

Travel Itinerary of Kristine West
Vice President, Little Sprouts Education

Friday, July 19

3:30 – 5:20 P.M.	Nevada → Los Angeles South Pacific Airlines, Flight 326 (check-in : Parkview Hotel)
7:00 – 9:00 P.M.	Welcome Dinner (Parkview Hotel)

Saturday, July 20

10:00 A.M. – 3 P.M.	Los Angeles' Education Conference (give a speech at 10:30)
4:00 – 6:00 P.M.	Meeting (Adrian Morris, CEO of Minds Education)

Sunday, July 21

10:00 – 11:50 A.M.	Los Angeles → Nevada / South Pacific Airline, Flight 152

PREPARATION TIME

00:00:45

Travel Itinerary of Kristine West
Vice President, Little Sprouts Education

Friday, July 19

3:30 – 5:20 P.M.	Nevada → Los Angeles South Pacific Airlines, Flight 326 (check-in : Parkview Hotel)
7:00 – 9:00 P.M.	Welcome Dinner (Parkview Hotel)

Saturday, July 20

10:00 A.M. – 3 P.M.	Los Angeles' Education Conference (give a speech at 10:30)
4:00 – 6:00 P.M.	Meeting (Adrian Morris, CEO of Minds Education)

Sunday, July 21

10:00 – 11:50 A.M.	Los Angeles → Nevada / South Pacific Airline, Flight 152

PREPARATION TIME	RESPONSE TIME
00:00:03	00:00:15

PREPARATION TIME	RESPONSE TIME
00:00:03	00:00:15

PREPARATION TIME	RESPONSE TIME
00:00:03	00:00:30

TOEIC Speaking

Question 11: Express an opinion

Directions: In this part of the test, you will give your opinion about a specific topic. Be sure to say as much as you can in the time allowed. You will have 45 seconds to prepare. Then you will have 60 seconds to speak.

TOEIC Speaking **Question 11 of 11**

Do you prefer to work with the same workers for a long time or switch partners regularly?
Use specific reasons and examples to support your opinion.

PREPARATION TIME	RESPONSE TIME
00:00:45	00:01:00

실전 모의고사 4

🔊 MP3 AT4_Questions

📖 정답및해설 p.104

TOEIC Speaking

Questions 1-2: Read a text aloud

Directions: In this part of the test, you will read aloud the text on your screen. You will have 45 seconds to prepare. Then you will have 45 seconds to read the text aloud.

TOEIC Speaking	Question 1 of 11

Attention, all passengers traveling on the eight-thirty A.M. train to Boston. Please note that the departure time has been delayed until nine A.M. due to unexpected maintenance work. Boarding is expected to begin at eight-fourty A.M. In the meantime, please wait in our lounge, café, or the seating area on platform sixteen. We apologize for the delay and thank you for your understanding.

PREPARATION TIME	RESPONSE TIME
00:00:45	00:00:45

TOEIC Speaking	Question 2 of 11

Welcome to Sea World. This afternoon, we will tour the Penguin Encounter, the Polar Bear Shore and the Dolphin Nursery Pool. Before we start the tour, I have a few announcements. First, please avoid using a flash when you take photographs, because it can frighten the animals. Second, we ask you not to feed the animals, as many of them are dangerous. Thank you for your cooperation and I hope you enjoy the tour.

PREPARATION TIME	RESPONSE TIME
00:00:45	00:00:45

TOEIC Speaking

Questions 3-4: Describe a picture

Directions: In this part of the test, you will describe the picture on your screen in as much detail as you can. You will have 45 seconds to prepare your response. Then you will have 30 seconds to speak about the picture.

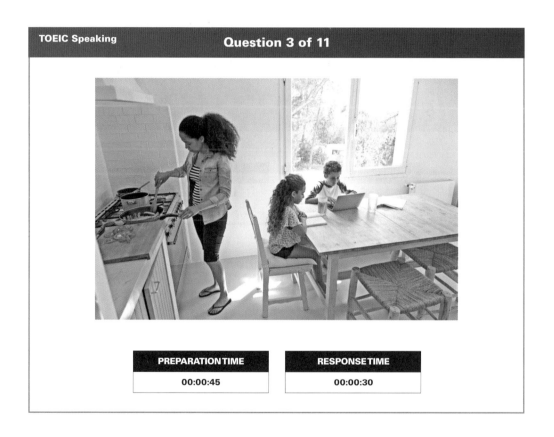

PREPARATION TIME	RESPONSE TIME
00:00:45	00:00:30

TOEIC Speaking

Questions 5-7: Respond to questions

Directions: In this part of the test, you will answer three questions. You will have three seconds to prepare after you hear each question. You will have 15 seconds to respond to Questions 5 and 6 and 30 seconds to respond to Question 7.

TOEIC Speaking   **Questions 5-7 of 11**

Imagine that an international marketing firm is doing research in your country. You have agreed to participate in a telephone interview about buying a computer.

TOEIC Speaking   **Question 5 of 11**

When was the last time you purchased a computer and where did you buy it?

PREPARATION TIME	RESPONSE TIME
00:00:03	00:00:15

Actual Test

Question 6 of 11

Besides price, what is the most important factor to you when shopping for a computer? Why?

PREPARATION TIME	RESPONSE TIME
00:00:03	00:00:15

Question 7 of 11

Would you rather purchase a computer in a store or over the Internet? Why?

PREPARATION TIME	RESPONSE TIME
00:00:03	00:00:30

TOEIC Speaking

Questions 8-10: Respond to questions using information provided

Directions: In this part of the test, you will answer three questions based on the information provided. You will have 45 seconds to read the information before the questions begin. You will have three seconds to prepare and 15 seconds to respond to Questions 8 and 9. You will hear Question 10 two times. You will have three seconds to prepare and 30 seconds to respond to Question 10.

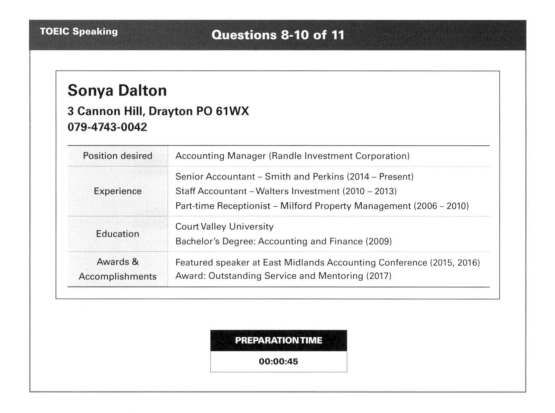

TOEIC Speaking   **Questions 8-10 of 11**

Sonya Dalton
3 Cannon Hill, Drayton PO 61WX
079-4743-0042

Position desired	Accounting Manager (Randle Investment Corporation)
Experience	Senior Accountant – Smith and Perkins (2014 – Present) Staff Accountant – Walters Investment (2010 – 2013) Part-time Receptionist – Milford Property Management (2006 – 2010)
Education	Court Valley University Bachelor's Degree: Accounting and Finance (2009)
Awards & Accomplishments	Featured speaker at East Midlands Accounting Conference (2015, 2016) Award: Outstanding Service and Mentoring (2017)

PREPARATION TIME
00:00:45

Sonya Dalton

3 Cannon Hill, Drayton PO 61WX
079-4743-0042

Position desired	Accounting Manager (Randle Investment Corporation)
Experience	Senior Accountant – Smith and Perkins (2014 – Present) Staff Accountant – Walters Investment (2010 – 2013) Part-time Receptionist – Milford Property Management (2006 – 2010)
Education	Court Valley University Bachelor's Degree: Accounting and Finance (2009)
Awards & Accomplishments	Featured speaker at East Midlands Accounting Conference (2015, 2016) Award: Outstanding Service and Mentoring (2017)

PREPARATION TIME	RESPONSE TIME
00:00:03	00:00:15

PREPARATION TIME	RESPONSE TIME
00:00:03	00:00:15

PREPARATION TIME	RESPONSE TIME
00:00:03	00:00:30

TOEIC Speaking

Question 11: Express an opinion

Directions: In this part of the test, you will give your opinion about a specific topic. Be sure to say as much as you can in the time allowed. You will have 45 seconds to prepare. Then you will have 60 seconds to speak.

TOEIC Speaking   **Question 11 of 11**

Some high schools offer classes about life skills such as cooking, finance, or computer skills. Should schools teach classes like these, which are not strictly academic? Why or why not?
Give specific reasons or examples to support your opinion.

PREPARATION TIME	RESPONSE TIME
00:00:45	00:01:00

정답 및 해설 p.110

TOEIC Speaking

Questions 1-2: Read a text aloud

Directions: In this part of the test, you will read aloud the text on your screen. You will have 45 seconds to prepare. Then you will have 45 seconds to read the text aloud.

TOEIC Speaking	**Question 1 of 11**

Welcome, and thank you for attending the Maxview Business Workshop. Today, you will learn how to start and manage your own business. Each session is designed to help you develop your ideas for planning, manufacturing and marketing your products. Also, we will have a competition at the end of the workshop and award a prize to the person who has the most creative idea.

PREPARATION TIME	**RESPONSE TIME**
00:00:45	00:00:45

TOEIC Speaking	**Question 2 of 11**

Thank you for calling SeaBlue restaurant, the only French restaurant in Camp Hill. As always, the menu includes our famous mushroom pie, smoked lobster, and shrimp stew. Don't forget that we host a classical music night every Saturday. To make a reservation, leave your name and phone number after the beep, and we'll call you back as soon as possible. We all hope to serve you soon.

PREPARATION TIME	**RESPONSE TIME**
00:00:45	00:00:45

TOEIC Speaking

Questions 3-4: Describe a picture

Directions: In this part of the test, you will describe the picture on your screen in as much detail as you can. You will have 45 seconds to prepare your response. Then you will have 30 seconds to speak about the picture.

Actual Test

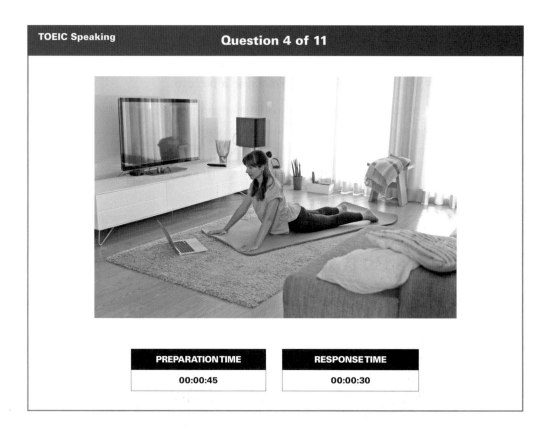

TOEIC Speaking

Questions 5-7: Respond to questions

Directions: In this part of the test, you will answer three questions. You will have three seconds to prepare after you hear each question. You will have 15 seconds to respond to Questions 5 and 6 and 30 seconds to respond to Question 7.

TOEIC Speaking	Questions 5-7 of 11

Imagine that an American marketing company is doing research in your country. You have agreed to participate in a telephone interview about cafés.

TOEIC Speaking	Question 5 of 11

How often do you visit cafés near your house?

PREPARATION TIME	RESPONSE TIME
00:00:03	00:00:15

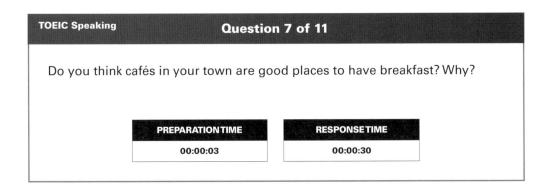

Would you be more likely to visit a café if it hosted musical events?

PREPARATION TIME	RESPONSE TIME
00:00:03	00:00:15

Do you think cafés in your town are good places to have breakfast? Why?

PREPARATION TIME	RESPONSE TIME
00:00:03	00:00:30

TOEIC Speaking

Questions 8-10: Respond to questions using information provided

Directions: In this part of the test, you will answer three questions based on the information provided. You will have 45 seconds to read the information before the questions begin. You will have three seconds to prepare and 15 seconds to respond to Questions 8 and 9. You will hear Question 10 two times. You will have three seconds to prepare and 30 seconds to respond to Question 10.

TOEIC Speaking   **Questions 8-10 of 11**

California Restaurant Association Conference
Saturday, Jan. 26th, 9 A.M. - 7 P.M.
West Hill Hotel, Montville

* Registration Fee
Online registration (Before Jan 15th): $45
At the door: $55

* Conference Highlights
9 A.M.   Keynote Speech: "The Future of Italian Cuisine" – Lyn May
10 A.M. Three Presentations from Award-Winning Chefs
2 P.M.   Award Ceremony in Seven Categories
3 P.M.   Job Fair (bring your resume)

PREPARATION TIME
00:00:45

California Restaurant Association Conference
Saturday, Jan. 26th, 9 A.M. - 7 P.M.

West Hill Hotel, Montville

* Registration Fee
Online registration (Before Jan 15th): $45
At the door: $55

* Conference Highlights
9 A.M.   Keynote Speech: "The Future of Italian Cuisine" – Lyn May
10 A.M. Three Presentations from Award-Winning Chefs
2 P.M.   Award Ceremony in Seven Categories
3 P.M.   Job Fair (bring your resume)

PREPARATION TIME	RESPONSE TIME
00:00:03	00:00:15

PREPARATION TIME	RESPONSE TIME
00:00:03	00:00:15

PREPARATION TIME	RESPONSE TIME
00:00:03	00:00:30

TOEIC Speaking

Question 11: Express an opinion

Directions: In this part of the test, you will give your opinion about a specific topic. Be sure to say as much as you can in the time allowed. You will have 45 seconds to prepare. Then you will have 60 seconds to speak.

TOEIC Speaking   **Question 11 of 11**

People often want to learn new skills which are helpful in the workplace. What is the most efficient way to learn a new skill for a job?
Choose one of the options below and provide specific reasons or examples to support your opinion.

- Taking a class at a vocational school
- Reading a book about the subject
- Participating in training at work

PREPARATION TIME	RESPONSE TIME
00:00:45	00:01:00

부록

토익스피킹
필수 학습 자료

28시간에
끝 내 는
토익스피킹

1. 빈출 불규칙 동사 변화 모음
2. 자주 실수하는 표현 모음
3. 시험에 자주 사용되는 필수 표현 모음
4. 토익스피킹 중요 구문 정리

빈출 불규칙 동사 변화 모음

동사는 규칙동사와 불규칙동사로 나뉘며, 규칙동사의 경우 과거형과 과거분사형이 모두 −ed로 끝납니다.

규칙동사 help(동사원형) – helped(과거) – helped(과거분사)

반면 불규칙 동사의 경우 형태의 변화가 일정하지 않습니다. 시험에 자주 쓰이는 아래 불규칙 동사를 꼭 암기해주세요.

동사원형	과거	과거분사
become	became	become
begin	began	begun
break	broke	broken
bring	brought	brought
build	built	built
buy	bought	bought
catch	caught	caught
choose	chose	chosen
come	came	come
cost	cost	cost
cut	cut	cut
do	did	done
draw	drew	drawn
drink	drank	drunk
drive	drove	driven
eat	ate	eaten
fall	fell	fallen
feel	felt	felt
find	found	found
forget	forgot	forgotten
get	got	got
give	gave	given
go	went	gone
hang	hung	hung
have	had	had
hear	heard	heard
hold	held	held
keep	kept	kept
know	knew	known
leave	left	left

lead	led	led
lose	lost	lost
make	made	made
meet	met	met
pay	paid	paid
put	put	put
quit	quit	quit
read	read	read
ride	rode	ridden
run	ran	run
say	said	said
see	saw	seen
sell	sold	sold
send	sent	sent
set	set	set
show	showed	shown
sing	sang	sung
sit	sat	sat
sleep	slept	slept
speak	spoke	spoken
spend	spent	spent
stand	stood	stood
steal	stole	stolen
swim	swam	swum
take	took	taken
teach	taught	taught
tell	told	told
think	thought	thought
throw	threw	thrown
understand	understood	understood
wake	woke	woken
wear	wore	worn
win	won	won
write	wrote	written

자주 실수하는 표현 모음

1. 자주 틀리는 가산, 불가산 명사 모음

아래의 표현 중 틀린 표현을 찾아 바르게 고쳐보세요.

① many information	② green vegetables	③ a black pants	④ two staffs
⑤ three advices	⑥ some documents	⑦ four baggages	⑧ a sunglasses

① a lot of (some) information ② (o) ③ black pants ④ two staff members
⑤ some advice ⑥ (o) ⑦ some baggage ⑧ sunglasses

2. 자주 틀리는 전치사 모음

• 장소를 나타낼 때의 in 과 at

in은 주로 실내, 혹은 특정 공간 내라는 의미를 강조합니다.

He is in the building.   그는 빌딩 안에 있습니다.

I saw him in the park.   나는 그를 공원에서 보았습니다.

He is living in China.   그는 중국에서 살고 있습니다.

또한, 장소를 하나의 지점으로 보거나 건물 이름을 언급할 때는 at을 사용합니다.

Let's meet at Gwanghwamun Square.   광화문 광장에서 만나요.

Why don't we meet at the department store?   그 백화점에서 만나는 것이 어때요?

두 문장을 비교해 보세요.

I'll see you in the hotel lobby.   호텔 로비에서 만나요.

I'll see you at the Grand Hotel.   그랜드 호텔에서 만나요.

• '앉다' 와 관련된 전치사 표현들

sitting on a chair & sitting in a chair

등받이가 없거나 허리를 세우고 앉은 자세에는 전치사 on을 사용하며, 편안한 자세로 기대 앉은 자세에는 in을 사용합니다.

He is sitting in a sofa. (x) → He is sitting on a sofa. (o)

sofa에 앉아있을 때는 전치사 on을 사용합니다.

He is sitting on a desk / table (x) → He is sitting at a desk / table. (o)

sitting on a desk는 책상 위에 걸터앉아 있다는 뜻이 됩니다. 또한, 의자에 앉은 채 책상에서 무언가를 하는 중에는
sitting in a chair보다 sitting at a desk라고 하는 것이 더 좋습니다.

• 동사 hand 뒤에 자주 사용되는 전치사

I need to <u>hand in</u> this application form today.　저는 이 신청서를 오늘 제출해야 합니다.

He is <u>handing out</u> application forms to visitors.　그는 방문자들에게 신청서를 나눠주고 있습니다.

He is <u>handing over</u> an application form to a woman.　그는 한 여자에게 신청서를 건네주고 있습니다.

• 동사 look 뒤에 자주 사용되는 전치사

He is <u>looking at</u> a bag.　그는 가방을 쳐다보고 있습니다.

He is <u>looking into</u> a bag.　그는 가방 안을 들여다보고 있습니다.

He is <u>looking for</u> a bag.　그는 가방을 찾고 있습니다.

• prepare와 prepare for

I'm <u>preparing</u> an exam.　저는 시험을 준비 중입니다. (선생 입장)

I'm <u>preparing for</u> an exam.　저는 시험을 준비 중입니다. (학생 입장)

prepare 다음에 for 를 사용하면 이미 완성된 무언가를 준비한다는 뜻이 됩니다.

• in my home ＜ at home

'자신의 집에서'라는 표현으로는 at home을 사용해 주세요.

다니는 직장과 학교를 언급할 때도 at work, at school이라 말해주면 됩니다.

He is studying <u>at home</u>.　그는 집에서 공부 중입니다.

3. 문항 별 자주 틀리는 표현 모음

Questions 1-2

자주 실수하는 발음 모음

자음

1. coffee & copy	2. prefer & prepare
3. long & wrong	4. walk & work

모음

1. travel & trouble	2. quiet & quite
3. two days & today	4. but & boat & bought
5. career & carrier	6. pull & pool
7. live & leave	8. rich & reach

Questions 3-4

① He has a black hair. (x) → He has black hair. (o) 그는 검정 머리다.
He has black long hair. (x) → He has long black hair. (o) 그는 긴 검정 머리다.

- hair 앞에 부정관사 a를 사용하지 않도록 유의하세요.
- 형용사의 경우 길이가 색상보다 먼저 사용됩니다.

② check shirt (x) → checkered shirt (o)

체크무늬 남방의 발음에 조심하세요.

③ On the table, there are a vase and some plates. (X)
On the table, there is a vase and some plates. (o) 테이블 위에, 꽃병과 접시들이 있습니다.

be동사 뒤에 여러 개의 명사가 나올 경우, 동사 바로 뒤에 있는 명사에 수를 일치시켜 주세요.

④ 물 위에서 탈 것들

boat

yacht

ferry

TIP yacht 의 발음에 유의하세요. 첫 음이 우리말 '야'와 유사한 소리가 납니다

⑤ 두 사람이 마주 보고 있을 때는 in front of 보다 across from 을 사용하세요.

A man is sitting across from her.
한 남자가 여자의 맞은편에 앉아 있습니다.

⑥ a carrier (x) → a suitcase (o)

carrier는 주로 수송차량, 운송회사라는 의미로 사용됩니다. 여행에 가져가는 바퀴 달린 가방은 대개 suitcase라고 부릅니다.

⑦ hold & carry

hold는 들고 있는 상태가 강조되는 반면 carry는 그것을 가지고 이동을 한다는 의미가 강합니다.

He is holding a box. 그는 상자를 들고 있습니다.
He is carrying a box. 그는 상자를 나르고 있습니다.

Questions 5-7 & Question 11

① **The last time I went to a library is last weekend. (x) → was (o)**

과거 시제를 사용해야 하는 부분에서 현재 시제를 쓰는 분들이 많습니다.

② **I studied in there. (x) → I studied there. (o)**

there은 부사이기 때문에 앞에 전치사가 오지 않습니다.

③ **rent & borrow**

borrow와 달리 rent의 경우 비용을 지급하고 물건을 빌립니다.

I rented a car for my vacation. 저는 휴가를 위해 차를 빌렸습니다. (유료)

I borrowed a book from my friend. 저는 친구로부터 책을 빌렸습니다.

④ **comfortable & convenient**

심신에 편안함을 주는 경우엔 comfortable, 노동을 줄여 생활을 편리하게 만들 때에는 convenient를 사용하세요.

These shoes are very comfortable. 이 신발은 매우 편안합니다.

This program is very convenient for work. 이 프로그램은 업무에 매우 편리합니다.

⑤ **clean & clear**

clean은 위생적으로 깨끗한 의미이며 clear는 어지럽지 않게 정돈된 경우에 사용합니다.

⑥ **see & watch**

see는 시야에 무언가 들어올 때 사용하며 watch는 주로 움직이는 대상을 쳐다볼 때에 사용합니다.

I think I saw him on the street yesterday. 어제 거리에서 그를 본 것 같아요.

I watched a movie yesterday. 저는 어제 영화를 봤습니다.

> **TIP** hear와 listen to도 이와 유사합니다.
> hear: 소리가 귀에 들어옴 / listen to: 의도적으로 무언가를 들음

⑦ **One of my coworker was sick yesterday. (x) → One of my coworkers (o)**

one of 다음에는 복수명사를 사용해 주세요.

⑧ **I'm going to have a lunch. (x) → have lunch (o)**

breakfast, lunch, dinner에는 a를 사용할 수 없습니다.

⑨ We can choice the cheapest product. (x) → choose (o)

우리는 가장 저렴한 제품을 고를 수 있습니다.

choice는 명사, choose는 동사입니다. 혼동하지 않게 유의하세요.

⑩ The party was very funny. (x) → The party was very fun. (o)   그 파티는 매우 재미있었다.

He was really fun in the show. (x) → He was really funny in the show. (o)

그는 그 쇼에서 매우 웃겼다.

funny는 주로 '남을 즐겁게, 웃게 만들어 주는' 이라는 의미로 사용되는 반면 fun은 '즐거운, 재미있는' 이라는 의미
입니다.

⑪ I studied English during 2 hours. (x) → for 2 hours (o)

'~동안'이란 뜻을 가진 단어는 for와 during이 있습니다. for는 뒤에 숫자를 포함한 기간이 나오며, during은 기간
명사 vacation, break time 등과 함께 사용됩니다.

⑫ machine → 크고 반복적인 작업을 수행하며 많은 장치들로 구성되어 있습니다.

device → 가지고 다닐 수 있는 소형기기를 지칭할 때 주로 사용됩니다.

⑬ I need to work hardly. (x) → hard (o)

hard의 부사형은 원형 그대로 hard입니다. hardly는 '거의 ~않다' 라는 의미가 있습니다.

fast 역시 형용사와 부사형이 같습니다.

⑭ **Q** When you meet your friends, what do you usually talk about?

당신이 친구들을 만날 때, 주로 무엇을 이야기 하나요?

A I meet my friends on weekends and we usually talk about our work. (△)

저는 친구들을 주말에 만나며, 주로 직장에 관해서 이야기 합니다.

질문에 사용된 '~할 때'라는 의미의 조건절 문장을 의문문으로 잘못 이해하지 않도록 유의하세요.

⑮ mileage (x) → membership point (o)

mileage는 '주행 거리'를 뜻하는 단어입니다. 쇼핑에 사용하는 적립금은 membership point라고 말해주세요.

⑯ variety programs (x) → various programs (o)

variety는 명사이기 때문에 형용사인 various 혹은 'a variety of + 복수명사'를 사용하세요.

⑰ **bring & carry**

bring은 무언가를 가지고 오는 의미가 있는 반면, carry는 그것을 나르는 의미를 가집니다.

He will bring a suitcase.　그가 여행용 가방을 가져올 것입니다.

He will carry a suitcase.　그가 여행용 가방을 나를 것입니다.

⑱ **quiet & silent**

조용하다는 의미의 quiet와 달리 silent는 아무 소리도 들리지 않는 상태를 말합니다.

⑲ **look for & find**

둘 다 '무언가를 찾다'라는 의미가 있지만, find는 진행형으로 쓰이지 않습니다.

He is looking for his watch. (o)　그는 시계를 찾고 있다.

He is finding his watch. (x)

⑳ **complex & complicated**

complex는 다양한 요소가 얽혀 있어 구조파악이 힘든 경우에 사용하며 (부정적 의미는 약함),
complicated는 뭔가 문제가 있어서 이해 및 접근이 힘든 상황을 뜻합니다. (부정적 의미)

Our brain structure is very complex.　우리 뇌의 구조는 매우 복잡합니다.

This program is too complicated to understand.　이 프로그램은 너무 복잡해서 이해가 되질 않아요.

㉑ **almost people (x) → most people / most of the people (o)**

'대부분의'라는 의미로는 most를 사용하세요.

Questions 8-10

① I bought this book offline. (X)

I bought this book at a local bookstore. (o) 저는 이 책을 인근 서점에서 구매했습니다.

offline은 일상적 대화에서 자주 쓰이지 않는 표현으로, a local store, a street shop 같은 구체적인 명사를 사용해 주세요.

② The meeting canceled. (X)

The meeting has been canceled. (o) 회의가 취소되었습니다.

회의가 취소 되는 것이기 때문에 수동태를 사용하며, 취소된 과거의 사실이 현재의 대화에까지 영향을 주므로 현재 완료 시제를 쓰는 것이 좋습니다. postpone과 reschedule 또한 현재 완료 수동태 시제와 함께 사용됩니다.

③ You have 2 schedules. (x)

You have 3 scheduled appointments. (o) 당신은 세 개의 일정이 있습니다.

일정을 설명할때의 schedule은 불가산 명사입니다. 복수형으로 사용하지 않도록 유의하세요.

④ 'An overview of responsibilities' are scheduled at 10 A.M. (x) → is (o)

'직무 개요'가 오전 10시에 예정되어 있습니다.

긴 주어인 An overview of responsibilities에서 주체는 An overview이기 때문에 단수 동사를 사용합니다.

⑤ rise & raise

스스로 상승한다는 의미의 rise와 달리, 무언가를 올릴 때는 raise를 사용합니다.

Why don't we rise the price? (x)

Why don't we raise the price? (o) 가격을 올리는 것이 어떤가요?

⑥ pay for A & pay A

pay for: 어떤 물건이나 서비스에 대한 비용을 치를 때 사용합니다.

I paid for the shoes. 저는 그 신발 가격을 지급했습니다.

pay: 뒤따라 나오는 명사가 지급할 금액일 때 사용합니다.

A: Did you pay the tax? 세금을 내셨나요?
B: Not yet. But I paid the water bill. 아직이에요. 하지만 수도요금은 냈습니다.

시험에 자주 사용되는 필수 표현 모음

시험에 자주 쓰이는 표현을 모아보았습니다. 더 길고 구체적인 답변을 만드는 데 도움이 되니 반복해서 학습해 주세요.

1. 전치사구 모음

- **at a cheaper price** 더 저렴한 가격에

  We can buy clothes at a cheaper price on the Internet.
  우리는 인터넷에서 옷을 더 저렴한 가격에 구매할 수 있습니다.

- **at the same time** 함께, 동시에

  I studied and worked at the same time.
  저는 공부와 일을 함께 병행했습니다.

- **by car / on foot** 차로 / 걸어서

  It takes about 10 minutes to go there by car.
  그곳에 가는데 차로 10분 정도 걸립니다.

- **compared to the past,** 과거와 비교해,

  Compared to the past, more people travel abroad.
  과거와 비교해서, 더 많은 사람들이 해외여행을 합니다.

- **for free / free of charge** 무료로

  They provide travel information for free.
  그들은 여행 정보를 무료로 제공합니다.

- **for a long time** 오랫동안

  We talked about work for a long time.
  우리는 업무에 대해 오랫동안 이야기했습니다.

- **in a 형용사 atmosphere** ~한 분위기에서

  We can focus on work in a comfortable atmosphere.
  우리는 편안한 분위기에서 업무에 집중할 수 있습니다.

- **in the case of** ~의 경우에는,

  In the case of my boss, 내 상사의 경우에는,

- **in class** 수업 중에

  Many high school students use their mobile phones in class.
  많은 고등학생들이 수업 중 휴대전화를 사용합니다.

- **in advance** 미리

  University students need to experience work life in advance.
  대학생들은 직장 생활을 미리 경험해 볼 필요가 있습니다.

- **in person** 직접, 몸소

  I fixed the computer in person.
  제가 컴퓨터를 직접 고쳤습니다.

- **in trouble** 곤경에 처한

  They helped me when I was in trouble.
  그들은 제가 곤경에 처했을 때 저를 도와주었습니다.

- **on average** 평균적으로

  On average, we had about 100 visitors every day.
  평균적으로, 우리는 매일 약 100명의 방문객이 있었습니다.

- **on the Internet** 인터넷 상에서

  I bought some groceries on the internet yesterday.

  저는 어제 인터넷상에서 식료품을 구매했습니다.

- **regardless of** 명사 ~에 상관없이

  We can exercise regardless of time.

  우리는 시간에 상관없이 운동을 할 수 있습니다.

- **under stress** 스트레스를 받는

  ↔ **relieve stress** 스트레스를 해소하다

  I was under a lot of stress.

  저는 스트레스를 많이 받았습니다.

2. 동사 표현 모음

- **build a close relationship**

  친밀한 관계를 형성하다

  I built a close relationship with my business partners.

  저는 사업 파트너들과 친밀한 관계를 형성했습니다.

- **call a meeting** 회의를 소집하다

  My supervisor called meetings often.

  제 직장 상사는 회의를 자주 소집했습니다.

- **do business** 사업을 하다

  She wanted to do business abroad.

  그녀는 해외에서 사업을 하기를 원했습니다.

- **exchange opinions** 의견을 교환하다

  It is easier to exchange opinions with friends.

  친구들과 의견을 교환하기가 더 쉽습니다.

- **expand our social network** 인간관계를 넓히다

  We can expand our social network at work.

  우리는 직장에서 인간관계를 넓힐 수 있습니다.

- **get promoted** 승진하다

  He got promoted to the manager.

  그는 부장으로 승진했습니다.

- **make a** 형용사 **impression** ~한 인상을 주다

  We were able to make a good impression to our customers.

  우리는 고객들에게 좋은 인상을 줄 수 있었습니다.

- **go on a business trip** 출장을 가다

  He went on a business trip to Tokyo.

  그는 도쿄로 출장을 갔습니다.

- **go on a vacation** 휴가를 가다

  He went on a vacation to Rome.

  그는 로마로 휴가를 갔습니다.

- **have a meeting** 회의를 하다

  We are going to have a meeting about our next goal.

  우리는 다음 목표에 대해서 회의를 할 것입니다.

- **have an argument with** ~와 언쟁을 하다

  She had an argument with her boss often.

  그녀는 상사와 자주 말다툼을 했다.

- **make a 형용사 decision** ~한 결정을 내리다

  He was able to make a clever decision.
  그는 현명한 결정을 내릴 수 있었습니다.

- **make friends** 친구를 사귀다

  I made many friends in the USA.
  저는 미국에서 많은 친구를 사귀었습니다.

- **meet the deadline** 마감 기한을 지키다
  ↔ **miss the deadline** 마감 기한을 못 지키다

  We could not meet the deadline.
  우리는 마감 기한을 지킬 수 없었습니다.

- **use the Internet** 인터넷을 이용하다

  These days, many people use the Internet on their smartphones.
  요즘에는 많은 사람들이 스마트폰으로 인터넷을 이용합니다.

- **work overtime** 야근을 하다

  I work overtime about three times a week.
  저는 일주일에 세 번 정도 야근을 합니다.

3. 명사 표현 모음

- **amenities** 편의 시설

  There are various amenities in a large city.
  큰 도시에는 다양한 편의시설들이 있습니다.

- **business hours** 영업시간

  Our business hours are from 9 A.M. to 6 P.M.
  저희의 영업시간은 오전 9시부터 오후 6시까지입니다.

- **college graduates** 대학 졸업생

  The number of college graduates has been increasing in Korea.
  한국에서는 대학 졸업생의 수가 증가하고 있습니다.

- **common practice** 관행

  It was a common practice in Korea.
  이것은 한국에서의 흔한 관행이었습니다.

- **display case** 진열대 (유리상자 형태)
  ↔ **produce display** 진열대 (외부에 노출된 형태)

  There are various cakes in a display case.
  진열대 안에 다양한 케이크가 있습니다.

- **employee benefits** 사원 복지 혜택

  Our company provides excellent employee benefits.
  우리 회사는 훌륭한 사원 복지 혜택을 제공합니다.

- **environment-friendly** 환경친화적인

  Our company makes environment-friendly products.
  우리 회사는 환경친화적인 제품을 만듭니다.

- **exercise equipment** 운동 장비

  There is a lot of exercise equipment in a fitness center.
  피트니스 센터에는 다양한 운동 장비가 있습니다.

- **experienced employee** 경력직 사원

  Our company recently hired four experienced employees.
  우리 회사는 최근에 네 명의 경력직 사원을 고용했습니다.

- **foreign language skills** 외국어 능력

  Foreign language skills are required to get a job nowadays.
  요즘에 취업을 하기 위해서는 외국어 능력이 필요합니다.

- **formal clothes** 격식을 차린 옷

  They are wearing formal clothes.
  그들은 격식을 차린 옷을 입고 있습니다.

- **junk food** 건강에 좋지 못한 음식들

  We need to avoid junk food.

  우리는 건강에 좋지 못한 음식을 피해야 합니다.

- **large corporation** 대기업

  Many job seekers in Korea want to get a job at a large corporation.

  한국의 많은 구직자들은 대기업에 취업하기를 원합니다.

- **lunch break** 점심시간

  I usually read a sports magazine during the lunch break.

  저는 점심시간에 주로 스포츠 잡지를 읽습니다.

- **outlet mall** 상설 할인매장

  I usually buy clothes at an outlet mall.

  저는 옷을 주로 상설 할인매장에서 구매합니다.

- **overseas trip** 해외여행

  He goes on an overseas trip twice a year.

  그는 일 년에 두 번 해외여행을 갑니다.

- **paid vacation** 유급 휴가

  I went on a paid vacation.

  저는 유급 휴가를 갔습니다.

- **performance evaluation** 인사 고과

  The test result was reflected in the performance evaluation.

  시험 결과가 인사 고과에 반영되었습니다.

- **social skills (= people skills)** 사회성

  Students can learn various social skills in a PE class.

  학생들은 체육 시간에 다양한 사회성을 배울 수 있습니다.

- **street market** 야외 시장

  I think this picture was taken at a street market.

  저는 이 사진이 야외 시장에서 찍힌 것 같습니다.

- **video conference** 화상 회의

  The video conference is scheduled at 4 P.M.

  화상 회의가 오후 4시에 예정되어 있습니다.

- **(a) waste of money / time** 돈 / 시간의 낭비

  I think using SNS is a waste of time.

  SNS를 이용하는 것은 시간의 낭비라고 생각합니다.

- **work efficiency** 업무 효율

  Our work efficiency was too low.

  우리의 업무 효율은 매우 낮았습니다.

- **work life** 직장 생활

  Humorous employees make our work life more enjoyable.

  유머러스한 직원들은 우리의 직장 생활을 더 즐겁게 만들어 줍니다.

- **working hours** 근무 시간

  I wanted to reduce my working hours.

  저는 근무 시간을 줄이고 싶었습니다.

- **work performance** 업무 성과, 근무 실적

  His work performance was amazing.

  그의 업무 성과는 놀라웠습니다.

토익스피킹 중요 구문 정리

문장을 구성하는 다양한 구문들을 학습하는 것이 중요합니다. 시험 전체에 걸쳐 고르게 쓰이는 표현들을 정리했으니 수시로 학습해 주세요.

대표 기초 표현 20

1. ~ 하기 시작했다

나는 최근에 운동하기 시작했다.

started to + 동사

I recently started to exercise.

2. ~ 하는 것을 그만두다

나는 2년 전에 담배를 끊었다.

stop + 동사ing

I stopped smoking two years ago.

3. 계속 ~ 하다

나는 계속 영어 공부를 해야 한다.

keep + 동사ing

I need to keep studying English.

4. ~대신에,

패스트푸드 대신에, 요즘에는 많은 사람들이 건강한 음식을 먹는다.

instead of + 명사

Instead of fast food, many people eat healthy food these days.

5. ~하는 것을 즐긴다

나는 주말에 책을 보는 것을 즐긴다.

enjoy + 동사ing

I enjoy reading books on weekends.

6. 나의 경우에는

나의 경우에는, 주말에 주로 가족과 함께 시간을 보낸다.

in my case,

In my case, I usually spend time with my family on weekends.

7. ~에 능숙하다

그는 프레젠테이션을 하는 것에 능숙하다.

be good at + 명사 / 동사ing

He is good at giving presentations.

8. ~가 충분하지 않다

한국의 고등학생들은 자유시간이 충분하지 않다.

don't have enough 명사

High school students in Korea don't have enough free time.

9. ~함으로써

종이를 재활용함으로써 우리는 나무를 보호할 수 있다.

by + 동사ing

We can protect trees by recycling paper.

10. 어떻게 ~ 하는지

아이들은 다른 사람들과 어떻게 협동하는지 배워야 한다.

how to + 동사

Children should learn how to cooperate with others.

11. ~하게 만들다

음악을 듣는 것은 나를 행복하게 만든다.

make + 명사 + 형용사

Listening to music makes me happy.

12. ~하게 도와준다

그 음악은 내가 공부에 집중하게 도와준다.

help + 명사 + 동사 (동사 앞에 to 사용 가능)

The music helps me concentrate on studies.

13. 혼자서

나는 주로 혼자 여행을 한다.

by myself (= alone)

I usually travel by myself.

14. ~에 관심이 있다

나는 공포영화에 관심이 없다.

be interested in + 명사

I'm not interested in horror movies.

15. ~이래

나는 대학을 졸업한 이래로 영어공부를 해오고 있다.

since + 주어 + 동사

I have been studying English since I graduated from college.

16. ~에 좋다

규칙적인 운동은 건강에 좋다.

good for 명사

Regular exercise is good for our health.

17. ~덕분에

기술의 개발 덕분에, 우리는 더 편리한 삶을 살 수 있다.

thanks to 명사

Thanks to the development of technology, we can have a more convenient life.

18. A에 근거하여

그 영화는 실화를 기반으로 하였다.

based on 명사

The movie was based on a true story.

19. ~와 같은

나는 햄버거나 감자튀김 같은 패스트푸드를 좋아한다.

such as 명사

I like fast food such as hamburgers or French fries.

20. (과거에) ~ 하곤 했다

나는 술을 많이 마시곤 했다.

주어 + used to + 동사

I used to drink a lot.

TIP 25번 표현과 비교해서 학습해주세요.

대표 중급 표현 20

21. 결국 ~가 되다

우린 결국 많은 돈을 잃을 수 있다.

end up + 동사ing

We can end up losing a lot of money.

22. ~인 경우를 대비해서,

그들이 우리의 제품에 만족하지 않을 경우를 대비해서,

in case + 주어 + 동사,

In case they are not satisfied with our product,

23. ~ 할 가치가 있다

디즈니랜드는 방문할 가치가 있었다.

be worth + 동사ing

It was worth visiting Disneyland.

24. ~하는데 ~만큼 시간이 걸리다

출근을 하는데 약 30분이 걸린다.

It takes + about 시간 + to + 동사

It takes about 30 minutes to go to work.

25. ~ 하는 것에 / ~에 익숙하다

나는 일찍 일어나는 것에 익숙하다.

be + used to + 동사ing / 명사

I'm used to waking up early.

26. ~가 ~ 할 가능성이 높다

가격이 오를 가능성이 높다.

주어 + is likely to + 동사

The price is likely to increase.

27. ~가 ~ 하기로 되어있다

우리는 규정을 따르기로 되어있다.

주어 + be supposed to + 동사

We are supposed to follow the rules.

28. ~가 ~ 하는 동안에,

나는 일을 하는 동안 주로 음악을 듣는다.

while + 주어 + 동사

While I work, I usually listen to music.

29. 나는 ~ 하는 경향이 있다

나는 주말에 늦잠을 자는 경향이 있다.

주어 + tend to + 동사

I tend to oversleep on weekends.

30. B보다 A를 선호한다

나는 집에서 요리하는 것을 외식하는 것 보다 선호한다.

prefer A to B

I prefer cooking at home to eating out.

31. ~ 하는 데에 시간을 낭비하다

나는 버스를 기다리느라 시간을 낭비하고 싶지 않다.

waste time + 동사ing

I don't want to waste my time waiting for a bus.

32. ~ 하는데 ~만큼의 시간을 쓰다

나는 매일 TV를 보는데 30분 정도를 쓴다.

spend + 시간 + 동사ing

I spend about 30 minutes watching TV every day.

33. A에 (금액)을 지급하다

그는 새 컴퓨터에 2,000 달러를 썼다.

spend + 금액 + on + A

He spent $2,000 on a new computer.

34. 기꺼이 ~ 하다

내 업무가 일찍 끝나면, 나는 기꺼이 동료들을 돕겠다.

be willing to + 동사

I'm willing to help my coworkers if I finish my work early.

35. ~가 ~ 할 때마다

나는 기회가 될 때마다 피아노를 연주한다.

Whenever + 주어 + 동사

I play the piano whenever I have a chance.

36. ~ 하는 것이 허용되다

극장에서 음식을 먹는 것이 허용되지 않는다.

be allowed to + 동사

It is not allowed to eat food in the theater.

37. 장기적으로

장기적으로, 이것은 우리 회사의 평판에 손상을 줄 수 있다.

in the long term

In the long term, it could damage our company's reputation.

38. ~하도록

우리는 다른 사람들을 방해하지 않도록 휴대전화를 꺼야 한다.

so that + 주어 + 동사

We should turn off our cell phones so that we don't disturb others.

39. ~ 하는 사람의 수가 늘어나고/줄어들고 있다

책을 읽는 사람의 수가 줄어들고 있다.

the number of people who + 동사 + has been increasing/decreasing

The number of people who read books has been decreasing.

40. A에게 ~ 할 기회를 주다

이것은 나에게 다른 문화를 배울 기회를 주었다.

It gives A an opportunity to + 동사

It gave me an opportunity to learn another culture.

시원스쿨LAB
토스/오픽 도서 라인업

시험영어 전문 연구 조직

시원스쿨어학연구소

28 시간 토익스피킹
START

최신 개정 강의! 기초 이론부터 실전 시험까지
꼼꼼하게 28시간 학습!

28시간 토익스피킹 완성
제이크 선생님

제이크 선생님의 토익스피킹 교재 LINE-UP

✔ 10가지 문법 학습으로
누구나 IM등급 달성

✔ 영포자를 위한 쉽고
꼼꼼한 팁과 해설 제공

✔ 기초부터 체계적으로
안내해주는 토익스피킹 기본서

✔ 최신 경향 위주의
다양한 유형별 문제 연습

✔ 단 15개 템플릿만으로
토익스피킹을 돕는 필수 전략서

✔ 초보자도 쉽게 따라할 수 있는
가장 효율적인 템플릿 제공

✔ 최근 시험을 분석,
최신 경향을 반영한 실전서

✔ 실제 시험에 대비한
쉽고 꼼꼼한 해설

28

시간에 끝내는

TOEIC
Speaking

START

정답 및 해설

28

시간에 끝내는

TOEIC

Speaking

START

정답 및 해설

목차

Questions 1-2

Read a text aloud

지문 읽기

Read a Text Aloud

답변 전략

강세

`연습 문제`

1 The project will start once the CEO signs the contract.
CEO가 계약서에 서명을 하는 대로 프로젝트가 시작될 것입니다.

2 Cannon Avenue will be closed all day for the marketing fair on the 16th.
Cannon 거리가 16일날 마케팅 박람회로 인해 하루 종일 폐쇄될 것입니다.

3 Guided tours will begin every hour from 11 A.M. to 4 P.M.
가이드를 동반한 여행은 오전 11시부터 오후 4시까지 매시간 마다 시작될 것입니다.

4 To find the entrance, turn left at the information center.
입구를 찾으려면, 안내소에서 왼쪽으로 가주세요.

어휘 contract 계약서 avenue 거리 fair 박람회

억양

`연습 문제`

1 Because some power lines are under construction(↗), several roads are closed.
일부 송전선이 공사 중이기 때문에, 몇 개의 길이 폐쇄되었습니다.

2 Are you looking for a place to host a company meeting?(↗)
당신은 사내 회의를 개최할 장소를 찾고 있나요?

3 This plan includes new routes(↗), additional trains(↗) and weekend service(↘).
이 계획은 새로운 경로, 추가 열차, 그리고 주말 서비스를 포함합니다.

4 Please leave a message that includes your name(↗), contact information(↗) and a brief description of the work(↘).
당신의 이름, 연락처, 그리고 업무에 대한 간단한 설명이 포함된 메시지를 남겨주세요.

5 All rooms(↗), the tour service center(↗) and gift shops(↘) will be closed until next Sunday.
모든 방, 관광 서비스 센터, 그리고 기념품 매장은 다음 주 일요일까지 문을 닫을 것입니다.

어휘 construction 공사 route 경로 description 설명

끊어 읽기

Questions 1-2

연습 문제

1 Taking photographs / and touching any equipment / are not allowed in the lab.
접속사 앞   긴 주어 뒤
실험실 안에서 사진을 찍는 것과 기기를 만지는 것은 허용되지 않습니다.

2 The theater has many interesting features / which you will notice / as you walk down the hall.
관계대명사 앞   접속사 앞
그 극장은 당신이 복도를 따라가며 발견하게 될 많은 흥미로운 점들을 가지고 있습니다.

3 We request / that you return to the bus / within 15 minutes.
접속사 앞   전치사구 앞
15분 내에 버스로 돌아와 주실 것을 요청합니다.

4 Our conference center / located on Kelvin Street / offers the best facilities / and services.
분사구문 앞   긴 주어 뒤   접속사 앞
Kelvin Street에 위치한 저희 컨퍼런스 센터는 최고의 시설과 서비스를 제공합니다.

유형별 연습

유형 1 광고문

Welcome to West Hill Electronics Store. // For today only(↗), all TVs / and refrigerators in the store / are 30% off the regular price. // Also(↗), / you can find the latest models of microwaves (↗), / digital cameras(↗) / and mobile phones(↘) / at amazing prices. // Don't forget / that we have everything you need / when you are looking for the excellent quality of home appliances.

웨스트 힐 전자제품 매장에 오신 것을 환영합니다. 오늘 단 하루만, 매장 내 모든 TV와 냉장고가 정가에서 30% 할인됩니다. 또한, 여러분은 최신 전자레인지, 디지털카메라, 휴대전화를 놀라운 가격에 구매하실 수 있습니다. 뛰어난 품질의 가전제품을 찾고 계신다면 저희가 여러분이 필요한 모든 것을 가지고 있다는 점을 잊지 마세요.

어휘   regular price 정가   home appliances 가전 제품

유형 2 공지사항 및 안내문

Attention(↗), / Queensland Bus passengers. // In about 15 minutes(↗), / we'll be making a stop at the Carina Arcade. // Because staying on schedule is very important(↗), / we request / that you return to the bus / within one hour. // Also(↗), / don't forget / that you can find our bus / in Area C. // Until we arrive at the arcade(↗), / sit back(↗), / relax(↗) / and enjoy the view(↘) outside.

퀸즐랜드 버스 승객 여러분, 잠시 주목해 주세요. 약 15분 뒤에 저희는 커리나 쇼핑상가에 정차할 것입니다. 일정을 지키는 것이 매우 중요하기 때문에 여러분이 한 시간 내로 버스에 돌아와 주실 것을 요청합니다. 또한, 저희 버스를 C 구역에서 찾을 수 있다는 것을 잊지 마세요. 저희가 상가에 도착할 때까지 편히 앉아서 휴식을 취하시며 밖의 경치를 즐겨주세요.

어휘   passengers 승객   arcade 쇼핑 상가

자동응답 메시지

Thank you for calling Springwood clothing shop. // Unfortunately(↗), / we are not available to take your call. // Our hours of operation / are from 10 A.M. to 8 P.M. // For directions to our store(↗), / please press one. //To leave a message(↗), / please press two. // Also(↗), / visit our website for more information / about our new collection(↗), / discounted products(↗) / and upcoming events(↘).

스프링 우드 의류 매장에 전화 주셔서 감사합니다. 안타깝게도 지금은 전화를 받을 수 없습니다. 저희의 영업시간은 오전 10시부터 오후 8시까지입니다. 저희 매장에 오는 방법이 궁금하시면 1번을 눌러주세요. 메시지를 남기시려면 2번을 눌러주세요. 또한, 저희의 새로운 컬렉션, 할인된 제품들 그리고 다가오는 이벤트에 대한 더 많은 정보를 원하시면 저희의 웹사이트를 방문해주세요.

어휘   hours of operation 영업 시간   upcoming 다가오는

뉴스 (교통정보, 날씨)

Commuters in Gold Coast / will probably have a long morning today. // Because some water pipes are under construction(↗), / several roads are temporarily closed. // Main Road (↗), / Lambert Street(↗) / and Stanley Avenue(↘) / will be closed to traffic / until March 16th. //Therefore(↗), / it is recommended / that commuters use public transportation instead. // Next week(↗), / the situation will be eased / with the completion of construction.

골드 코스트의 통근하시는 분들은 오늘 하루 긴 아침을 보내실 것 같습니다. 몇몇 수도관들이 공사 중이기 때문에 많은 도로가 임시로 통제되었습니다. 메인 로드, 램버트 가와 스탠리 에비뉴가 3월 16일까지 교통이 차단될 것입니다. 따라서 통근하시는 분들은 대중교통을 이용하는 것을 권장합니다. 다음 주에 공사가 끝남에 따라 교통 상황이 좋아질 것입니다.

어휘   under construction 공사중인   temporarily 임시로   ease 덜해지다, 나아지다

유형 5 프로그램 소개

Welcome to the third session of the interior design seminar. //Today (↗), / we will talk about furniture rearrangement. // First(↗), / we will discuss the ideal location of furniture / in living rooms(↗), / dining rooms(↗) / and bedrooms(↘). //Then(↗), / we'll see / how furniture rearrangement can change the atmosphere of the room. // By the time we're finished(↗), / your understanding of furniture rearrangement / will be much improved.

인테리어 디자인 세미나의 세 번째 세션에 오신 것을 환영합니다. 오늘은 저희가 가구의 재배치에 대해서 이야기해 볼 것입니다. 첫째로 저희는 거실, 식사 공간 그리고 침실 안 가구의 이상적인 위치에 대해 토론할 것입니다. 그러고 나서 저희는 가구의 재배치가 어떻게 방의 분위기를 바꿀 수 있는지 살펴보겠습니다. 세미나를 마칠 때 쯤이면 가구 재배치에 대한 당신의 이해도가 더 높아질 것입니다.

어휘 rearrangement 재배치 ideal 이상적인 atmosphere 분위기

유형 6 인물 소개

Thank you for attending today's presentation / on Next Generation Marketing. // I'm honored to introduce our guest(↗), / Julie Fell. // Dr. Fell(↗) has promoted the importance of online marketing over 15 years. // Her speech today will be focused / on recent business trends / including market research(↗), / online businesses(↗), / and social network marketing(↘). // Please join me in welcoming / Dr. Julie Fell.

다음 세대의 마케팅에 대한 오늘의 프레젠테이션에 참여해 주셔서 감사합니다. 저는 오늘의 게스트인 줄리 펠을 소개하게 되어 영광입니다. 펠 박사님은 온라인 마케팅의 중요성을 15년 이상 알려왔습니다. 그녀의 오늘 연설은 시장 연구, 온라인 비즈니스 그리고 소셜 네트워크 마케팅을 포함한 최근의 비즈니스 동향에 초점을 둘 것입니다. 저와 함께 줄리 펠 박사님을 환영해 주세요.

어휘 honored 영광인 promote 홍보하다 trend 경향

실전 연습

1 광고문

Are you not satisfied with your Internet service provider?(↗) // If so(↗), / call us / at Norman Park Internet Service today. // We offer the best prices(↗), / free consultation(↗) / and 24-hour customer service(↘). // According to Smart Computing Magazine(↗), / we have the lowest number of customer complaints / compared to our competitors. // Call us / and get 30% discount today.

사용 중인 인터넷 서비스 공급업체에 만족하지 않으시나요? 그렇다면, 오늘 노먼 파크 인터넷 서비스에 전화주세요. 우리는 최고의 가격, 무료 상담, 그리고 24시간 고객 서비스를 제공합니다. 스마트 컴퓨팅 잡지에 따르면, 우리는 경쟁사들에 비해서 가장 낮은 수의 고객 불만 접수를 받고 있습니다. 오늘 전화 주시고 30%의 할인을 받으세요.

강세 / 끊어 읽기 ↗올려 읽기 ↘내려 읽기

어휘　provider 공급업체　the lowest 가장 낮은　competitor 경쟁업체

고득점 포인트

1. 숫자와 고유명사가 많이 사용되는 유형입니다. 고유명사의 경우 발음에 확신이 없다 할지라도 자신 있게 읽어 주는 것이 중요합니다.

2. [s]로 끝나는 복수형 명사의 경우, 끝까지 발음을 명확히 해주세요. 특히 지문의 prices 처럼 [s]소리로 끝나는 단어가 복수형으로 사용되었을 경우 [s]발음을 두 번 해주셔야 합니다. 대개 '-시스' 같은 소리가 납니다.
   - 예 prices, businesses, cases, buses

3. compared to의 경우 뒤의 자음 [t] 때문에, [-ed] 소리가 거의 들리지 않습니다. 따라서 무리해서 [d]소리를 발음하지 않아도 됩니다.

4. competitors의 경우 두 번째 음절인 pe에 강세가 옵니다. 자주 등장하는 단어이니 강세를 확실히 연습해 주세요.

5. months 의 경우 [th]와 [s]소리를 연달아 발음해야하는 어려운 단어입니다. 발음에 자신이 없으면 [th]를 생략하고 [s]소리를 길게 발음해 주시면 됩니다. 예 clothes, mouths

> TIP　발음이 불확실한 단어가 있으면 꼭 검색해서 들어보세요.

2 공지사항 및 안내문

Welcome **to** Boston International Airport. // **Your** check-in **process** / **will take** twenty to twenty-five **minutes.** // **In** order to speed **up** the boarding process(↗), / please **have** your flight ticket / **and** passport **ready** / **as** you approach **the** counter. // **Also** (↗), / please **make sure** your **luggage** is properly labeled / **with** your name(↗), / address(↗) / **and** telephone number(↘).

보스턴 국제공항에 오신 것을 환영합니다. 여러분의 수속 절차는 20분에서 25분 정도 걸릴 것입니다. 탑승 절차를 신속히 하기 위해서, 카운터에 가까워짐에 따라 비행기 표와 여권을 준비해주세요. 또한, 수하물에 당신의 이름, 주소, 그리고 전화번호가 올바르게 라벨로 부착되어 있는지 확인해주세요.

강세   / 끊어 읽기   ↗ 올려 읽기   ↘ 내려 읽기

어휘   **check-in process** 탑승 수속 절차   **properly labeled** 제대로 라벨이 붙어있는

고득점 포인트

1. Boston International Airport와 같이 여러 단어로 구성 된 고유명사의 경우, 서두르지 말고 각 단어를 명확하게 발음해주세요.

2. 자음으로 끝나는 단어 뒤에 모음으로 시작하는 단어가 위치할 때 연음현상에 유의하세요.
   예 check-in 첵킨   speed up 스피-덥

3. as가 전치사로 쓰였는지, 아니면 '~함에 따라' 라는 의미의 접속사로 사용되었는지에 유의하세요. 접속사인 경우 앞에서 끊어 읽습니다.

4. process, properly의 발음에 유의하세요. [o]에 강세가 오는 경우 우리말 '오'와 달리 입을 더 크게 벌려 강하게 발음해 주어야 합니다.
   process 프롸-세스   properly 프롸-플리

5. labeled의 발음에 유의하세요.
   라벨-드 (x)   레이블-드 (o)

3 자동응답 메시지

You have reached Damian's restaurant(↗), / serving the best Italian cuisine / in San Francisco. // Our business hours are from 11 A.M. to 9 P.M. // If you want to make a reservation(↗), / please press 1. // Press 2 for our location(↗), / seasonal menus(↗) / and the website address(↘). // For other information(↗), / please contact us again / during our business hours. //Thank you.

당신은 샌프란시스코에서 최고의 이탈리안 요리를 제공하는 데미안 레스토랑에 연락 주셨습니다. 저희의 영업시간은 오전 11시부터 저녁 9시까지입니다. 예약을 원하시면 1번을 누르세요. 저희의 위치, 계절 메뉴, 그리고 웹사이트 주소가 궁금하시면 2번을 누르세요. 그 외의 정보를 원하시면 저희의 영업시간에 다시 연락 주세요. 감사합니다.

강세   / 끊어 읽기   ╱올려 읽기   ╲내려 읽기

어휘   cuisine 요리   business hours 영업 시간   seasonal 계절별

고득점 포인트

1. reached의 발음에 유의하세요. ㅊ,ㅋ,ㅍ소리로 끝나는 단어 뒤의 [-ed]는 'ㅌ'소리로 바뀌어 '뤼-치ㅌ'소리가 납니다.
   🔊 packed 패-ㅋㅌ   stopped 스따-ㅍㅌ

2. cuisine의 강세에 유의하세요. 두 번째 음절인 [sine]에 강세가 옵니다.

3. unfortunately 중 [-nate-]의 발음에 유의하세요. '-네이트'가 아닌 '-넛'소리가 납니다.

4. business hours, contact us again에서 끝소리 자음과 첫소리 모음의 연음에 유의하세요.

5. holiday의 발음에 유의하세요. [o]에 강세가 오는 경우 우리말 '오'와 달리 입을 더 크게 벌려 강하게 발음해 주어야 합니다.
   홀리데이 (x)   할-러데이 (o)

6. 자동 응답 메시지에 자주 등장하는 다음 패턴의 발음 연습을 해두세요.
   ① **Please** press **one**: please와 숫자에 강세가 옵니다.
   ② Press **two** for our **location**: 숫자와 목적을 나타내는 명사에 강세가 옵니다.

4 뉴스 (교통정보, 날씨)

Now for today's weather. Our area is experiencing unusual weather conditions. // Tonight, we are expecting strong winds(↗), / periods of heavy rain(↗) / and dropping temperatures(↘). // Therefore, / we'd like to advise everyone to cancel outdoor activities / and stay at home if possible. // Fortunately(↗), / we will have clear skies by the morning / and the weather will be ideal / for activities outside.

오늘의 날씨입니다. 우리 지역은 흔하지 않은 기상 상태를 겪고 있습니다. 오늘 밤에는 강한 바람과 주기적인 폭우, 그리고 기온 저하가 예상됩니다. 따라서, 될 수 있으면 여러분이 야외활동을 취소하고 집 안에 계시기를 권합니다. 다행히 아침에는 맑은 하늘을 볼 수 있겠으며, 날씨는 야외활동에 적합할 것입니다.

강세　/ 끊어 읽기　↗올려 읽기　↘내려 읽기

어휘　**period** 주기　**if possible** 될 수 있으면　**ideal** 이상적인

고득점 포인트

1. [s]소리 다음에 p, t, k가 오면 ㅃ, ㄸ, ㄲ 와 같이 된소리로 바뀌어 발음됩니다.
   🔊 experience 익스삐어리언스　expect 익스뻭트

2. period의 발음에 유의하세요.
   페리어드 (x)　피어리어드 (o)

3. 복수 명사의 경우 마지막의 [s]까지 확실히 발음해 주세요.
   🔊 winds, periods, temperatures, activities

4. temperature 중 [-rature]의 발음에 유의하세요. '-레이쳐'가 아닌 '-럿쳐' 소리가 납니다.

5. [f]와 [p]소리가 연속으로 이어지는 if possible의 발음에 유의하세요. 천천히 읽어주어 둘 다 [p]소리로 발음되지 않게 해주세요.

5 프로그램 소개

Thank you for coming / to this Communication Skills Training. // We are going to analyze how people communicate every day, / including written text(↗), / speech (↗) / and body language(↘). // And then(↗), / we will see what differences they have / and how they are used at work. // I'm sure you will find this information very helpful / in understanding the intentions of others.

커뮤니케이션 기술 교육에 참여해 주셔서 감사합니다. 우리는 글과 말, 그리고 신체언어를 포함해 사람들이 매일 어떻게 의사소통을 하는지를 분석할 것입니다. 그러고 나서, 우리는 그것들이 무슨 차이가 있고 업무에서 어떻게 사용되는지 알아볼 것입니다. 저는 이 정보가 다른 사람들의 의도를 이해하는데 매우 도움이 될 것이라고 확신합니다.

강세   / 끊어 읽기   ↗ 올려 읽기   ↘ 내려 읽기

어휘　analyze 분석하다　intention 의도

(고득점 포인트)

1. 프로그램 소개 유형에서는 welcome 과 thank 가 첫 단어로 자주 사용됩니다. 강세를 두어 강하게 읽어주세요.

2. various의 발음에 유의하세요. '배리어스'라고 읽지 마시고, 앞니를 아래 입술 위에 살짝 올린 채로 숨을 강하게 내뱉으며 [v]소리를 내어 '붸리어스' 라고 발음해 주어야 합니다.

3. differences의 발음에 유의하세요. [s]소리로 끝나는 단어가 복수형으로 사용되었을 경우 [s]를 두 번 발음해 주어야 합니다.

4. helpful의 발음에 유의하세요. [p]소리가 약화되어 거의 들리지 않습니다.

6 인물 소개

Thanks for listening to Jamie's Radio Show. // I'm very excited to introduce our next guest(↗), / Shawn Perez. // Obviously(↗), / he is one of the most influential writers today. // His latest novel(↗), / 'Beyond Earth'(↗), / has received excellent reviews / from readers and critics / for its charming(↗), / distinctive(↗) / and imaginative characters(↘). // And it is already a best seller in most major bookstores.

제이미의 라디오 쇼를 청취해 주셔서 감사합니다. 저는 다음 게스트인 숀 페레즈씨를 소개하게 되어 매우 기쁩니다. 그는 분명 오늘날 가장 영향력 있는 작가 중 한 명입니다. 그의 가장 최근 소설인 '비욘드 얼쓰'는 매력적이고 독특하며 창의적인 등장인물에 대해 독자들과 평론가들로부터 호평을 받아왔습니다. 그리고 이 소설은 이미 대부분의 주요 서점에서 베스트셀러입니다.

강세   / 끊어 읽기   ↗ 올려 읽기   ↘ 내려 읽기

어휘   **influential** 영향력이 있는 **critic** 평론가 **charming** 매력적인 **distinctive** 독특한 **imaginative** 창의적인, 상상력이 풍부한

고득점 포인트

1. 연사의 업적을 강조하는 형용사에 강세를 두어 읽어 주세요.
   예 influential, excellent, charming

2. obviously 의 경우 첫 모음이 '오-'가 아닌 '아-'로 발음됩니다.

3. 최상급 표현에 강세를 두어 읽어주세요.
   예 most, latest, best

4. novel의 [o]발음에 유의하세요. 또한, 자음 [v] 역시 [b]처럼 발음하지 않도록 유의하세요.
   노벨 (x)   나-블 (o)

5. imaginative에서 [-native]의 발음에 유의하세요. '-네이티브'가 아닌 '-너티브'로 발음됩니다.

Questions
3-4

Describe a picture

사진 묘사하기

Describe a Picture

학습 시작에 앞서

1

2

3

4

1   cafe / talking on the phone / making coffee / a sink

2   airport / pulling a suitcase / reading a newspaper / typing on a laptop computer

3   lounge / painting a picture / a fan / bookshelves

4   riverside / sitting at tables / boats / many buildings and trees

기초 다지기

장소 설명

연습 문제

1

I think this picture was taken in a classroom.

저는 이 사진이 교실에서 찍혔다고 생각합니다.

2

I think this picture was taken in a kitchen.

저는 이 사진이 부엌에서 찍혔다고 생각합니다.

3

I think this picture was taken in a restaurant.

저는 이 사진이 레스토랑에서 찍혔다고 생각합니다.

4

I think this picture was taken in a library.

저는 이 사진이 도서관에서 찍혔다고 생각합니다.

5

I think this picture was taken at a conference center.

저는 이 사진이 회의장에서 찍혔다고 생각합니다.

그 외의 표현: in a seminar room 세미나실에서

6

I think this picture was taken at an outdoor market.

저는 이 사진이 야외 시장에서 찍혔다고 생각합니다.

그 외의 표현: at a farmers' market 농산물 직거래 장터에서

7

I think this picture was taken at a construction site.

저는 이 사진이 공사장에서 찍혔다고 생각합니다.

8

I think this picture was taken on the street.

저는 이 사진이 거리에서 찍혔다고 생각합니다.

TIP street, subway, sidewalk는 문장에서 주로 정관사 the와 함께 사용됩니다.

인원 수 설명

연습 문제

1

There are four people in this picture.

사진에는 4명의 사람들이 있습니다.

2

There are many people in this picture.

사진에는 많은 사람들이 있습니다.

주요 대상 설명

연습 문제

①

On the left side **of the picture, a man is** writing something in a notebook.

사진의 왼쪽에, 한 남자가 노트에 뭔가를 쓰고 있습니다.

He is wearing a grey T-shirt.

그는 회색 티셔츠를 입고 있습니다.

②

In the middle **of the picture, a woman is** having a video conference.

사진의 가운데에, 한 여자가 화상 회의를 하고 있습니다.

She is wearing a white jacket.

그녀는 흰 재킷을 입고 있습니다.

③

In the foreground **of the picture, a woman is** making copies.

사진의 앞쪽에, 한 여자가 복사를 하고 있습니다.

She is wearing a white shirt.

그녀는 흰 셔츠를 입고 있습니다.

④

On the right side **of the picture, a man is** wiping a table.

사진의 오른쪽에, 한 남자가 테이블을 닦고 있습니다.

He is wearing a blue shirt.

그는 파란 셔츠를 입고 있습니다.

⑤

In the background **of the picture, a woman is** taking an order.

사진의 배경에, 한 여자가 주문을 받고 있습니다.

She is wearing a green apron.

그녀는 녹색 앞치마를 두르고 있습니다.

①

On the left side **of the picture**, there is a bicycle.
사진의 왼쪽에, 자전거 한 대가 있습니다.

②

On the right side **of the picture**, I can see a traffic light.
사진의 오른쪽에, 신호등이 보입니다.

③

On the table, there are many plants.
테이블 위에, 많은 식물이 있습니다.

④

Behind him, I can see many bookshelves.
남자의 뒤에, 많은 책장이 보입니다.

⑤

Next to him, there is a black menu board.
그의 옆에, 검정색 메뉴판이 있습니다.

의견 말하기

1

It seems like they are concentrating on their work.

그들이 업무에 집중하고 있는 것 같습니다.

2

It seems like the weather is good for outdoor activities.

날씨가 야외 활동에 좋아 보입니다.

3

It seems like they are doing an assignment together.

그들이 함께 과제를 하는 것 같습니다.

유형별 연습

유형 1 인물 중심 (2인)

연습 문제

1. 장소	**I think this picture was taken** on the road. 이 사진은 길 위에서 찍힌 것 같습니다.
2. 인원 수	**There are** two people in this picture. 사진에는 두 명의 사람이 있습니다.
3. 인물 1	In the middle of the picture, a man is fixing a black car. 사진의 가운데에, 한 남자가 검정색 차를 고치고 있습니다. **And he is wearing** orange working clothes. 그리고 그는 오렌지색 작업복을 입고 있습니다.
4. 인물 2	Behind him, a woman is looking at the car. 그의 뒤에, 한 여자가 그 차를 쳐다보고 있습니다. **She is wearing** a black cap and a checkered skirt. 그녀는 검정색 야구모자와 체크무늬 치마를 입고 있습니다.
5. 추가 문장	In the background of the picture, I can see a field and many trees. 사진의 배경에, 들판과 많은 나무들이 보입니다.

어휘 working clothes 작업복 cap 챙이 있는 야구모자 checkered 체크무늬 field 들판

고득점 챌린지

1 On the right side of the picture, there is a traffic cone.
   사진의 오른쪽에, 주황색 원뿔이 있습니다.

2 **It seems like** the car is broken down on the road.
   차가 길 위에서 고장 난 것 같습니다.

유형 2 인물 중심 (3인 이상)

연습 문제

1. 장소	I think this picture was taken in a meeting room. 이 사진은 회의실에서 찍힌 것 같습니다.
2. 인원 수	There are four people in this picture. 사진에는 네 명의 사람이 있습니다.
3. 인물 1	On the right side of the picture, a woman is writing something on a whiteboard. 사진의 오른쪽에, 한 여자가 화이트보드에 뭔가를 쓰고 있습니다.
4. 인물 2	In the middle of the picture, a man is typing on a laptop computer. 사진의 가운데에, 한 남자가 노트북에 타이핑을 하고 있습니다.
5. 인물 3	Behind him, two women are looking at the whiteboard. 그의 뒤에, 두 여자가 화이트보드를 쳐다보고 있습니다.
추가 문장 (생략 가능)	In the background of the picture, I can see a large window. 사진의 배경에, 커다란 창문이 보입니다.

고득점 챌린지

1 She is wearing a yellow sleeveless shirt.
그녀가 노란색 민소매 셔츠를 입고 있습니다.

2 It seems like they are doing a group project.
그들이 조별과제를 하는 것 같습니다.

연습 문제

1. 장소	I think this picture was taken in a lounge. 이 사진은 휴게실에서 찍힌 것 같습니다.
2. 인물	In the middle of the picture, a woman is painting a picture. 사진의 가운데에, 한 여자가 그림을 그리고 있습니다. And she is wearing a blue checkered shirt. 그리고 그녀는 파란 체크무늬 셔츠를 입고 있습니다. Also, she is wearing a hijab too. 또한, 그녀는 히잡을 쓰고 있습니다.
3. 사물 1	On the right side of the picture, there is a large fan. 사진의 오른쪽에, 커다란 선풍기가 있습니다.
4. 사물 2	In the background of the picture, I can see many books on the bookshelves. 사진의 배경에, 책꽂이에 놓인 많은 책이 보입니다.
5. 추가 문장	At the top of the picture, there is a painting on the wall. 사진의 위쪽에, 벽에 그림이 걸려 있습니다.

어휘   lounge 휴게실 hijab 히잡 (이슬람 여성들이 머리에 쓰는) fan 선풍기

고득점 챌린지

1   Between the bookshelves, there are two plants.
　　책장들 사이에, 식물이 두 개 있습니다.

2   It seems like the painting is a national flag.
　　이 그림은 국기인 것 같습니다.

유형 4 다수의 인물 및 사물

연습 문제

1. 장소	I think this picture was taken at a riverside. 이 사진은 강가에서 찍힌 것 같습니다.
2. 인원 수	There are many people in this picture. 사진에는 많은 사람들이 있습니다.
3. 대상 1	On the right side of the picture, many people are sitting at tables. 사진의 오른쪽에, 많은 사람들이 테이블에 앉아 있습니다.
4. 대상 2	In the middle of the picture, I can see a black street light. 사진의 가운데에, 검정색 가로등이 보입니다.
5. 대상 3	On the left side of the picture, some boats are docked. 사진의 왼쪽에, 몇 대의 보트가 정박되어 있습니다.
6. 대상 4	In the background of the picture, there are small buildings and many trees. 사진의 배경에, 작은 건물들과 많은 나무가 있습니다.

어휘 **riverside** 강가 **street light** 가로등 **docked** 정박된

고득점 챌린지

1 I think this picture was taken at a riverside restaurant.
이 사진은 강가의 레스토랑에서 찍힌 것 같습니다.

2 On the right side of the picture, a woman is serving some food to the customers.
사진의 오른쪽에, 한 여자가 손님들에게 음식을 서빙하고 있습니다.

실전 연습

1

추천 묘사 순서 1

① 좌측의 남자 ② 좌측의 여자
③ 우측의 두 사람

추천 묘사 순서 2

① 우측의 두 사람 ② 좌측의 남자
③ 좌측의 여자

TIP 답변 확인 전에 추천 묘사 순서에 따라
다시 한번 답변해 보세요.

1. 장소	I think this picture was taken in an office. 저는 이 사진이 사무실에서 찍혔다고 생각합니다.
2. 인원 수	There are many people in this picture. 사진에는 많은 사람들이 있습니다.
3. 인물 1	On the left side of the picture, a man is writing something on the paper. He is wearing a purple checkered shirt. 사진의 왼쪽에, 한 남자가 종이에 뭔가를 쓰고 있습니다. 그는 보라색 체크무늬 남방을 입고 있습니다.
4. 인물 2	Next to him, a woman is talking on the phone. 그의 옆에, 한 여자가 통화를 하고 있습니다.
5. 인물 3	On the right side of the picture, two people are talking to each other. 사진의 오른쪽에, 두 사람이 서로 이야기를 하고 있습니다.
추가 문장 (생략 가능)	It seems like they are working hard. 그들은 열심히 일하는 것 같습니다.

어휘 checkered shirt 체크무늬 남방

(**고득점 포인트**)

- 4명의 인물을 모두 묘사해 주세요.

- 같은 행동을 하는 사람들은 묶어서 함께 묘사해 주세요.

- 종이는 불가산명사이기 때문에 종이 한 장을 a paper라고 하지 않습니다.

- check shirt 라고 발음하지 않도록 유의하세요.

Questions 3-4

2

추천 묘사 순서

① 가운데 남자

② 좌측의 남자

③ 배경의 많은 상자들

1. 장소	I think this picture was taken in a warehouse. 이 사진은 창고에서 찍힌 것 같습니다.
2. 인원 수	There are two people in this picture. 사진에는 두 명의 사람이 있습니다.
3. 인물 1	In the middle of the picture, a man is scanning a box. 사진의 가운데에, 한 남자가 상자를 스캔하고 있습니다. He is wearing a safety vest. 그는 안전 조끼를 입고 있습니다.
4. 인물 2	On the left side of the picture, a man is looking at something. It looks like an iPad. 사진의 왼쪽에, 한 남자가 뭔가를 쳐다보고 있습니다. 그것은 iPad 같습니다. And he is wearing a white shirt and a black tie. 그리고 그는 흰 셔츠와 검정색 넥타이를 착용하고 있습니다.
5. 추가 문장	In the background of the picture, large boxes are stacked. 사진의 배경에, 커다란 상자들이 쌓여 있습니다.

어휘   **warehouse** 창고   **safety vest** 안전 조끼   **stack** 쌓다

고득점 포인트

- safety와 함께 쓰이는 인상착의 표현들을 학습해 두세요.

  예 safety goggles (보안경), safety helmet (안전모)

- 사물이 무엇인지 분명하지 않은 경우 그것을 something이라 언급한 후, 예상되는 사물의 이름을 말해주세요.

  예 He is holding something. It looks like an umbrella.

3

추천 묘사 순서

① 가운데 서 있는 남자

② 그 옆의 남자

③ 왼쪽의 여자

④ 사진의 배경

1. 장소	I think this picture was taken at a camping site. 이 사진은 캠핑장에서 찍힌 것 같습니다.
2. 인원 수	There are four people in this picture. 사진에 네 사람이 있습니다.
3. 인물 1	In the middle of the picture, a man is making a fire. 사진의 가운데에, 한 남자가 불을 피우고 있습니다.
4. 인물 2	Next to him, another man is drinking something. 그의 옆에, 또다른 남자가 뭔가를 마시고 있습니다.
5. 인물 3	On the left side of the picture, a woman is cooking something. 사진의 왼쪽에, 한 여자가 뭔가를 요리하고 있습니다.
추가 문장 (생략 가능)	In the background of the picture, there are many trees. 사진의 배경에, 많은 나무가 있습니다.

어휘   camping site 캠핑장   make a fire 불을 피우다

고득점 포인트

· 또 다른 남자나 여자를 설명할 때는 한정사 another를 사용해주세요.

· 오른쪽의 여자도 묘사 가능합니다. 대상의 정체가 명확하지 않으면 대명사 something을 써주세요.
  ⓔ On the right side of the picture, another woman is sitting on something.

4

추천 묘사 순서

① 오른쪽의 남자

② 남자 뒤의 파란 자동차와 2층 건물

③ 왼쪽의 화분

④ 배경의 하늘

1. 장소	I think this picture was taken on the street. 이 사진은 거리에서 찍힌 것 같습니다.
2. 인원 수	There is one person in this picture. 사진에는 한 사람이 있습니다.
3. 대상 1	On the right side of the picture, a man is crossing the street. 사진의 오른쪽에, 한 남자가 길을 건너고 있습니다.
4. 대상 2	Behind him, I can see a blue car and a two-story building. 그의 뒤에, 파란 차와 2층 건물이 보입니다.
5. 대상 3	On the left side of the picture, there is a large plant. 사진의 왼쪽에, 커다란 식물이 있습니다.
6. 대상 4	In the background of the picture, I can see a cloudy sky. 사진의 배경에, 흐린 하늘이 보입니다.

어휘　a two-story building 2층 건물　plant 식물

(**고득점 포인트**)

• 인원이 1명인 경우 인원 수 문장을 생략해도 됩니다. 답변 시간이 부족한 편이라면 과감히 생략하세요.

• 장소를 말할 때, 거리(street)는 관사 the와 함께 사용됩니다.

• Crossing의 [r]발음에 유의하세요. [크롸-]처럼 발음됩니다.

5

추천 묘사 순서

① 우측 남자

② 가운데 두 사람

③ 좌측의 세 사람

④ 천장의 등

1. 장소	I think this picture was taken in an office lounge. 이 사진은 사내 휴게실에서 찍힌 것 같습니다.
2. 인원 수	There are many people in this picture. 사진에는 많은 사람들이 있습니다.
3. 인물 1	On the right side of the picture, a man is using a laptop computer. 사진의 오른쪽에, 한 남자가 노트북 컴퓨터를 사용 중입니다.
4. 인물 2	In the middle of the picture, a couple is riding a bicycle. 사진의 가운데에, 한 커플이 자전거를 타고 있습니다.
5. 인물 3	On the left side of the picture, three people are talking to each other (on the sofas). 사진의 왼쪽에, 세 명의 사람들이 (소파에 앉아) 서로 이야기를 하고 있습니다.
추가 문장 (생략 가능)	At the top of the picture, there are three large lights (hanging from the ceiling). 사진의 위쪽에, 세개의 커다란 조명이 (천장에 매달려) 있습니다.

어휘   **lounge** 휴게실   **light** 전등   **ceiling** 천장

> **고득점 포인트**

- 괄호의 내용은 생략 가능합니다.

- 가운데 두 사람의 행동은 a man is helping a woman to ride a bicycle 이라고 할 수도 있습니다.

- 사물을 설명할 때 size나 color를 함께 설명해주세요.

6

추천 묘사 순서

① 가운데 여자

② 여자 뒤의 캠핑카

③ 오른쪽의 자전거

④ 왼쪽의 테이블과 의자

1. 장소	I think this picture was taken at a camping site. 이 사진은 캠핑장에서 찍힌 것 같습니다.
2. 인물	In the middle of the picture, a woman is holding a mug. 사진의 가운데에, 한 여자가 머그잔을 들고 있습니다. She is looking at somewhere and she is wearing a striped sleeveless shirt. 그녀는 어딘가를 쳐다보고 있고, 줄무늬 민소매 셔츠를 입고 있습니다.
3. 사물 1	Behind her, I can see a white camping car. 그녀의 뒤에, 흰색 캠핑카가 보입니다.
4. 사물 2	On the right side of the picture, two bicycles are parked. 사진의 오른쪽에, 자전거 두대가 세워져 있습니다.
5. 추가 문장	Next to her, there is a picnic table and camping chairs. 그녀의 옆에는 피크닉용 테이블과 캠핑 의자가 있습니다.

어휘   mug 머그잔 somewhere 어딘가 striped shirt 줄무늬 셔츠 picnic table 접이식 테이블

(고득점 포인트)

• 머그잔을 mug cup이라고 하지 않습니다.

• 네번째 문장의 I can see에서 동사 see에 강세를 두어 읽어주세요. can을 강하게 읽을 경우 can't처럼 들릴 수 있습니다.

7

추천 묘사 순서

① 여자에게 메뉴를 건네는 남자

② 메뉴를 보는 두 여자

③ 배경의 액자들

④ 오른쪽의 난로

1. 장소	I think this picture was taken in a restaurant. 이 사진은 레스토랑에서 찍힌 것 같습니다.
2. 인원 수	There are four people in this picture. 사진에는 네 명의 사람들이 있습니다.
3. 인물 1	On the right side of the picture, a waiter is handing over a menu to a woman. 사진의 오른쪽에, 웨이터가 여자에게 메뉴를 건네주고 있습니다. He is wearing a black shirt and a brown apron. 그는 검정 셔츠와 갈색 앞치마를 입고 있습니다.
4. 인물 2	Across from her, two women are looking at the menu. 그녀의 맞은 편에, 두 여자가 메뉴를 쳐다보고 있습니다.
5. 인물 3	In the background of the picture, some frames are hanging on the wall. 사진의 배경에, 몇 개의 액자가 벽에 걸려있습니다.
추가 문장 (생략 가능)	On the right side of the picture, I can see a black stove. 사진의 오른쪽에, 검정색 난로가 보입니다.

어휘 **hand over** 건네다 **apron** 앞치마 **frame** 액자 **stove** 난로

(**고득점 포인트**)

• a man, a woman 대신에 직업 이름을 언급하면 더 좋습니다.

• 두 여자의 행동은 reading the menu 라고 묘사할 수도 있습니다.

• women의 발음에 유의하세요. '위민'과 유사한 소리가 납니다.

8

추천 묘사 순서

① 오른쪽의 여자

② 그 앞의 교통표지판과 깃발

③ 왼쪽의 검정 스쿠터

④ 가운데 사람들

1. 장소	I think this picture was taken on the street. 이 사진은 거리에서 찍힌 것 같습니다.
2. 인원 수	There are many people in this picture. 사진에는 많은 사람들이 있습니다.
3. 대상 1	On the right side of the picture, a woman is riding a bicycle. 사진의 오른쪽에, 한 여자가 자전거를 타고 있습니다.
4. 대상 2	In front of her, there is a traffic sign and a flag. 그녀의 앞에, 교통 표지판과 깃발이 있습니다.
5. 대상 3	On the left side of the picture, a black scooter is parked (next to a building). 사진의 왼쪽에, 검은색 스쿠터가 (건물 옆에) 주차되어 있습니다.
6. 대상 4	In the middle of the picture, two people are walking on the street. 사진의 가운데에, 두 사람이 거리를 걷고 있습니다.

(**고득점 포인트**)

• 괄호의 내용은 생략 가능합니다.

• 답변 시간이 부족하면 교통 표지판과 깃발을 설명하지 않아도 됩니다.

Questions
5-7

Respond to questions

듣고, 질문에 답하기

Respond to Questions

기초 다지기

1 **Q** When was the last time you had a long-distance trip on a train?

   A The last time I had a long-distance trip on a train was last year. 작년에

   Q 당신이 마지막으로 기차를 타고 장거리 여행을 한 것은 언제인가요?

   A 제가 마지막으로 기차를 타고 장거리 여행을 한 것은 작년입니다.

2 **Q** How often do you go to a shopping center?

   A I go to a shopping center once a week. 일주일에 한번

   Q 당신은 얼마나 자주 쇼핑센터에 가나요?

   A 저는 쇼핑센터에 일주일에 한번 갑니다.

3 **Q** What food do you usually buy at a grocery store?

   A I usually buy some milk and fruits at a grocery store. 우유와 과일

   Q 당신은 식료품점에서 주로 무슨 음식을 구매하나요?

   A 저는 식료품점에서 주로 우유와 과일을 삽니다.

4 **Q** Where do you get information about traveling?

   A I get information about traveling on the Internet. 인터넷

   Q 당신은 여행에 대한 정보를 어디서 얻나요?

   A 저는 인터넷에서 여행에 대한 정보를 얻습니다.

5 **Q** Do you prefer driving your own car or taking public transportation in your town? Why?

   A I prefer taking public transportation because it is cheaper. 대중교통 / 가격이 더 저렴해서

   Q 당신은 도시 안에서 차를 운전하는 것과 대중 교통을 이용하는 것 중 무엇을 선호하나요? 그 이유는 무엇인가요?

   A 저는 대중교통을 이용하는 것을 선호하며, 이는 가격이 더 저렴하기 때문입니다.

유형별 답변 전략

5, 6번 문제에 답변하기

[유형 1] 두 개의 의문사를 사용한 질문

연습 문제

1 **Q** What was the last electronic product you bought and when did you buy it?

A The last electronic product I bought was a smartphone and I bought it last year.

Q 마지막으로 구매한 전자기기는 무엇이며 언제 그것을 구매했나요?

A 제가 마지막으로 구매한 전자기기는 스마트폰이며 저는 그것을 작년에 구매했습니다.

2 **Q** How often do you check your email and when was the last time you checked it?

A I check my email almost every day and the last time I checked it was this morning.

Q 당신은 얼마나 자주 이메일을 확인하며 마지막으로 확인한 것은 언제입니까?

A 저는 이메일을 거의 매일 확인하며 마지막으로 확인한 것은 오늘 아침입니다.

3 **Q** When was the last time you visited a museum and how long did you stay there?

A The last time I visited a museum was about 6 months ago and I stayed there for 2 hours.

Q 마지막으로 박물관에 간 것은 언제이며 거기에 얼마나 오래 있었나요?

A 제가 마지막으로 박물관에 간 것은 약 6개월 전이며 저는 거기에 2시간 동안 있었습니다.

4 **Q** How many best friends do you have and how often do you see them?

A I have 5 best friends and I see them twice a year.

Q 당신은 가장 친한 친구가 몇 명이며 그들을 얼마나 자주 만나나요?

A 저는 가장 친한 친구가 5명이 있으며 그들을 일년에 두 번 만납니다.

5 **Q** When was the last time you went to a library and what did you do there?

A The last time I went to a library was last week and I studied English there.

Q 당신이 마지막으로 도서관에 간 것은 언제이며 거기서 무엇을 했나요?

A 제가 마지막으로 도서관에 간 것은 지난주였으며 저는 영어를 공부했습니다.

6 **Q** What was the last book you read and how long did it take to read the book?

A The last book I read was a comic book and it took about two hours to read it.

Q 당신이 마지막으로 읽은 책은 무엇이며, 그것을 읽는데 얼마나 오래 걸렸나요?

A 제가 마지막으로 읽은 책은 만화책이며, 그것을 읽는데 약 두 시간 걸렸습니다.

7 **Q** How many times have you traveled this year and where was your favorite place?

A I have traveled twice this year and my favorite place was Jeju Island.

Q 당신은 올해 몇 번 여행을 했으며, 가장 좋았던 장소는 어디인가요?

A 저는 올해 두 번 여행을 했으며, 가장 좋았던 장소는 제주도입니다.

8 **Q** When was the last time you used video chat and what electronic device did you use?

   A The last time I used video chat was 2 days ago and I used my smartphone.

   Q 마지막으로 영상통화를 한 것은 언제이며, 어떤 전자기기를 이용하였나요?

   A 제가 마지막으로 영상통화를 한 것은 2일 전이며 제 스마트폰을 이용했습니다.

유형 2 이유를 추가로 묻는 질문

연습 문제

1 **Q** Do you recommend buying clothes online? Why or why not?
   온라인에서 옷을 사는 것을 추천하나요? 그 이유는 무엇인가요?

   A I recommend buying clothes online. It's because there are more various clothes online.
   저는 온라인에서 옷을 사는 것을 추천합니다. 왜냐하면 온라인에는 더 다양한 옷이 있기 때문입니다.

2 **Q** Are you willing to have lunch in a park? Why or why not?
   공원에서 점심을 먹을 의향이 있나요? 그 이유는 무엇인가요?

   A I am willing to have lunch in a park. It's because I can have lunch in a quiet atmosphere.
   저는 공원에서 점심을 먹을 의향이 있습니다. 왜냐하면 저는 조용한 분위기에서 점심을 먹을 수 있기 때문입니다.

3 **Q** Do you prefer to watch movies in 3D format? Why or why not?
   3D 형식의 영화를 좋아하나요? 그 이유는 무엇인가요?

   A I don't prefer to watch movies in 3D format. It's because it is uncomfortable to wear 3D glasses.
   저는 3D 형식의 영화를 좋아하지 않습니다. 왜냐하면 3D 안경을 착용하기 불편하기 때문입니다.

4 **Q** Where do people in your area usually buy groceries? Why?
   당신이 사는 지역의 사람들은 주로 어디에서 식료품을 사나요? 그 이유는 무엇인가요?

   A People in my area usually buy groceries at supermarkets.
   It's because they can buy fresh groceries at a discounted price.
   저희 지역 사람들은 주로 슈퍼마켓에서 식료품을 삽니다. 왜냐하면 그들은 신선한 식료품을 할인된 가격에 살 수 있기 때문입니다.

5 **Q** Is it convenient to attend live performances in your city? Why or why not?
   당신이 사는 도시에서 라이브 공연을 관람하는 것이 편리한가요? 그 이유는 무엇인가요?

   A It is not convenient to attend live performances in my city. It's because there are not many theaters in my city.
   저희 도시에서 라이브 공연을 관람하는 것은 편리하지 않습니다. 왜냐하면 도시에 극장이 많지 않기 때문입니다.

6 **Q** Are you interested in jogging in the evening? Why or why not?
   저녁에 조깅을 하는 것에 관심이 있나요? 그 이유는 무엇인가요?

   A I'm not interested in jogging in the evening. It's because it is dangerous to go jogging in the evening.
   저는 저녁에 조깅을 하는 것에 관심이 없습니다. 그 이유는 저녁에 조깅을 하는 것은 위험하기 때문입니다.

연습 문제

1

답변	I travel by public transportation for 30 minutes a day. 저는 하루에 대중교통으로 30분 정도 이동합니다.
추가 문장 1 (행동 습관)	I usually take a bus and the subway. 저는 주로 버스와 지하철을 탑니다.
추가 문장 2 (빈도)	I usually take a bus twice a day. 저는 버스를 하루에 두 번 탑니다.

2

답변	I prefer to buy clothes at a department store. 저는 백화점에서 옷을 사는 것을 선호합니다.
추가 문장 1 (이유)	Because there are various brands. 왜냐하면 거기에는 다양한 브랜드가 있기 때문입니다.
추가 문장 2 (1+1)	Also, I prefer to buy clothes on the Internet too. 또한, 저는 인터넷에서 옷을 사는 것 역시 선호합니다.

3

답변	I exercise once a week. 저는 일주일에 한 번 운동합니다.
추가 문장 1 (행동 습관)	I usually play tennis or go jogging. 저는 주로 테니스를 치거나 조깅을 합니다.
추가 문장 2 (시간)	I usually exercise on weekends. 저는 주로 주말에 운동을 합니다.

4

답변	I enjoy watching cooking shows. 저는 요리 쇼를 즐겨 봅니다.
추가 문장 1 (이유)	Because I am very interested in cooking. 왜냐하면 저는 요리에 관심이 많기 때문입니다.
추가 문장 2 (구체적 사례)	I especially like a show called '10분 요리'. 저는 특히 '10분 요리'라는 이름의 쇼를 좋아합니다.

5

답변	I go to a convenience store once a day. 저는 하루에 한번 편의점에 갑니다.
추가 문장 1 (행동 습관)	I usually buy some milk and snacks. 저는 주로 우유와 과자를 삽니다.
추가 문장 2 (시간)	I usually go there in the morning or after school. 저는 주로 그곳에 아침이나 학교가 끝난 뒤에 갑니다.

6

답변	The last time I went to a cinema was last weekend. 제가 마지막으로 극장에 간 것은 지난 주말입니다.
추가 문장 1 (행동 습관)	I went there with my parents. 저는 그곳에 저의 부모님과 함께 갔습니다.
추가 문장 2 (구체적 사례)	I watched a movie called 'The Red Door'. 저는 '더 레드 도어'라는 이름의 영화를 보았습니다.

7번 문제 답변하기

유형 1 의견 묻기

연습 문제

Q Do you think it is convenient to use public transportation in your city?
Why or why not?
당신의 도시 내에서 대중교통을 이용하는 것이 편리하다고 생각하나요? 그 이유는 무엇인가요?

입장	I think it is convenient to use public transportation in my city. 저는 저희 도시 내에서 대중교통을 이용하는 것이 편리하다고 생각합니다.
이유 1	Because it is easy to find a subway station or a bus stop. 왜냐하면 지하철 역이나 버스 정류장을 찾는 것이 쉽기 때문입니다. (a bus stop)
이유 2	Also, we can transfer to another type of transportation conveniently. 또한, 우리는 다른 대중교통으로 편리하게 환승할 수 있습니다. (transfer, conveniently)
마무리	Therefore, I think it is convenient to use public transportation in my area. 따라서, 저는 저희 도시 내에서 대중교통을 이용하는 것이 편리하다고 생각합니다.

연습 문제

Q. What are the advantages of watching a sporting event on television?
텔레비전으로 스포츠 경기를 보는 것의 장점은 무엇인가요?

입장	There are some advantages of watching a sporting event on television. 텔레비전으로 스포츠 경기를 보는 것에는 몇 가지 장점이 있습니다.
장점 1	First, I can enjoy a sporting event regardless of the weather. 첫째로, 저는 날씨에 상관없이 스포츠 경기를 즐길 수 있습니다. (regardless of)
장점 2	Also, I don't have to pay a lot of money for a ticket. 또한, 저는 입장권에 많은 돈을 낼 필요가 없습니다. (a ticket)

유형 3 선호사항 묻기

연습 문제

Q. Do you prefer drinking a beverage in a café or taking out the beverage?
Why?
당신은 카페 안에서 음료를 마시는 것과 가지고 나가는 것 중 어느 것을 선호하나요? 그 이유는 무엇인가요?

입장	I prefer taking out the beverage. 저는 음료를 가지고 나가는 것을 선호합니다.
이유 1	Because I can get a discount about 20%. 왜냐하면 저는 약 20%의 할인을 받을 수 있기 때문입니다. (get a discount)
이유 2	Also, the cafés in my town are very noisy. 또한, 우리 동네의 카페는 매우 시끄럽습니다. (noisy)
마무리	Therefore, I prefer taking out the beverage. 따라서, 저는 음료를 가지고 나가는 것을 선호합니다.

실전 연습

TOEIC Speaking

Imagine that an Australian marketing firm is doing research in your country. You have agreed to participate in a telephone interview about your hometown.

1

호주의 한 마케팅 회사가 당신의 나라에서 설문조사를 하고 있다고 가정해 보세요. 당신은 고향에 대한 전화 인터뷰에 참여하기로 동의하였습니다.

Q5 What is the name of your hometown and do you still live there?
당신 고향의 이름은 무엇이며 아직도 거기에 살고 있나요?

A5 The name of my hometown is Seoul and I still live there (for work).
제 고향의 이름은 서울이며 저는 (직장 때문에) 아직 거기에 살고 있습니다.

> **TIP** 문장의 뒤에 'for + 명사'를 사용해서 목적을 설명해 줄 수 있습니다.

Q6 What activities do you enjoy in your hometown?
당신은 고향에서 무슨 활동을 즐기나요?

A6 I enjoy hiking in my hometown. 저는 고향에서 하이킹을 즐깁니다.

추가문장
- And I usually do it with my family. 그리고 저는 그것을 주로 가족과 함께 합니다.
- Also, I enjoy fishing too. 또한, 저는 낚시도 즐깁니다.

Q7 Would you recommend your hometown to your friends for sightseeing? Why or why not?
당신의 고향을 친구들에게 관광지로 추천하시겠습니까? 그 이유는 무엇인가요?

A7 I would not recommend my hometown to my friends for sightseeing.
저는 제 고향을 친구들에게 관광지로 추천하지 않겠습니다.

Because it is inconvenient to use public transportation in my hometown.
왜냐하면 제 고향에서는 대중교통을 이용하기 불편하기 때문입니다.

Also, there are no popular tourist attractions.
또한, 거기에는 유명한 관광지가 없습니다.

Therefore, I would not recommend my hometown to my friends for sightseeing.
따라서, 저는 제 고향을 친구들에게 관광지로 추천하지 않겠습니다.

어휘 sightseeing 관광 inconvenient 불편한 tourist attraction 관광지

Imagine that a British marketing firm is doing research in your country. You have agreed to participate in a telephone interview about traveling.

2

영국의 한 마케팅 회사가 당신의 나라에서 설문조사를 하고 있다고 가정해 보세요. 당신은 여행에 대한 전화 인터뷰에 참여하기로 동의하였습니다.

Q5 How often do you travel and what transportation do you usually use?
당신은 얼마나 자주 여행을 하며 어떤 교통수단을 주로 이용하나요?

A5 I travel about twice a year and I usually use a train.
저는 일년에 두 번 정도 여행을 하며 주로 기차를 이용합니다.

Q6 When was the last time you used an electronic device to find a route and what did you use?
길을 찾기 위해 마지막으로 전자기기를 사용한 것은 언제이며, 무엇을 사용했나요?

A6 The last time I used an electronic device to find a route was last month and I used my smartphone.
길을 찾기 위해 마지막으로 전자기기를 사용한 것은 지난 달이며 제 스마트폰을 사용했습니다.

Q7 What do you prefer to use between a paper map and an electronic device when you travel? Why?
여행을 할 때 종이지도와 전자기기 중에 무엇을 선호하나요? 그 이유는 무엇인가요?

A7 I prefer to use an electronic device when I travel.
저는 여행을 할 때 전자기기를 사용하는 것을 선호합니다.

Because it provides the latest information.
왜냐하면 그것은 최신 정보를 제공하기 때문입니다.

Also, I can use it in a dark environment.
또한, 어두운 환경에서도 사용할 수 있습니다.

For these reasons, I prefer to use an electronic device when I travel.
이러한 이유로, 저는 여행을 할 때 전자기기를 선호합니다.

기타답변 종이지도의 장점

• It is cheaper than an electronic device. 이것은 전자기기보다 더 저렴합니다.

• I don't have to worry about the battery. 배터리에 대해서 걱정하지 않아도 됩니다.

어휘   latest 최신의 in a 형용사 environment ~한 환경에서

TOEIC Speaking

Imagine that you are talking on the telephone with a friend. You are having a telephone conversation about buying a mobile phone.

3

당신이 친구와 통화 중이라고 가정해 보세요. 당신은 휴대전화 구매에 대해서 이야기를 하고 있습니다.

Q5   I need to buy a new mobile phone. Where do you usually buy a mobile phone?
난 새 휴대전화를 사야 해. 너는 휴대전화를 주로 어디에서 사?

A5   I usually buy a mobile phone on the Internet. 나는 휴대전화를 주로 인터넷에서 구매해.

추가문장
- Because I can buy it at a cheaper price. 왜냐하면 그것을 더 싼 가격에 살 수 있기 때문이야.
- Also, I buy it at an electronics store called Hi-mart too.
또한, 나는 '하이마트'라고 불리는 전자제품 매장에서도 구매해.

Q6   Which mobile phone is the most popular among your friends? Why?
너의 친구들 사이에서 어떤 휴대전화가 가장 유명해? 그 이유가 뭐야?

A6   The most popular mobile phone is the Galaxy Note. Because it has a large screen. 가장 유명한 휴대전화는 '갤럭시 노트'야. 왜냐하면 그것은 화면이 크기 때문이야.

Q7   Which of the following would you prefer the most when buying a mobile phone?
- Battery life   - Durability   - Brand popularity
휴대전화를 살 때 다음 중 어떤 점을 가장 선호해? - 배터리 지속시간   - 내구성   - 브랜드의 대중성

A7   I would prefer battery life the most when buying a mobile phone.
휴대전화를 살 때 내가 가장 선호하는 점은 배터리 지속시간이야.

Because I play mobile phone games every day.
왜냐하면 나는 매일 휴대전화 게임을 하기 때문이야.

Also, I can't recharge my mobile phone often.
또한, 나는 휴대전화를 자주 충전하지 못해.

Therefore, I would prefer battery life the most when buying a mobile phone.
따라서, 나는 휴대전화를 살 때 배터리 지속시간을 가장 선호해.

내구성
- I drop my mobile phone very often. 나는 휴대전화를 자주 떨어뜨려.

기타답변

브랜드의 대중성
- Well-known brands provide convenient customer service.
잘 알려진 브랜드는 편리한 고객 서비스를 제공해.

4

Imagine that an American marketing firm is doing research in your country. You have agreed to participate in a telephone interview about reading books.

미국의 한 마케팅 회사가 당신의 나라에서 설문조사를 하고 있다고 가정해 보세요. 당신은 독서에 대한 전화 인터뷰에 참여하기로 동의하였습니다.

Q5 How often do you read books and what kind of books do you usually read?
당신은 책을 얼마나 자주 읽으며 어떤 종류의 책을 주로 읽나요?

A5 I read books once a week and I usually read comic books.
저는 책을 일주일에 한번 읽으며, 주로 만화책을 읽습니다.

Q6 Where is your favorite place to read books? Why?
책을 읽기에 가장 좋아하는 장소가 어디인가요? 그 이유는 무엇입니까?

A6 My favorite place to read books is a café near my home. Because I like reading books while drinking some coffee.
책을 읽기에 가장 좋아하는 장소는 집 근처의 카페입니다.
왜냐하면 커피를 마시며 책을 읽는 것을 좋아하기 때문입니다.

Q7 What are the advantages of using an e-reader when you read?
책을 읽을 때 전자책을 사용하는 것의 장점은 무엇인가요?

A7 I think there are some advantages of using an e-reader.
저는 전자책을 사용하는 것에는 몇 가지 장점이 있다고 생각합니다.

First, I don't have to carry heavy books.
첫째로, 저는 무거운 책들을 가지고 다니지 않아도 됩니다.

Second, I can buy books at a cheaper price.
둘째로, 저는 책을 더 저렴한 가격에 구매할 수 있습니다.

기타답변
• I can read books in a dark environment.
  저는 어두운 장소에서도 책을 읽을 수 있습니다.

• It provides convenient functions for reading, such as underlining.
  전자책은 밑줄치기와 같은 독서를 위한 편리한 기능을 제공합니다.

TIP 장단점을 묻는 7번 문제 유형에서는 마무리 문장을 생략할 수 있습니다.

TOEIC Speaking

5

Imagine that a British marketing firm is doing research in your country. You have agreed to participate in a telephone interview about buying clothes.

영국의 한 마케팅 회사가 당신의 나라에서 설문조사를 하고 있다고 가정해 보세요. 당신은 옷 구매에 대한 전화 인터뷰에 참여하기로 동의하였습니다.

Q5
When was the last time you purchased a shirt or a blouse and where did you buy it? 마지막으로 셔츠나 블라우스를 구매한 것은 언제이며, 어디에서 구매하셨나요?

A5
The last time I purchased a shirt was last month and I bought it at a department store.
제가 마지막으로 셔츠를 구매한 것은 지난달이며 저는 그것을 백화점에서 구매했습니다.

Q6
Do you prefer to buy clothes from the same brand or try a new one?
당신은 같은 브랜드에서 옷을 사는 것과 새로운 브랜드를 시도하는 것 중 어느 것을 선호하나요?

A6
I prefer to buy clothes from the same brand. Because I can trust the quality of the clothes.
저는 같은 브랜드에서 옷을 사는 것을 선호합니다. 왜냐하면 옷의 질을 신뢰할 수 있기 때문입니다.

기타답변
새로운 브랜드

• I get sick of similar designs easily. 저는 유사한 디자인에 쉽게 질립니다.

Q7
Do you think an online store is a good place for clothing shopping?

Why or why not?
당신은 온라인 매장이 옷 쇼핑에 좋은 곳이라고 생각하나요? 그 이유는 무엇인가요?

A7
I think an online store is a good place for clothing shopping.
저는 온라인 매장이 옷 쇼핑에 좋은 곳이라고 생각합니다.

Because I can buy clothes at a discounted price.
왜냐하면 옷을 할인된 가격에 살 수 있기 때문입니다.

Also, there are more types of clothes at an online store.
또한, 온라인 매장에는 더 많은 종류의 옷이 있습니다.

For these reasons, I think an online store is a good place for clothing shopping.
이러한 이유로, 저는 온라인 매장이 옷 쇼핑에 좋은 곳이라고 생각합니다.

기타답변
반대

• I can't try on clothes. 옷을 입어볼 수 없습니다.

• It is inconvenient to exchange clothes. 옷을 교환하기 불편합니다.

어휘   get sick of ~에 질리다   at a discounted price 할인된 가격에   inconvenient 불편한   try on ~을 입어보다

6

Imagine that your American friend is going to visit your country soon. You are having a telephone conversation with her about public transportation in your city.

미국인 친구가 당신의 나라에 곧 방문을 한다고 가정해 보세요. 당신은 그녀와 도시 내 대중교통에 대해서 전화 통화를 하고 있습니다.

Q5
How can I get to the downtown area from the airport?
공항에서 도심지로 가려면 어떻게 해야 해?

A5
You can get to the downtown area by express train.
너는 고속열차를 타고 도심지에 갈 수 있어.

추가문장
- Also, you can take a bus too. 또한, 너는 버스를 탈 수도 있어.
- It takes about one hour. 한 시간 정도 시간이 걸려.

Q6
Do you think it is easy for foreigners to use public transportation in your city?
외국인이 너희 도시에서 대중교통을 이용하기 쉽다고 생각해?

A6
I don't think it is easy for foreigners to use public transportation in my city. Because most drivers don't speak a foreign language.
나는 외국인이 우리 도시에서 대중교통을 이용하기 쉽지 않다고 생각해. 왜냐하면 대부분의 운전기사가 외국어를 못해.

기타답변
이용이 쉬움
- They make an announcement in various languages. 다양한 언어로 안내방송을 해줘.

Q7
What type of public transportation in your city do you think is the most convenient for traveling? Why?
너희 도시에서 어떤 대중교통이 이동에 가장 편리하다고 생각해? 그 이유는 뭐야?

A7
I think the subway is the most convenient for traveling.
나는 지하철이 이동에 가장 편리하다고 생각해.

Because it is easy to find a subway station.
왜냐하면 지하철 역을 찾기가 쉬워.

Also, it is convenient to transfer (compared to other types of public transportation). 또한, (다른 대중교통에 비해) 환승을 하기가 편리해.

So, I think the subway is the most convenient for traveling.
그래서 나는 지하철이 이동에 가장 편리하다고 생각해.

기타답변
- You can take the subway late at night. 너는 지하철을 밤 늦게도 이용할 수 있어.
- They always run on time. 지하철은 항상 제 시간에 운행을 해.

어휘 make an announcement 안내 방송을 하다　late at night 늦은 밤에　on time 정시에

TOEIC Speaking

7

Imagine that an Australian marketing firm is doing research in your country. You have agreed to participate in a telephone interview about department stores.

호주의 한 마케팅 회사가 당신의 나라에서 설문조사를 하고 있다고 가정해 보세요. 당신은 백화점에 대한 전화 인터뷰에 참여하기로 동의하였습니다.

Q5 When was the last time you went to a department store and what did you do there? 당신이 마지막으로 백화점에 간 것은 언제이며, 거기서 무엇을 했나요?

A5 The last time I went to a department store was last weekend and I bought a suit there. 제가 마지막으로 백화점을 간 것은 지난 주말이며 저는 정장을 구매했습니다.

Q6 In your area, what do people usually buy at a department store?
당신이 살고 있는 지역에서 사람들은 백화점에서 주로 무엇을 삽니까?

A6 People usually buy some clothes at a department store.
사람들은 백화점에서 주로 옷을 구매합니다.

추가문장
• Because they can compare various brands easily.
왜냐하면 그들은 다양한 브랜드를 쉽게 비교할 수 있기 때문입니다.

• Also, some people buy electronics too.
또한, 어떤 사람들은 전자제품을 구매하기도 합니다.

Q7 For shopping, would you recommend the department stores in your city to your friends? 당신은 살고 있는 도시의 백화점을 친구들에게 쇼핑을 위해 추천하겠나요?

A7
I would recommend department stores in my city to my friends.
저는 저희 도시의 백화점을 친구들에게 추천하겠습니다.

Because there are large department stores in my city.
왜냐하면 저희 도시에는 대형 백화점들이 있기 때문입니다.

Also, they provide excellent customer service.
또한, 그들은 훌륭한 고객 서비스를 제공합니다.

Therefore, I would recommend department stores in my city to my friends.
따라서, 저는 저희 도시의 백화점을 친구들에게 추천하겠습니다.

기타답변
• There are many popular restaurants in the department stores.
백화점에는 유명한 레스토랑이 많습니다.

• They are conveniently located. So, it is easy to find them.
백화점들이 편리한 곳에 위치해 있습니다. 그래서 찾기가 쉽습니다.

어휘　electronics 전자제품　conveniently located 편리한 곳에 위치한

8

Imagine that a British marketing firm is doing research in your country. You have agreed to participate in a telephone interview about giving gifts.

영국의 한 마케팅 회사가 당신의 나라에서 설문조사를 하고 있다고 가정해 보세요. 당신은 선물을 주는 것에 대한 전화 인터뷰에 참여하기로 동의하였습니다.

Q5 When was the last time you gave a gift to a friend or a family member and what was it for?
마지막으로 친구나 가족에게 선물을 준 것은 언제이며, 무엇을 위한 선물이었나요?

A5 The last time I gave a gift to a friend was about 1 month ago and it was for his birthday.
마지막으로 친구에게 선물을 준 것은 약 1개월 전이며, 그의 생일을 위한 선물이었습니다.

> **TIP** 친구나 가족 중 한 가지만 골라서 답변해도 됩니다.

Q6 Where is a good place to buy a gift in your city? Why?
살고 있는 도시에서 선물을 사기 좋은 장소는 어디인가요? 그 이유는 무엇인가요?

A6 A good place to buy a gift in my city is a department store called 'Lotte'.
저희 도시에서 선물을 사기 좋은 장소는 '롯데'라는 이름의 백화점입니다.

Because it is convenient to compare products there.
왜냐하면 그곳에서는 제품을 비교하기 편리하기 때문입니다.

기타답변 Because there are a lot of well-known brands in the department store.
왜냐하면 백화점에는 잘 알려진 브랜드가 많기 때문입니다.

Q7 When you give gifts to others, do you prefer to give cash or a specific item? Why?
다른 사람들에게 선물을 줄 때, 현금을 주는 것과 특정 물품을 주는 것 중 어느 것을 선호하나요? 그 이유는 무엇인가요?

A7 I prefer to give cash.
저는 현금을 주는 것을 선호합니다.

First, I don't need to waste my time choosing a gift.
첫째로, 선물을 고르느라 시간을 낭비하지 않아도 됩니다.

Second, it is more practical, because they can buy what they need.
둘째로, 그들이 필요한 것을 살 수 있기 때문에 더 실용적입니다.

For these reasons, I prefer to give cash.
이러한 이유로, 저는 현금을 주는 것을 선호합니다.

어휘   **well-known** 잘 알려진 **practical** 실용적인

Questions
8-10

Respond to questions
using information provided

제공된 정보를
사용하여
질문에 답하기

Respond to Questions Using Information Provided

기초 다지기

연습 문제

1   The first session will take place at 10 A.M. in Room 7.
첫 번째 세션은 오전 10시에 7번 방에서 열릴 것입니다.

2   The conference will be held at the Grand Hotel in Chicago from August 23rd to the 24th.
컨퍼런스는 시카고의 Grand 호텔에서 8월 23일부터 24일까지 열릴 것입니다.

3   The meeting will be held at the Washington Convention Center on Saturday, November 3rd.
회의는 11월 3일 토요일에 워싱턴 컨벤션 센터에서 열릴 것입니다.

4   You are going to leave Sydney at 7:30 P.M. on United Airlines flight 307.
당신은 시드니를 오후 7시 30분에 United 항공사 307편을 통해 떠날 것입니다.

답변 전략

주요 사항 확인하기

행사 일정

Questions 8-10

<table>
<tr><td colspan="2" align="center">유타 글로벌 마케팅 컨퍼런스
6월 3일, 오전 9시 – 오후 5시 LDS 컨퍼런스 센터</td></tr>
<tr><td>09:00 – 09:30</td><td>환영사 (마케팅의 미래) – 수잔 밀러 박사</td></tr>
<tr><td>09:30 – 11:00</td><td>소셜 네트워킹 서비스의 영향력 – 제임스 린치 박사</td></tr>
<tr><td>11:00 – 12:30</td><td>온라인 마케팅의 중요성 – 조 이스턴</td></tr>
<tr><td>12:30 – 02:00</td><td>점심 시간</td></tr>
<tr><td>02:00 – 03:30</td><td>그룹 토론</td></tr>
<tr><td>03:30 – 04:30</td><td>팀별 조직 활동 취소됨</td></tr>
<tr><td>04:30 – 05:00</td><td>질의 응답 시간</td></tr>
</table>

강의 일정

<table>
<tr><td colspan="3" align="center">태즈메이니아 환경 센터
하계 수업 일정
6월 15일 – 8월 19일, 그랜드 홀</td></tr>
<tr><th>수업</th><th>날짜</th><th>강사</th></tr>
<tr><td>근무지 내 에너지 절약</td><td>월요일</td><td>재닛 웰스</td></tr>
<tr><td>환경을 위한 기술</td><td>수요일</td><td>하산 레자</td></tr>
<tr><td>기업 내 환경 윤리</td><td>목요일</td><td>재닛 웰스</td></tr>
<tr><td>재생 가능한 자원의 사업</td><td>토요일</td><td>놀런 배튼</td></tr>
<tr><td colspan="3" align="center">* 모든 수업은 오후 5시부터 7시까지 진행됩니다.
* 등록 비용: 코스당 50 달러</td></tr>
</table>

필수 표현 익히기

1 **Q** Where will the conference be held and what time will it start?

    A The conference will be held at LDS Conference Center and it will start at 9.

    Q 컨퍼런스는 어디에서 열리며 몇 시에 시작하나요?

    A 컨퍼런스는 LDS 컨퍼런스 센터에서 열리며 이것은 9시에 시작할 것입니다.

2 **Q** Will I have a chance to ask some questions during the conference?

    A Yes. a Q&A session is scheduled at 4:30.

    Q 컨퍼런스가 진행되는 동안 제가 질문을 할 기회가 있을까요?

    A 네. 질의응답 시간이 4시 30분에 예정되어 있습니다.

3 **Q** What is the last program before we have lunch?

    A Joe Easton will give a speech on 'The Importance of Online Marketing' at 11.

    Q 점심 먹기 전의 마지막 프로그램은 무엇인가요?

    A 조 이스턴이 11시에 '온라인 마케팅의 중요성'에 대해서 연설을 할 것입니다.

1 **Q** I heard the team building activities are scheduled in the afternoon. Am I right?

    A I'm sorry, but you have the wrong information.
        The team building activities have been canceled.

    Q 팀 빌딩 활동이 오후에 예정되어 있다고 들었습니다. 제 말이 맞나요?

    A 죄송합니다만 잘못 알고 계십니다. 팀 빌딩 활동은 취소되었습니다.

2 **Q** I'm a university student majoring in marketing. Could you tell me about all the sessions related to marketing?

    A There are two scheduled sessions.
        First, Dr. Susan Miller will give a welcome speech on 'The Future of Marketing' at 9.
        And then, 'The Importance of Online Marketing' will be conducted by Joe Easton at 11.

    Q 저는 마케팅을 전공 중인 대학생입니다. 마케팅에 관련된 모든 세션에 대해 말해주시겠어요?

    A 두 가지의 예정된 세션들이 있습니다. 첫 번째로, 수잔 밀러 박사가 9시에 '마케팅의 미래'를 주제로 환영사를 할 것입니다.
        그런 다음, '온라인 마케팅의 중요성'이 조 이스턴으로부터 11시에 진행될 것입니다.

유형 1 행사 일정

스펜서 화학 제품 주식회사

겨울 인턴 프레젠테이션
12월 15일, 오후 1시 – 4시 16번 방

주제	진행자	시간
의료 화학에 관한 제안	패트리샤 박	오후 1:00
하이브리드 플라스틱의 미래	로버트 첸	오후 1:30
바이오 연료와 바이오 에너지	에드워드 딘	오후 2:00
친환경 플라스틱	앤서니 레이놀즈	오후 2:30
생체과정 공학	패트리샤 박	오후 3:00
식수 처리: 새로운 접근방식	루스 해먼드	오후 3:30

* 등록비: 60달러 (점심 포함)
* 사전 등록: 40달러 (12월 7일 전에 등록하세요.)

Questions 8-10

1

네오 테크 신입사원 오리엔테이션
월요일, 3월 7일, 8번 방

시간	프레젠테이션	발표자
10:30 – 11:00	네오 테크의 역사	잭 모리스, 대표
11:00 – 12:00	직무 개요	조지 페리, 부사장
12:00 – 1:30	점심식사 잭슨 레스토랑 (사원 식당)	
1:30 – 2:30	경력 개발 기회	소피아 햄프턴, 마케팅 부장
2:30 – 3:00	복리후생 안내	리처드 마이어스, 인사 부장
3:00 – 4:00	질의응답 시간	
5:00 – 7:00	환영 만찬	

어휘   overview 개요 responsibility 책임, 직무 benefit 복리후생

2

Q8	What day is the orientation and where will it be held?	오리엔테이션은 며칠이며 어디에서 열리나요?
A8	The orientation will take place on Monday, March 7th in room 8.	오리엔테이션은 3월 7일 월요일, 8번 방에서 열립니다.
Q9	I heard that we are having lunch at Jackson's restaurant. Right?	우리가 잭슨 레스토랑에서 점심식사를 할 것이라고 들었습니다. 맞나요?
A9	I'm sorry, but you have the wrong information. Lunch is scheduled in the employee cafeteria. 다른 답변 Lunch will be served in the employee cafeteria.	죄송합니다만 잘못 알고 계십니다. 점심식사는 직원 식당에서 예정되어 있습니다. 점심식사는 직원 식당에서 제공 될 것입니다.
Q10	Can you tell me what programs are scheduled in the morning?	오전에 무슨 프로그램이 예정되어 있는지 말해주시겠어요?
A10	Sure. There are two scheduled sessions. First, Jack Morris, the CEO will give a presentation on 'The History of Neo-Tech' at 10:30. Second, 'The Overview of Responsibilities' will be given by George Perry, the Vice President at 11:00.	물론이죠. 두 가지 예정된 세션이 있습니다. 첫째로, CEO인 잭 모리스가 '네오 테크의 역사'에 대한 프레젠테이션을 10시 30분에 할 것입니다. 둘째로, '직무 개요'가 부회장인 조지 페리로부터 11시에 진행될 것입니다.

3

AEI 시스템

인사 부서 컨퍼런스 (12월 12~13일 / 비스타 호텔)

12월 12일, 월요일

9:00 ~ 10:00	연설: 인사부서의 역할 (드레이크 페리)
10:00 ~ 11:30	그룹 활동: 사원 직무교육
1:00 ~ 2:00	세미나: 채용에 있어서의 법적 이슈
2:00 ~ 2:30	연례 컨퍼런스 장소 선정하기

12월 13일, 화요일

9:00 ~ 10:30	세미나: 성공적인 직무교육의 조건
10:30 ~ 12:00	그룹 토론: 채용 보고서
1:00 ~ 2:30	새로운 컴퓨터 기반 직무교육 프로그램 검토

어휘 　roles 역할 　legal 법적인 　condition 조건 　hiring 채용

4

Q8	Please tell me the details of the first program on the first day.	첫날 첫 번째 프로그램의 세부사항을 알려 주세요.
A8	A speech on 'The Roles of Human Resources' will be conducted by Drake Perry at 9.	'인사부서의 역할'에 대한 연설이 드레이크 페리로부터 9시에 진행될 것입니다.
Q9	The conference will be only a one-day event on December 12th. Is that right?	컨퍼런스는 12월 12일 하루간의 행사인 것으로 알고 있습니다. 이것이 맞나요?
A9	I'm sorry, but you have the wrong information. The conference will be held from December 12th to the 13th.	죄송합니다만 잘못 알고 계십니다. 컨퍼런스는 12월 12일부터 13일까지 열릴 것입니다.
Q10	Can you tell me all the details of the seminar programs scheduled?	예정된 세미나 프로그램의 모든 세부사항을 말해주시겠어요?
A10	Sure. There are two scheduled sessions. First, a seminar on 'Legal Issues in Hiring' is scheduled on Monday, December 12th at 1 P.M. Second, there will be a seminar on 'The Conditions of Successful Training' on Tuesday, December 13th at 9 A.M.	물론이죠. 두 가지 예정된 세션이 있습니다. 첫째로, '채용에 있어서의 법적 사항'에 대한 세미나가 12월 12일 월요일 오후 1시에 예정되어 있습니다. 둘째로, '성공적인 직무교육의 조건'에 대한 세미나가 12월 13일 화요일 오전 9시에 있을 것입니다.

출장 일정 (루크 에반스, 대리) / 8월 15-17일

8월 15일, 수요일

오후 2:45	시카고 출발 - 세트 항공 153편
오후 6:00	필라델피아 도착 (체크인: 블루 플래닛 호텔)

8월 16일, 목요일

오전 10:00 - 오후 5:00	공장 견학 (모건 퍼니처)
오후 5:00	~~모건 퍼니처 CEO와 저녁식사~~ 취소됨

8월 17일, 금요일

오전 9:30 - 11:00	회의 (모건 퍼니처 조명 전문가들과)
오후 1:00	점심 (제이컵 앨런, 에버그린 부엌 디자인)
오후 4:00	필라델피아 출발 - 제트 항공 179편

어휘 furnishing 가구 lighting expert 조명 전문가

1

"언차티드"의 저자 매트 웨스트의 출장 일정
브라운 출판사 후원

10월 4일, 토요일

오전 10:30	워싱턴 DC 출발 – 이스트 윙즈 항공 512편
오후 1:00	뉴욕 도착
오후 3:00	회의 : 도서 표지 디자인 (제시카 김)
오후 6:00	도서 사인회 (리버사이드 서점)

10월 5일, 일요일

오후 1:00	점심 미팅 (브라운 출판사 마케팅 팀과)
오후 3:30	라디오 인터뷰 (캐리의 북 라디오 쇼)
오후 7:15	뉴욕 출발 – 이스트 블루 항공 537편

어휘   roles 역할 legal 법적인 condition 조건 hiring 채용

2

Q8	What time do I leave Washington DC and which flight should I take?	제가 몇 시에 워싱턴 DC를 떠나며 어떤 비행기를 이용하나요?
A8	You are going to leave Washington DC at 10:30 A.M. on East Wings Airlines, flight number 512.	당신은 워싱턴 DC를 오전 10시 30분에 이스트 윙즈 항공사 512 편을 통해 떠날 것입니다.
Q9	There is an art gallery I'd like to visit in New York. Am I free on Sunday morning?	뉴욕에 제가 방문하고 싶은 미술관이 있습니다. 제가 일요일 아침에 시간이 되나요?
A9	Fortunately, your first appointment is scheduled at 1 P.M. So, you can visit the art gallery on Sunday morning. 다른답변 So, you have enough free time on Sunday morning.	다행히도, 당신의 첫 일정이 오후 1시에 예정되어 있습니다. 그래서, 당신은 일요일 아침에 그 미술관을 방문할 수 있습니다. 그래서, 당신은 일요일 아침에 충분한 자유 시간이 있습니다.
Q10	What is my schedule on Saturday afternoon in New York?	뉴욕에서의 제 토요일 오후의 일정은 무엇인가요?
A10	There are two scheduled appointments. First, you are going to have a meeting about the book cover design with Jessica Kim at 3 P.M. Second, a book signing event is scheduled at Riverside bookstore at 6 P.M.	두 가지 예정된 일정이 있습니다. 첫째로, 당신은 오후 3시에 제시카 김과 책 표지 디자인에 대해 회의를 할 것입니다. 둘째로, 도서 사인회가 리버사이드 서점에서 오후 6시에 예정되어 있습니다.

태즈메이니아 환경 센터

하계 수업 일정
6월 15일 – 8월 19일, 그랜드 홀

수업	날짜	강사
근무지 내 에너지 절약	월요일	재닛 웰스
생태 관광 소개	화요일	프레드 로스
환경을 위한 기술	수요일	하산 레자
기업 내 환경 윤리	목요일	재닛 웰스
환경 관리 시스템	금요일	하산 레자
재생 가능한 자원의 사업	토요일	놀런 배튼

* 모든 수업은 오후 5시부터 7시까지 진행됩니다.
* 등록 비용: 코스당 50 달러

어휘   conservation 보존, 보호 workplace 직장 ecotourism 생태 관광 ethic 윤리, 도덕 renewable 재생가능한 resources 자원

1

쿠파루 관광 교육 센터
교육 과정

2월 15일 – 3월 18일

등록 마감일: 2월 12일   비용: 과정당 80 달러

과정	날짜	시간
관광객을 위한 교통수단	월요일	오후 6:15-8:15
관광 마케팅	화요일	오후 1:00-3:00
고급 고객서비스	수요일 → 화요일로 변경	오전 9:30-11:30 오전 10:00-11:50
자녀 동반 가족을 위한 관광	목요일	오후 2:00-4:00
관광 사업 시작하기	금요일	오후 4:30-6:30
문화간의 의사소통	금요일	오후 6:30-8:30

어휘   transportation 교통, 이동 수단 tourism 관광업 superior 우수한 cross-cultural 문화 상호간의

2

Q8	How much does each course cost and when is the deadline for the registration?	각 과정의 수강료는 얼마이고 등록 마감일은 언제 인가요?
A8	It is $80 per course and you need to register by February 12th.	수강료는 각 과정당 80달러이고 2월 12일까지 등록해야 합니다.
Q9	I would like to take the superior customer service course. It is scheduled for Wednesday mornings. Am I right?	저는 고급 고객서비스 과정을 수강하고 싶습니다. 해당 과정이 수요일 오전에 예정되어 있는 게 맞나요?
A9	I'm sorry, but you have the wrong information. It has been rescheduled to Tuesdays from 10 to 11:50 A.M.	죄송하지만 잘못 알고 계십니다. 그 과정은 화요일 오전 10시부터 11시 50분까지 변경되었습니다.
Q10	Can you give me all the details for each course that starts after 6 P.M.?	오후 6시 이후에 시작하는 각 과정의 세부 사항을 모두 알려주시겠어요?
A10	There are two scheduled courses. First, there will be a course on transportation for tourists on Mondays from 6:15 to 8:15 P.M. Second, you can participate in a course on cross-cultural communication on Fridays from 6:30 to 8:30 P.M.	두 개의 과정이 있습니다. 첫째로, 월요일 오후 6시 15분부터 8시 15분까지 관광객을 위한 교통수단에 대한 수업 과정이 있을 것입니다. 둘째로, 금요일 오후 6시 30분부터 8시 30분까지 문화간 의사소통에 관한 수업 과정에 참여하실 수 있습니다.

오웬 카터

151 캐넌 로드, 스미스필드, 런던
(558)721-7443
cerbain@itizen.com

희망 직무: 선임 재무 분석가

경력

타일러 코퍼레이션, 재무 전문가	2012 - 현재
CLE 자산 운용, 투자 조언가	2007 - 2012

학력

사우스 빅토리아 대학, 경영학 석사 (2012)
다윈 대학, 회계학 학사 (2007)

자격증

국제 비즈니스상 위기관리
공인 재무 분석가

어휘 **desired** 희망하는 **bachelor's degree** 학사학위 **certified** 공인된

1

폴 스미버트

324 달튼로드, 보언, 퀸즐랜드
Smibert123@bluemail.com

0411-553-711

희망 직무	피크 퍼포먼스 피트니스 센터 매니저	
학력	운동학 학사 (빅토리아 대학교, 2011)	
경력	바디리프트 피트니스 클럽, 총괄 트레이너	2016 - 현재
	케이프 건강 관리 센터, 운동 지도사	2012 - 2016
그 외 기타 기술 및 자격요건	자격증: 고급 피트니스 영양학 실용 트레이닝 전문가	
증빙 서류	요청 시 제출가능	

어휘   qualification 자격증   reference 증빙 서류

2

Q8	Which school did he get his bachelor's degree and what was his major?	그가 어느 학교에서 학사 학위를 받았으며 그의 전공은 무엇인가요?
A8	He received a bachelor's degree in Exercise Science at Victoria University in 2011.	그는 운동학 학사학위를 빅토리아 대학교에서 2011년에 받았습니다.
Q9	Since we are going to expand the number of classes, I'd like to hire someone who can teach Fitness Nutrition. Do you think he is a suitable applicant for the job?	우리가 수업의 수를 늘릴 것이기 때문에 저는 신체 영양에 대해 지도할 수 있는 사람을 고용하고 싶습니다. 그가 이 직업에 적합하다고 생각하나요?
A9	I think he is a suitable applicant because he has a certification in Advanced Fitness Nutrition.	저는 그가 적합한 지원자라고 생각하는데, 왜냐하면 그는 상급 신체 영양 자격증을 가지고 있기 때문입니다.
Q10	Could you tell me about his work experience?	그의 근무 경력에 대해 말해주시겠어요?
A10	He has two different kinds of work experience. First, he worked at Cape Wellness Center as a fitness instructor from 2012 to 2016. And then, he has been working at Bodylift Fitness Club as a head trainer since 2016.	그는 두 가지의 경력을 가지고 있습니다. 먼저, 그는 케이프 건강 관리 센터에서 운동 지도사로 2012년부터 2016년까지 일했습니다. 그리고 나서, 그는 바디리프트 피트니스 클럽에서 총괄 트레이너로 2016년부터 일해오고 있습니다.

키스톤 연구소
채용 면접 일정

금요일, 3월 10일
[인터뷰 장소: 회의실 C]

시간	지원자	직위
오전 9:00	길버트 비커	연구 보조원
오전 10:00	피터 칸	웹 기술자
오전 11:30	다우니 밀러	화학 기술자
오후 1:00	카를로스 가녀	위생 감독관 취소됨
오후 2:30	앤디 왕	연구 분석가
오후 3:15	샌디 버클리	위생 감독관
오후 4:00	데니스 펠턴	연구 보조원

인터뷰 질문 자료: 인사부서에서 받아가세요

어휘   assistant 보조원, 조수 technician 기술자 sanitation 위생 supervisor 감독관, 관리자 analyst 분석가

연습 문제

1

<table>
<tr><td colspan="5" align="center">보웬 대학교
채용 면접 일정

6월 25일 – 6월 26일
도서관 107호</td></tr>
<tr><th>날짜</th><th>시간</th><th>지원자</th><th>부서</th><th>직위</th></tr>
<tr><td rowspan="4">25일</td><td>9:00</td><td>크리스토퍼 리</td><td>수학</td><td>부교수</td></tr>
<tr><td>10:00</td><td>브랜든 장</td><td>언어</td><td>중국어 강사</td></tr>
<tr><td>11:00</td><td>비키 심슨</td><td>경영</td><td>행정 보조</td></tr>
<tr><td>1:00</td><td>클라우스 원더</td><td>세계사</td><td>강사</td></tr>
<tr><td rowspan="3">26일</td><td>9:00</td><td>모건 루이스</td><td>언어</td><td>프랑스어 강사</td></tr>
<tr><td>10:00</td><td>톰 도널리</td><td>생물학</td><td>부서장</td></tr>
<tr><td>11:00</td><td>김 스미스</td><td>미술</td><td>부교수</td></tr>
</table>

어휘 fine art 미술 associate professor 부교수 administrative 행정의, 관리의 instructor 강사

2

Q8	What dates are the interviews scheduled for and where will they be held?	면접은 며칠에 열리고 어디서 진행되나요?
A8	The interviews are scheduled from June 25th to the 26th and they will be held in library room 107.	면접은 6월 25일부터 26일까지 열리고 도서관 107호에서 진행될 것입니다.
Q9	Interviews are only scheduled in the morning, right?	면접은 오전에만 진행되는 것이 맞나요?
A9	I'm sorry, but you have the wrong information. One of the interviews is scheduled at 1 P.M. on the 25th.	죄송하지만 잘못 알고 계십니다. 25일의 면접 중 하나는 오후 1시에 예정되어 있습니다.
Q10	I just received an email from the manager of the Language Department asking about the upcoming interviews. Can you give me all the details about the interviews scheduled for language teaching positions?	저는 방금 언어학부 부장으로부터 다가오는 면접에 대해 물어보는 이메일을 받았습니다. 어학 강사직에 예정된 면접의 세부사항을 모두 알려주시겠습니까?
A10	There are two scheduled interviews. First, you will interview Brendon Chang for the Chinese instructor position on the 25th at 10 A.M. Second, there will be an interview with Morgan Louise, who is applying for the French instructor position, on the 26th at 9 A.M.	두개의 예정된 면접이 있습니다. 첫째로, 당신은 중국어 강사직에 지원하는 브랜든 장을 25일 오전 10시에 면접 볼 예정입니다. 둘째로, 프랑스어 강사직에 지원하는 모건 루이스의 면접이 26일 오전 9시에 예정되어 있습니다.

Questions 8-10

샘 델리

26 델턴로드 (331-5979)   고객명: 콜스 건설회사

영업 시간: 오전 7   오후 7   주문 접수일: 5월 16일

	가격	메뉴
샌드위치	7 달러	햄 샌드위치 10개, 참치 샌드위치 5개
음료	2 달러	여러 가지 탄산음료 15잔
쿠키	1 달러	초콜릿 칩 쿠키 9개, 땅콩 버터 쿠키 6개

합계 : 150 달러 완납 (∨) 미납 (   )

방문 예정시간 : 5월 17일, 오후 6:30분

어휘   assorted 여러 가지의 unpaid 미납의

1

프래니 피자

135 벌쳐 스트리트   주문 번호: 13102

0451-9241-9141   고객 명: 리언 넬슨

제품	수량	가격	합계
하와이안 피자	2	17 달러	34 달러
야채 피자	2	14 달러	28 달러
마늘 파이	3	7 달러	21 달러
합계			83 달러

미납

방문 예정 날짜 및 시간: 6월 9일 (오후 12시)

[프래니 피자를 이용해 주셔서 감사합니다]

2

Questions 8-10

Q8	Where should I go to pick up the order and what time will it be ready?	주문한 것을 받기 위해 어디로 가야 하며 그것이 몇 시에 준비될까요?
A8	Our restaurant is located at 135 Vulture Street. And it will be ready at 12 P.M.	저희 레스토랑은 벌쳐 스트리트 135번지에 있습니다. 그리고 주문하신 것은 12시에 준비가 될 거예요.
Q9	I was told that the order was fully paid. Am I right?	비용이 전부 지불되었다고 들었습니다. 이것이 맞나요?
A9	I'm sorry, but you have the wrong information. The order is not paid yet. You need to pay when you pick up the order.	죄송합니다만 잘못 알고 계십니다. 주문은 아직 비용이 지불되지 않았습니다. 주문한 것을 가져가실 때 비용을 지불해야 합니다.
Q10	I want to know if my boss ordered enough food for our team. Could you please tell me what food has been ordered?	제 상사가 저희 팀을 위해 충분한 음식을 주문했는지 알고 싶습니다. 어떤 음식들이 주문되었는지 말해주시겠어요?
A10	Sure. First, you will get 2 Hawaiian pizzas and they are 17 dollars each. Also, there will be 2 vegetarian pizzas which are 14 dollars each. Lastly, you will get 3 garlic pies and they are 7 dollars each. So, it is 83 dollars in total.	물론입니다. 먼저, 당신은 2개의 하와이안 피자를 받을 것이며 그것들은 각각 17달러입니다. 또한 각 14달러인 야채 피자가 2개 있습니다. 마지막으로 당신은 3개의 마늘 파이를 받을 것이며 그것들은 각각 7달러입니다. 그래서, 총합 83달러입니다.

실전 연습

사우스뱅크 역사의 날

사우스뱅크 역사 협회 후원
10월 5일 토요일

시간	주제	위치
오전 9:30-10:00	환영사 (존스 시장)	시청
오전 10:00-10:30	역사이야기: 초창기의 사우스 뱅크	모닝사이드 공원
오전 10:30-11:00	견학: 민간 사유 정원	모닝사이드 공원
오후 1:00-1:30	역사이야기: 사우스뱅크의 산업	오웬 공원
오후 1:30-2:30	콘서트 (사우스뱅크 청소년 관현악단)	퍼스 광장
오후 2:30-4:00	유적지 버스 투어 *	시청

* 1인당 5 달러

1 행사 일정

Narration: Hi, I'm interested in attending the Southbank Historical Day and I'd like some more information about it before I sign up. May I ask you some questions please?

안녕하세요, 저는 사우스뱅크 역사의 날 행사에 참여하고자 하며, 등록하기 전에 정보를 더 얻고자 합니다. 제가 질문을 좀 해도 될까요?

Q8 What is the date of the event and what time will it begin?
행사는 며칠이며 몇 시에 시작하나요?

A8 The event will take place on October 5th, and it will begin at 9:30 A.M.
이벤트는 10월 5일에 열리며 오전 9시 30분에 시작할 것입니다.

다른 답변 The event will be held on October 5th at 9:30 A.M.
이벤트는 10월 5일 오전 9시 30분에 열릴 것입니다.

Q9 I live across from Perth Plaza, but none of the activities will take place there, right? 저는 퍼스 광장의 맞은 편에 사는데, 그곳에서는 아무것도 열리지 않죠? 제 말이 맞나요?

A9 I'm sorry, but that's not true. There will be a concert from the Southbank Youth Orchestra in Perth Plaza at 1:30 P.M.
죄송합니다만, 그것은 사실이 아닙니다. 사우스뱅크 청소년 관현악단의 콘서트가 오후 1시 30분에 퍼스 광장에서 있을 것입니다.

Q10 I'm mostly interested in attending the historical talks. Could you give me all the details about those talks?
저는 역사이야기에 참여하는 것에 가장 관심이 있습니다. 그것들에 대한 모든 세부사항을 말해주시겠어요?

A10 There are two scheduled sessions. First, a historical talk on Early Southbank is scheduled in Morningside Park at 10 A.M. And then, there will be another historical talk on Industry in Southbank in Owen Park at 1 P.M.
두 가지의 예정된 세션들이 있습니다. 첫 번째로 초창기의 Southbank에 대한 역사이야기가 모닝사이드 공원에서 오전 10시에 예정되어 있습니다. 그리고 나서, 사우스뱅크의 산업에 대한 또 다른 역사이야기가 오웬 공원에서 오후 1시에 있을 것입니다.

아담 로버츠의 출장 일정

루크 & 칸 건설 주식회사

6월 15일 월요일

10:15	디트로이트 출발, 유나이티드 항공 510편
12:00	보스턴 도착
5:30	보스턴 지점에서 저녁 식사 미팅

6월 16일 화요일 (건축 컨퍼런스 참석)

10:30	공개 토론회 : 건축에서의 최소 표현주의 (103호)
1:00	강연 : 과거로부터 배우다 (로렌조 박사)

6월 17일 수요일

8:00	엘리스 파커 만나기 (마케팅 책임자, 화이트박스 건설회사)
11:00	보스톤 출발, United 항공 517편
1:30	디트로이트 도착

2 개인 일정

Narration: Hi, this is Adam Roberts from the sales department. I think I left my schedule for next week's business trip in the office. I'd appreciate if you could answer some of my questions.

안녕하세요, 저는 판매부서의 아담 로버츠입니다. 제가 다음주 출장 일정표를 사무실에 놓고 온 것 같습니다. 제 질문에 답변을 해주시면 감사하겠습니다.

Q8 What time do I leave Detroit and which flight should I take?
제가 몇 시에 디트로이트를 떠나며, 어떤 비행기를 타야 하나요?

A8 You leave Detroit at 10:15 and you should take United Air flight number 510.
당신은 10시 15분에 디트로이트를 떠나며, 유나이티드 항공 510편 비행기를 타야 합니다.

다른 답변 You are going to leave Detroit at 10:15 on United Air flight number 510.
당신은 유나이티드 항공 510편 비행기를 통해 10시 15분에 디트로이트를 떠날 것입니다.

Q9 A friend of mine lives in Boston and he wants to have lunch with me on Wednesday. Do you think it is possible?
제 친구가 보스턴에 사는데, 수요일에 저와 점심을 먹고 싶어합니다. 가능할까요?

A9 I'm sorry, but you are going to depart from Boston at 11 A.M. So, I don't think it is possible. 죄송합니다만, 당신은 보스턴을 오전 11시에 떠날 예정이에요. 그래서 그것이 가능할 것 같지 않습니다.

다른 답변 Unfortunately, you are scheduled to depart from Boston at 11 A.M. on Wednesday. So, I don't think it is possible.
안타깝게도, 당신은 보스턴을 수요일 오전 11시에 떠날 예정입니다. 그래서 그것이 가능할 것 같지 않습니다.

Q10 Can you give me all the details about the schedule for the conference on the 16th? 16일에 있을 컨퍼런스의 일정에 대한 세부사항을 알려주시겠어요?

A10 There are two scheduled sessions. First, a panel discussion on Minimalism in Architecture is scheduled in room 103 at 10:30 A.M. And then, there will be a lecture on Learn from the Past by Dr. Lorenzo at 1 P.M.
두 가지의 예정된 세션들이 있습니다. 첫 번째로 '건축에서의 최소 표현주의'에 대한 공개 토론회가 103번 방에서 오전 10시 30분에 예정되어 있습니다. 그리고 나서 '과거로부터 배우다'에 대한 로렌조 박사의 강연이 오후 1시에 있을 것입니다.

TIP • 일반 명사인 프로그램 명에는 관사를 붙여주세요. 📖 a panel discussion
• 10번 답변에서 by 대신 from을 사용할 수도 있습니다.

내추럴 피트니스 센터			
621 델턴 스트리트			
겨울 수업일정: 12월 1일 ~ 2월 23일			
비용: 100 달러, 세시간 과정 / 50 달러, 다른 모든 과정			
그룹 운동 수업			강사
월요일	오후 5:00~6:00	체력 훈련: 중급	마르코 루이스
월요일	오후 6:00~7:00	심폐 지구력 강화 춤	유키 레이핀드
화요일	오후 5:00~6:00	심폐 지구력 강화 춤	앤 웨일스
화요일	오후 7:00~8:00	체력 훈련: 고급	커트 젠슨
금요일	오후 4:00~7:00	빨리 걷기	제이슨 파크
토요일	오후 1:00~4:00	요가: 입문	숀 힐
토요일	오후 5:00~6:00	요가: 중급	사라 코너

3 강의 일정

Narration: Hi, I recently heard about the Natural Fitness Center. And I have a few questions about the group exercise schedule for the winter.

안녕하세요, 저는 최근에 Natural 피트니스 센터에 대해 들었습니다. 겨울 그룹 운동 일정에 대해 몇가지 질문이 있습니다.

Q8 How much do the classes cost?

수강 비용이 얼마인가요?

A8 It is $100 for three-hour courses and it is $50 for all other courses.

3시간 과정은 100달러, 다른 모든 과정은 50달러입니다.

Q9 Yoga classes will take place on Saturday morning, right?

요가 수업은 토요일 아침에 열리는 것으로 알고 있습니다. 맞나요?

A9 I'm sorry, but you have the wrong information. Yoga classes are scheduled for Saturday afternoon.

죄송하지만 잘못 알고 계십니다. 요가 수업은 토요일 오후에 예정되어 있습니다.

Q10 I'm really interested in taking the strength training classes. Can you give me all the details for the strength training classes you have available?

저는 체력 훈련 수업에 관심이 많습니다. 제공되는 체력 훈련수업의 세부사항을 모두 알려주실 수 있나요?

A10 There are two scheduled classes. First, Marco Louis will teach strength training for an intermediate level on Mondays from 5 to 6 P.M. Second, another strength training class for an advanced level will be conducted by Kurt Jensen on Tuesdays from 7 to 8 P.M.

두가지 과정이 있습니다. 먼저, 마르코 루이스가 월요일 오후 5시부터 6시까지 체력 훈련 중급 레벨 과정을 가르칠 것입니다. 둘째로 체력 훈련 고급 레벨 과정이 화요일 저녁 7시부터 8시까지 커트 젠슨에 의해 진행될 것입니다.

<table>
<tr><td colspan="3">섀넌 마시
105 메이플 애비뉴, 볼티모어, 메릴랜드
(037) 2308 – 6609
Marsh101@bine.com</td></tr>
<tr><td>희망 직급</td><td colspan="2">수석 디자이너</td></tr>
<tr><td>경력</td><td>베스트 키친 컴퍼니: 책임 디자이너
마리골드 키친 디자인: 제품 디자이너</td><td>2013 – 현재
2010 – 2013</td></tr>
<tr><td>학력</td><td colspan="2">뉴캐슬 대학교
모던 디자인 석사   2008
산업 디자인 학사   2006</td></tr>
<tr><td>수상내역
및 자격증</td><td colspan="2">금상: 에너지 절약을 위한 혁신적 디자인
자격증: 산업 디자인 5급</td></tr>
</table>

4 이력서

Narration: Hi, this is Matt. I am interviewing Shannon Marsh this afternoon, but I think I left her resume at home. Could you help me with her information?

안녕하세요, 저는 매트입니다. 저는 오늘 오후에 섀넌 마시를 인터뷰 할 예정이에요. 그런데 제가 그녀의 이력서를 집에 두고 온 것 같아요. 그녀의 정보를 제게 알려주시겠어요?

Q8 When did she get her master's degree and which university did she get it from?

그녀는 언제 석사학위를 취득했으며 어떤 대학에서 그것을 받았나요?

A8 She received a master's degree at Newcastle University in 2008.

그녀는 뉴캐슬 대학교에서 2008년에 석사 학위를 받았습니다.

Q9 I would like to work with someone who knows a lot about designs for saving energy. Is she an appropriate applicant?

저는 에너지 절약을 위한 디자인에 대해 잘 알고 있는 사람과 일하고 싶습니다.

그녀가 적합한 지원자일까요?

A9 I think she is a suitable applicant. She received a Golden Award in Innovative Designs for Energy Saving.

저는 그녀가 적합한 지원자라고 생각합니다. 그녀는 에너지 절약을 위한 혁신적 디자인에서 금상을 받았습니다.

Q10 Could you tell me about her work experience?

그녀의 경력에 대해서 말해주시겠어요?

A10 She has two different kinds of work experience. First, she worked at Marigold Kitchen Design as a product designer from 2010 to 2013. And then, she has been working at Best Kitchen Company as a senior designer since 2013.

그녀는 두 가지의 경력을 가지고 있습니다. 먼저, 그녀는 마리골드 키친 디자인에서 제품 디자이너로 2010년부터 2013년까지 일했습니다. 그 뒤 그녀는 베스트 키친 컴퍼니에서 책임 디자이너로 2013년부터 일해오고 있습니다.

유니크레딧 보험회사 채용 면접 일정

수요일, 5월 5일, D 회의실

시간	지원자	직위
오전 10:15 ~ 11:00	매트 스티븐슨	보조 회계사
오전 11:00 ~ 11:45	카르멘 리	재무 분석가
오전 11:45 ~ 오후 12:15	브라이언 스콧	법률자문 보조
오후 1:45 ~ 2:30	알란 페일리	사무실 관리자
오후 2:30 ~ 3:15	에이든 파크	선임 회계사
오후 3:15 ~ 4:00	셀레네 고메즈	사무실 관리자 취소됨
오후 4:00 ~ 4:45	마이클 서전트	보조 회계사

5 면접 일정

Narration: Hi, this is Jason Forks, the lead attorney on the hiring committee. I will be helping to interview job candidates next week. But I misplaced the interview schedule. I need you to give me some of the details.

안녕하세요, 저는 고용 위원회의 수석 변호사 제이슨 포크스입니다. 저는 다음주에 구직자들의 채용 인터뷰를 도울 예정인데, 면접 일정표를 잃어버렸습니다. 그래서 세부사항에 대해서 몇 가지 알려주셨으면 합니다.

Q8 What dates are the interviews being held and where are they taking place?

인터뷰는 며칠에 진행되고 어디에서 열리나요?

A8 The interviews will be held on Wednesday, May 5th, in meeting room D.

인터뷰는 5월 5일 수요일에 D 회의실에서 열릴 것입니다.

Q9 The last time I checked, there was no one scheduled to be interviewed for the office manager position. Am I right?

마지막으로 확인했을 때 사무실 관리자직에 면접을 보는 분이 없었습니다. 맞나요?

A9 I'm sorry, but you have the wrong information. There is one interview at 1:45 P.M.

죄송하지만 잘못 알고 계십니다. 1시 45분에 하나의 면접이 있습니다.

Q10 Can you give the details about all of the interviews scheduled for accounting positions?

회계직에 예정된 모든 면접의 세부사항을 알려주시겠습니까?

A10 There are three scheduled interviews. First, you will interview Matt Stevenson for the assistant accountant position at 10:15 A.M. Second, there will be an interview with Aiden Park, who is applying for the senior accountant position, at 2:30 P.M. Lastly, you will interview Michael Sergeant for the assistant accountant position at 4 P.M.

세개의 예정된 면접이 있습니다. 먼저, 당신은 보조 회계사 직에 지원하는 매트 스티븐슨을 오전 10시 15분에 면접 볼 예정입니다. 둘째로, 선임 회계사 직에 지원하는 에이든 파크의 면접이 오후 2시 30분에 있습니다. 마지막으로, 당신은 보조 회계사 직에 지원하는 마이클 서전트를 오후 4시에 면접 볼 예정입니다.

캥거루 포인트 사무용품점	27 린덤 로드, 캥거루 포인트 전화번호: 935-3047 영업시간: 오전 9시 - 오후 7시	

고객명: 맥키 웰스

제품	수량	가격
스테이플러	10	100 달러
가위	10	70 달러
메모장	40	40 달러

합계: 210 달러
* 1월 17일 월요일 완납

더 많은 제품을 위해 www.KPsupplies.com에 방문하세요!
저희는 이틀 내 배송 서비스를 약속합니다.

6 영수증 및 주문서

Narration: Hi, my name is David Root. My manager told me that he ordered some stationery items from your store. I would like to check some details before I pick up the order.

안녕하세요, 저는 데이비드 루트입니다. 제 매니저가 이곳 매장에서 문구를 주문했다고 하였습니다. 제가 주문내역을 가지러 가기 전에 몇 가지 세부사항을 확인하고 싶습니다.

Q8

Where is your store located and what time do you open and close?

매장이 어디에 위치해 있으며, 몇 시에 문을 열고 닫나요?

A8

Our store is located at 27 Lindum Road and our business hours are from 9 A.M. to 7 P.M.

저희 매장은 린덤 로드 27번지에 위치해 있으며, 영업 시간은 오전 9시부터 오후 7시까지입니다.

Q9

Do I have to make a payment when I pick up the order?

물건을 찾으러 갈 때 대금을 지불해야 하나요?

A9

That won't be necessary. The order was already paid on Monday, January 17th.

그러지 않으셔도 됩니다. 주문은 1월 17일 월요일에 이미 결재 되었습니다.

Q10

I want to check whether my manager ordered enough office supplies or not. Can you explain the entire order to me?

저의 매니저가 충분한 사무용품을 주문했는지 확인하고 싶습니다. 전체 주문 내역을 말해주시겠어요?

A10

Sure. He ordered 10 staplers and they are 100 dollars.

Also, 10 scissors were ordered for 70 dollars.

Lastly, he ordered 40 notepads which are 40 dollars. It is 210 dollars in total.

물론입니다. 그는 10개의 스테이플러를 주문했으며 그것들은 100달러입니다.

또한, 10개의 가위가 70달러에 주문되었습니다. 마지막으로 그는 40개의 메모장을 주문했으며, 그것들은 40달러입니다.

총합 210달러입니다.

Question
11

Express an opinion

의견 제시하기

Express an Opinion

답변 전략

입장 결정

연습 문제

1 **Q** Do you agree or disagree with the following statement?
High schools should decrease the number of classes and provide more online education instead.
다음의 의견에 동의하시나요, 반대하시나요? 고등학교는 수업의 수를 줄이고 대신 더 많은 온라인 교육을 제공해야 한다.

A I agree that high schools should decrease the number of classes and provide more online education instead.
저는 고등학교가 수업의 수를 줄이고 대신 더 많은 온라인 교육을 제공해야 한다는 것에 동의합니다.

2 **Q** Which of the following factors is the most important when choosing a job?
– Location of the office   - Possibility of long-term career   - Business travel opportunities
직업을 선택할 때 다음 중 가장 중요한 요소는 무엇인가요?
– 사무실의 위치   - 장기 근무의 가능성   – 출장의 기회

A I think location of the office is the most important when choosing a job.
저는 사무실의 위치가 직업을 선택할 때 가장 중요하다고 생각합니다.

3 **Q** What are the advantages of accepting a job offer recommended by your family members?
가족으로부터 권유된 일자리 제의를 수락하는 것의 장점은 무엇인가요?

A There are some advantages of accepting a job offer recommended by my family members.
가족으로부터 권유된 일자리 제의를 수락하는 것에는 몇 가지 장점이 있습니다.

4 **Q** Do you prefer to work with an employee who has creative ideas or one who has good communication skills?
당신은 창의적인 아이디어를 가진 직원과 훌륭한 의사소통 능력을 가진 직원 중에 누구와 함께 일하고 싶나요?

A I prefer to work with an employee who has creative ideas.
저는 창의적인 아이디어를 가진 직원과 함께 일하고 싶습니다.

이유 설명

1 What are the disadvantages of working with close friends?
Use specific reasons and examples to support your opinion.

친한 친구들과 함께 일하는 것의 단점은 무엇인가요? 구체적인 이유와 예를 들어 당신의 의견을 뒷받침 하세요.

입장	I think there are some disadvantages of working with close friends. 친한 친구들과 함께 일을 하는 것에는 몇가지 단점이 있다고 생각합니다.
단점 1	Most of all, it is difficult to concentrate on work. (concentrate on) 무엇보다도, 업무에 집중하기 어렵습니다.
단점 2	Because it could be uncomfortable to give orders. (give orders) 왜냐하면 명령을 내리는 것이 불편할 수 있기 때문입니다.

2 Do you agree or disagree with the following statement?
Being able to cook is getting more important nowadays.
Use specific reasons and examples to support your opinions.

다음의 의견에 동의하시나요, 반대하시나요?

요즘에는 요리를 할 줄 아는 것이 점점 더 중요해지고 있다.

구체적인 이유와 예를 들어 당신의 의견을 뒷받침하세요.

입장	I agree that being able to cook is getting more important nowadays. 요즘에는 요리를 할 줄 아는 것이 점점 더 중요해지고 있다는 것에 동의합니다.
이유 1	Most of all, we can have healthy eating habits. 무엇보다도, 우리는 건강한 식습관을 가질 수 있습니다.
이유 2	Because it is possible to have a meal at a cheaper price. 왜냐하면 우리는 더 저렴한 비용에 식사를 하는 것이 가능하기 때문입니다.

입장	I disagree that being able to cook is getting more important nowadays. 요즘에는 요리를 할 줄 아는 것이 점점 더 중요해지고 있다는 것에 반대합니다.
이유 1	Most of all, many restaurants provide delivery services these days. 무엇보다도, 요즘에는 많은 레스토랑이 배달 서비스를 제공합니다.
이유 2	Because we can buy various instant foods easily. 왜냐하면 다양한 인스턴트 음식을 쉽게 구매할 수 있기 때문입니다.

빈칸의 우리말 표현을 이용해서 전체 답변을 완성해 보세요.

> Do you agree or disagree with the following statement?
>
> *Being able to cook is getting more important nowadays.*
>
> Use specific reasons and examples to support your opinions.
>
> 다음의 의견에 동의하시나요, 반대하시나요?
>
> 요즘에는 요리를 할 줄 아는 것이 점점 더 중요해지고 있다.
>
> 구체적인 이유와 예를 들어 당신의 의견을 뒷받침하세요.

입장		I disagree that being able to cook is getting more important nowadays.
		저는 요즘에 요리를 할 줄 아는 것이 점점 더 중요해지고 있다는 것에 반대합니다.
이유		Because **we can** buy various instant foods easily.
		왜냐하면 다양한 인스턴트 음식을 쉽게 구매할 수 있기 때문입니다.
예시 [템플릿1]	**배경**	In my case, **I often buy instant food** at a supermarket called emart.
		제 경우에, 저는 이마트라는 슈퍼마켓에서 자주 인스턴트 음식을 구매합니다.
	경과	**There are** many kinds of **instant food** such as stew and sushi.
		그곳에는 찌개나 초밥 같은 많은 종류의 인스턴트 음식이 있습니다.
		Also, the price is reasonable.
		또한, 가격이 합리적입니다.
	결과	**As a result, I can eat delicious food** at home conveniently.
		그 결과 저는 집에서 맛있는 음식을 편리하게 먹을 수 있습니다.
마무리		Therefore, I disagree that being able to cook is getting more important nowadays.
		따라서, 저는 요즘에 요리를 할 줄 아는 것이 점점 더 중요해지고 있다는 것에 반대합니다.

Question 11

입장	I agree that being able to cook is getting more important nowadays.	
	저는 요즘에 요리를 할 줄 아는 것이 점점 더 중요해지고 있다는 것에 찬성합니다.	
이유	Most of all, it is possible to have a meal at a cheaper price.	
	무엇보다도, 더 싼 가격에 식사를 하는 것이 가능합니다.	
예시 [템플릿 4]	과거의 배경	When I was a new employee, I often ate out at a restaurant near my house.
		제가 신입사원이었을 때, 저는 집 근처 레스토랑에서 자주 외식을 했습니다.
	문제점	So, I spent a lot of money on food.
		그래서 저는 음식에 돈을 많이 썼습니다.
	현재의 상황	But nowadays, I usually cook at home in person.
		하지만 요즘은 집에서 직접 요리를 합니다.
	결과	As a result, I can save living expenses a lot.
		그 결과, 저는 생활비를 많이 아낄 수 있습니다.
마무리	Therefore, I agree that being able to cook is getting more important nowadays.	
	따라서, 저는 요즘에 요리를 할 줄 아는 것이 점점 더 중요해지고 있다는 것에 찬성합니다.	

1

Do you agree or disagree with the following statement?
Schools should prohibit students from using electronic devices such as smart phones or laptops at school.
Use specific reasons and examples to support your opinion.

다음의 의견에 동의하시나요, 반대하시나요?
학교는 학생들이 교내에서 스마트폰이나 노트북 컴퓨터 같은 전자기기를 사용하는 것을 금지해야 한다.
구체적인 이유와 예를 들어 당신의 의견을 뒷받침 하세요.

입장 동의	I agree that schools should prohibit students from using electronic devices such as smart phones or laptops at school. 저는 학교가 학생들이 교내에서 스마트폰이나 노트북 컴퓨터 같은 전자기기를 사용하는 것을 금지해야 한다는 것에 동의합니다.
이유	Most of all, electronic devices can distract students (from studying). 무엇보다도, 전자기기는 학생들을 (공부하는 것으로부터) 산만하게 만들 수 있습니다.

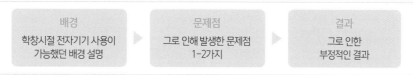

배경	문제점	결과
학창시절 전자기기 사용이 가능했던 배경 설명	그로 인해 발생한 문제점 1~2가지	그로 인한 부정적인 결과

예시 [템플릿2]	**배경**	When I was a high school student, it was possible to use a smartphone at school. 제가 고등학생이었을 때, 학교에서 스마트폰을 사용하는 것이 가능했습니다.
	문제점	So, I often played mobile phone games in class. 그래서 저는 때때로 수업 중에 휴대전화 게임을 하였습니다. Also, I always texted my friends (when I studied in the school library). 또한 저는 (학교 도서관에서 공부할 때) 항상 친구에게 문자 메시지를 보냈습니다.
	결과	As a result, I was not able to concentrate on my studies. 그 결과, 저는 공부에 집중할 수가 없었습니다.
마무리		For that reason, I agree that schools should prohibit students from using electronic devices at school. 그러한 이유로, 저는 학교가 학생들이 교내에서 전자기기를 사용하는 것을 금지해야 한다는 것에 동의합니다.

TIP 제시된 답변 중 괄호 안의 내용은 생략 가능합니다.

입장 반대	I disagree that schools should prohibit students from using electronic devices such as smart phones or laptops at school. 저는 학교가 학생들이 교내에서 스마트폰이나 노트북 컴퓨터 같은 전자기기를 사용하는 것을 금지해야 한다는 것에 반대합니다.		
이유	Most of all, electronic devices can be helpful for studies. 무엇보다도, 전자기기는 공부에 도움이 될 수 있습니다.		
	배경 학창시절 전자기기 사용이 가능했던 배경 설명	**경과** 그것을 학습에 유용하게 사용했던 사례 1-2가지	**결과** 그로 인한 긍정적인 결과
예시 [템플릿1]	**배경** When I was a high school student, it was possible to use a tablet PC at school. 제가 고등학생이었을 때, 학교에서 태블릿 PC를 사용하는 것이 가능했습니다.		
	경과 So, I could look up the information conveniently. 그래서 저는 정보를 편리하게 검색할 수 있었습니다. Also, I took online lectures in the school library. 또한, 저는 학교 도서관에서 온라인 강의를 들었습니다.		
	결과 As a result, I was able to study difficult subjects easily (such as physics and math). 그 결과, 저는 (물리나 수학 같은) 어려운 과목을 쉽게 공부할 수 있었습니다.		

어휘   **in class** 수업중에   **look up** 검색하다   **distract** 산만하게 하다   **text** 문자메시지를 보내다

2

> Most work teams have a selected leader. On the other hand, some teams work without a leader and every team member is equal. Which system do you think is more efficient and why?
> Use specific reasons and examples to support your opinion.
>
> 대부분의 업무 조직은 지정된 리더가 있습니다. 반면, 몇몇 업무 조직은 리더가 없이 일을 하며 모든 멤버가 동등합니다. 어떤 체계가 더 효율적이라고 생각하며 그 이유는 무엇인가요?
> 구체적인 이유와 예를 들어 당신의 의견을 뒷받침 하세요.

입장 리더가 있는 것	I think it is more efficient to have a selected leader. 저는 지정된 리더가 있는 것이 더 효율적이라고 생각합니다.
이유	Most of all, we can make a decision quickly. 무엇보다도, 우리는 신속하게 결정을 내릴 수 있습니다.

배경	문제점	결과
대학 혹은 직장에서 리더와 함께 일하는(했던) 자신의 배경 설명	리더가 부재함으로써 발생한 문제점 설명	그로 인한 부정적인 결과

예시 [템플릿 2]	**배경**	Last year, I was doing group research with my classmates at my university. 작년에, 저는 대학교에서 친구들과 함께 단체 연구를 하고 있었습니다.
	문제점	And one day, our team leader couldn't attend a meeting because she was sick. 그러던 어느 날, 저희의 팀 리더가 몸이 아파서 회의에 참여할 수 없었습니다. So, there was no one to (collect opinions and) make a decision. 그래서, (의견을 모으고) 결정을 내릴 사람이 아무도 없었습니다.
	결과	As a result, it was very difficult to run the meeting. 그 결과, 회의를 진행하는 것이 매우 어려웠습니다.
마무리		For that reason, I think it is more efficient to have a selected leader. 그러한 이유로, 저는 지정된 리더가 있는 것이 더 효율적이라고 생각합니다.

TIP 입장 문장을 I think having a selected leader is more efficient 라고 할 수도 있습니다.

Question 11

입장 리더가 없는 것	I think it is more efficient to work without a leader. 저는 리더가 없이 일하는 것이 더 효율적이라고 생각합니다.
이유	It is easier to get useful ideas. 유용한 아이디어를 얻기 더 쉽습니다.

배경		문제점		결과
자기 주장이 강한 리더 소개	▶	그로 인해 회의 중에 발생하는 문제점 설명	▶	그로 인한 부정적인 결과

예시 [템플릿2]	**배경**	In the case of my boss, he always has very strong opinions. 제 상사의 경우, 그는 항상 매우 확고한 의견을 가지고 있습니다.
	문제점	So, it is difficult for young employees to express their opinions during the meetings. 그래서 젊은 사원들이 회의 중에 그들의 의견을 표현하기가 어렵습니다. And they tend to stay quiet in the meeting (even when they have good ideas). 그리고 그들은 회의 중에 (좋은 아이디어가 있더라도) 조용히 있는 경향이 있습니다.
	결과	For that reason, I think it is more efficient to work without a leader. 그러한 이유로, 저는 리더가 없이 일하는 것이 더 효율적이라고 생각합니다.

어휘   selected 선택된, 정해진   run 진행하다   tend to ~하는 경향이 있다

3

Which of the following could be the most difficult thing when our working environment has changed?
Choose one of the options below and provide specific reasons or examples to support your opinion.

- Working with a new supervisor

- Leading your own project

- Unexpected change of schedule

다음 중 근무 환경이 바뀌었을 때 가장 어려운 것은 무엇인가요?

아래의 선택지 중 하나를 고른 뒤 구체적인 이유와 예를 들어 당신의 의견을 뒷받침 하세요.

– 새로운 상사와 일하기   – 자신의 프로젝트 진행하기   – 예기치 않은 근무일정 변경

입장 새로운 상사	I think working with a new supervisor could be the most difficult thing. 저는 새로운 상사와 일하는 것이 가장 어려울 수 있다고 생각합니다.
이유	Because the way we work can be changed. 왜냐하면 우리가 일하는 방식이 달라질 수 있기 때문입니다.

배경	문제점	결과
함께 일하게 된 새로운 상사 소개	그가 변경한 기존의 업무 방식 1-2가지	그로 인한 부정적인 결과

예시 [템플릿 2]	배경	About six months ago, a new supervisor joined our team. 약 6개월 전, 새로운 상사가 저희 팀에 합류했습니다.
	문제점	And he asked us to use a word processor called "Hangul" (instead of Microsoft Word). 그리고 그는 우리에게 (Microsoft Word 대신에) "한글"이라 불리는 워드 프로세서를 사용하도록 요청했습니다. However, the two programs were very different. 그런데, 두 프로그램은 매우 달랐습니다.
	결과	So, our team had a lot of difficulty in getting used to the new word processor. 그래서, 저희 팀은 새로운 워드 프로세서에 익숙해지는데 많은 어려움을 겪었습니다.
마무리		Therefore, I think working with a new supervisor could be the most difficult thing. 따라서, 저는 새로운 상사와 일하는 것이 가장 어려울 수 있다고 생각합니다.

TIP 널리 알려진 고유명사의 경우에는 'called' 없이 바로 사용할 수 있습니다.

입장 자신의 프로젝트		I think leading our own project could be the most difficult thing. 저는 자신의 프로젝트를 진행하는 것이 가장 어려울 수 있다고 생각합니다.
이유		Because we need to take full responsibility. 왜냐하면 우리는 모든 책임을 져야 하기 때문입니다.

배경	문제점	결과
프로젝트를 진행했던 직장동료 소개	프로젝트에 발생한 문제점 1-2가지	그로 인한 부정적인 결과

예시 [템플릿 2]	**배경**	In the case of my previous coworker, he led a project on a new smartphone about 3 years ago. 내 이전 직장 동료의 경우, 그는 약 3년 전에 새로운 스마트폰에 대한 프로젝트를 총괄했습니다.
	문제점	But the sales were poor (and our company lost a lot of money). 하지만 판매량이 나빴습니다. (그리고 우리 회사는 큰 손해를 보았습니다.)
	결과	As a result, he had to take full responsibility and leave the company. 그 결과, 그는 모든 책임을 지고 회사를 떠나야만 했습니다.

어휘   supervisor 상사   get used to ~에 익숙해지다   sales 판매량   take responsibility 책임을 지다

4

If you are starting a new company, what personal quality would be the most important when choosing an employee?

Choose one of the options below and provide specific reasons or examples to support your opinion.

- Openness to new ideas
- A sense of humor
- An ability to learn from mistakes

당신이 새로운 회사를 열게 된다면, 직원을 고용할 때 어떤 개인적 특성이 가장 중요하겠나요?

아래의 선택지 중 하나를 고른 뒤 구체적인 이유와 예를 들어 당신의 의견을 뒷받침 하세요.

- 새로운 아이디어에 열린 자세   - 유머 감각   - 실수로부터 배우는 능력

입장 실수로부터 배우기		I think an ability to learn from mistakes would be the most important quality. 저는 실수로부터 배우는 능력이 가장 중요한 특성이라고 생각합니다.
이유		Because we can save time at work. 왜냐하면 우리는 직장에서 시간을 절약할 수 있기 때문입니다.

배경	문제점	대안	결과
실수가 잦았던 신입사원 소개	그녀의 실수로 인한 문제점 설명	실수를 하지 않기 위한 그녀의 노력	그로 인한 긍정적인 결과

예시 [템플릿 3]	배경	Last year, one of our new employees made a lot of mistakes at work. 작년에, 신입사원 중 한 명이 직장에서 많은 실수를 했습니다.
	문제점	Due to her mistakes, our work was delayed often. 그녀의 실수 때문에, 업무가 자주 지연되었습니다.
	대안	So, she worked harder and studied at a computer school not to make the same mistakes. 그래서, 그녀는 같은 실수를 하지 않기 위해 더 열심히 일했고 컴퓨터 학원에서 공부했습니다.
	결과	As a result, she works better than other new employees nowadays. 그 결과, 지금은 그녀가 다른 신입사원들보다 일을 더 잘합니다.

마무리		Therefore, I think an ability to learn from mistakes would be the most important quality. 따라서, 저는 실수로부터 배우는 능력이 가장 중요한 특성이라고 생각합니다.

입장 아이디어에 열린 자세	I think openness to new ideas would be the most important quality. 저는 새로운 아이디어에 열린 자세가 가장 중요한 특성이라고 생각합니다.	
이유	Most of all, we can get more useful ideas at work. 무엇보다도, 우리는 직장에서 더 많은 유용한 아이디어를 얻을 수 있습니다.	

배경	▶	문제점	▶	결과
자기 주장이 강한 직장동료 소개		그로 인해 발생하는 문제점 1-2가지		그로 인한 부정적인 결과

예시 [템플릿 2]	배경	In the case of my coworker, he has very strong opinions. 저의 직장 동료의 경우, 그는 자신의 의견이 매우 강합니다.
	문제점	He sometimes ignores others' opinions in meetings. 그는 가끔씩 회의 중에 다른 사람들의 의견을 무시합니다. So, he often has serious arguments with his coworkers. 그래서 그는 종종 직장 동료들과 심한 말다툼을 합니다.
	결과	As a result, it is difficult to come up with various ideas during the meeting and the atmosphere in the meeting room is always heavy. 그 결과, 회의 중에 다양한 아이디어를 내놓기 어려우며, 회의실의 분위기는 항상 무겁습니다.

어휘　make mistakes 실수를 하다　ignore 무시하다　have an argument 말다툼을 하다　come up with ~을 생각해내다

Actual Test
1-5

실전 모의고사

실전 모의고사 1

Questions 1-2

Read a Text Aloud

MP3 AT 1_1

Q1 Thank you for calling Kane's Furniture(↗), / your destination for home furnishings. For store location(↗), / hours(↗), / and weekly specials(↗), / press one. // If you would like to speak to our customer representative(↗), / press two. // To reach another department(↗), / please stay on the line / and wait for assistance from a live operator. Again(↗), / thank you for calling Kane's Furniture.

가구 구매를 위한 최적의 장소인 케인 가구점에 전화 주셔서 감사합니다. 매장 위치, 영업 시간 그리고 금주의 특별상품이 궁금하시면 1번을 눌러주세요. 고객 서비스 담당 직원과의 통화를 원하시면 2번을 눌러주세요. 다른 부서와의 연결을 원하시면 상담원으로부터 도움을 받으실 수 있도록 잠시만 기다려주세요. 케인 가구점에 전화 주셔서 다시 한번 감사 드립니다.

어휘　furniture 가구　destination 목적지　representative 직원　live operator 교환원(상담원)

고득점 포인트
• 숫자를 강하게 발음해 주세요.
• 문장의 첫 단어로 자주 쓰이는 Please, Welcome, Thank, Attention을 강하게 발음해 주세요.

MP3 AT 1_2

Q2 Welcome to The Contemporary Art Museum of Berlin. // Before we start the tour(↗), / I will give you a brief overview of / what you'll be seeing today. // We'll begin in the north gallery(↗), / where you will view paintings / from Eastern Europe. // Afterwards(↗), / we'll examine artwork / from Russia(↗), / Austria(↗), / and Poland(↘). // Finally(↗), / we'll end with a question / and answer session.

베를린 현대 미술관에 오신 것을 환영합니다. 투어를 시작하기에 앞서, 오늘 관람할 내용에 대해서 짧게 말씀 드리겠습니다. 동유럽 지역의 그림을 감상하실 수 있는 북쪽 갤러리부터 시작할 것입니다. 그런 다음, 러시아, 오스트리아 그리고 폴란드 지역의 미술작품을 관람할 것입니다. 끝으로 질의응답 시간을 가진 뒤에 마칠 것입니다.

어휘　contemporary 현대의　brief 짧은

고득점 포인트
• 나라 이름의 발음에 유의하세요.
• 계절, 방향, 요일 정보는 강하게 발음해 주세요.

Describe a Picture

Q3

추천 묘사 순서

① 가운데 남자

② 남자 옆의 여자

③ 배경의 많은 식료품들

🔊 MP3 AT 1_3

1. 장소	I think this picture was taken in a supermarket. 이 사진은 슈퍼마켓에서 찍힌 것 같습니다.
2. 인원 수	There are two people in this picture. 사진에는 두 명의 사람이 있습니다.
3. 인물 1	In the middle of the picture, a man is holding a cabbage. 사진의 가운데에, 한 남자가 양배추를 들고 있습니다. He has a red basket on his arm. 그는 빨간 바구니를 팔에 걸고 있습니다.
4. 인물 2	Next to him, a woman is writing something on a note. 그의 옆에, 한 여자가 노트에 뭔가를 적고 있습니다. She is wearing a beige cardigan. 그녀는 베이지색 가디건을 입고 있습니다.
5. 추가 문장	In the background of the picture, many kinds of vegetables are displayed. 사진의 배경에, 많은 종류의 야채가 진열되어 있습니다.

어휘 cardigan 가디건 many kinds of 많은 종류의

고득점 포인트

• 정확한 어휘를 모를 경우 더 쉬운 명사를 사용하세요. ⓓ 양배추(cabbage) → 야채(vegetable)

• 남자의 경우 두 번째 문장에서 동작을 추가로 설명했습니다. 동작 대신 인상착의를 말해도 좋습니다.

• cardigan의 발음에 유의하세요. [k]소리로 시작합니다.

Q4

추천 묘사 순서

① 오른쪽의 남자

② 왼쪽의 여자

③ 그 옆의 남자

🔊 MP3 AT 1_4

1. 장소	I think this picture was taken at a hotel front desk. 이 사진은 호텔 프런트에서 찍힌 것 같습니다.
2. 인원 수	There are three people in this picture. 사진에 세 사람이 있습니다.
3. 인물 1	On the right side of the picture, a man is talking on the phone. 사진의 오른쪽에, 한 남자가 통화를 하고 있습니다.
4. 인물 2	On the left side of the picture, a woman is writing something on the paper. 사진의 왼쪽에, 한 여자가 종이에 뭔가를 적고 있습니다.
5. 인물 3	Next to her, another man is looking at the paper. 그녀의 왼쪽에, 또 다른 남자가 그 종이를 쳐다보고 있습니다.
추가 문장 (생략 가능)	It seems like they are checking in. 그들은 호텔에 체크인하는 것처럼 보입니다.

어휘   front desk 프런트, 접수처   check in 체크인을 하다

(고득점 포인트)

• 또 다른 장소표현으로는 in a hotel lobby가 있습니다.
• 또 다른 남자나 여자를 설명할 때는 한정사 another를 사용하세요.

Respond to Questions

Imagine that a British marketing firm is doing research in your country. You have agreed to participate in a telephone interview about amusement parks.

영국의 한 마케팅 회사가 당신의 나라에서 설문조사를 하고 있다고 가정해 보세요. 당신은 놀이공원에 대한 전화 인터뷰에 참여하기로 동의하였습니다.

(MP3) AT 1_5 | AT 1_6 | AT 1_7

Q5 When was the last time you went to an amusement park? And how long did you stay there?

마지막으로 놀이공원에 간 것은 언제 인가요? 그리고 그곳에서 얼마나 오래 머물렀나요?

A5 The last time I went to an amusement park was last year, and I stayed there in the morning and afternoon.

마지막으로 놀이공원에 간 것은 작년이며, 그곳에서 오전과 오후에 머물렀습니다.

Q6 What would you do if the line was too long to take a ride?

놀이기구를 타기 위한 줄이 너무 길면 어떻게 하시겠나요?

A6 I would listen to music. Also, I would play a mobile phone game too.

저는 음악을 들을 것입니다. 또한, 휴대전화 게임도 할 것입니다.

Q7 What are the important factors you would consider when you decide which amusement park to visit?

어떤 놀이공원을 갈지 결정할 때 어떤 점을 중요하게 생각하나요?

There are some important factors I would consider.

제가 중요하게 생각하는 몇 가지 요인들이 있습니다.

A7 First, it needs to have many rides for children because I have two sons.

첫째로, 제가 아들이 두 명 있기 때문에 아이들을 위한 탈것이 많아야 합니다.

Second, the price of the entrance fee should be reasonable.

둘째로, 입장료가 합리적이어야 합니다.

어휘 ride 놀이기구 entrance fee 입장료

Actual Test

Respond to Questions Using Information Provided

윌슨 공립 도서관 직원 회의 1월 5일, C 회의실 오후 1시 30분 ~ 오후 3시		
오후 1시 30분	신입 사원 소개 (샐리 호킨스, 마이클 섀넌)	로라 청 : 도서관장
오후 1시 45분	1. 프로젝트 업데이트 2. 2층 보수공사 3. 도서관 웹사이트 업데이트	로지 행크스 새라 포레스트 프레드 밀튼
오후 3시	토론: 후원금을 늘리기 위한 방안	마틴 킴
오후 3시 30분	새해에 대한 마무리 발언	로라 청 : 도서관장

Narration: Hi. This is Fred Milton. I know we have a staff meeting this afternoon, but I am running a little late. So, I hope to get some information in advance.

안녕하세요, 저는 프레드 밀튼입니다. 오늘 오후에 직원 회의가 있는 것으로 아는데, 제가 조금 늦을 것 같습니다. 그래서 미리 정보를 얻고 싶습니다.

MP3 | AT 1_8 | AT 1_9 | AT 1_10

Q8 Where will the meeting be held and what time does it start?
회의가 어디에서 열리고, 몇 시에 시작하나요?

A8 It will be held in meeting room C at 1:30 P.M.
회의는 오후 1시 30분에 C 회의실에서 열릴 것입니다.

Q9 I am giving an update on the library website and I think I will be the first one to speak. Can I speak last after Rosy and Sarah in case I arrive a little late? Again, this is Fred.
제가 도서관 웹사이트에 대한 최신 정보를 제공할 예정인데, 첫 번째로 발표하는 것으로 알고있습니다. 조금 늦을 경우를 대비해서 로지와 새라 이후에 발표할 수 있을까요? 다시 한 번, 저는 프레드입니다.

A9 That won't be necessary. Your presentation is scheduled after them.
그러지 않아도 됩니다. 당신의 발표는 그들 이후로 예정되어 있습니다.

Q10 I want to make sure of what Laura Chung, the head librarian, has to say. What will she be speaking about at the meeting?
저는 도서관장인 로라 청이 무슨 이야기를 할지 알고 싶습니다. 그녀는 회의에서 무엇에 관해 이야기 할 예정인가요?

A10 There are two scheduled sessions. First, Laura Chung, the head librarian, will introduce the new staff at 1:30 P.M. and their names are Sally Hawkins and Michael Shannon. Second, she will give a final comment about the new year at 3:30 P.M.
두 가지 예정된 세션이 있습니다. 먼저, 도서관장인 로라 청은 오후 1시 30분에 신입 사원을 소개할 것이며, 그들의 이름은 샐리 호킨스와 마이클 섀넌입니다. 둘째로, 그녀는 오후 3시 30분에 새해에 대한 마무리 발언을 할 것입니다.

Express an Opinion

Q11 Do you agree or disagree with the following statement?

The best teachers are the ones who communicate frequently with their students.

Give specific reasons or examples to support your opinion.

다음의 의견에 찬성하나요, 아니면 반대하나요?

최고의 선생님은 학생들과 자주 소통하는 분이다.

구체적인 이유와 예를 들어 의견을 뒷받침하세요.

🔊 MP3 AT 1_11

입장	I agree that the best teachers are the ones who communicate frequently with their students.
	저는 최고의 선생님은 학생들과 자주 소통하는 분이라는 것에 동의합니다.
이유	Most of all, they can find students' difficulties easily and give a solution.
	무엇보다도, 그들은 학생들의 어려움을 쉽게 발견하고 이에 해결책을 제시해줄 수 있습니다.

배경	경과	결과
고등학교 시절의 선생님 소개	학생들과의 소통 방식 및 대화 주제 설명	그로 인한 긍정적 결과

예시 (1번)	배경	In the case of my homeroom teacher in high school, he communicated with students frequently.
		제 고등학교 담임선생님의 경우, 그는 학생들과 자주 소통을 했습니다.
	경과	He always listened to our personal problems carefully and gave us a useful solution. Also, he gave us various advice which is helpful in high school.
		그는 항상 학생들의 개인적인 문제를 주의 깊게 듣고, 우리에게 유용한 해결책을 주었습니다. 또한, 그는 우리에게 고등학교 생활에 도움이 되는 다양한 조언을 해주었습니다.
	결과	As a result, many students followed him and I still keep in touch with him.
		그 결과, 많은 학생들이 그를 따랐으며 저는 여전히 그와 연락을 하고 지냅니다.
마무리	Therefore, I agree that the best teachers are the ones who communicate frequently with their students.
	따라서, 저는 최고의 선생님은 학생들과 자주 소통하는 분이라는 것에 동의합니다.

어휘   personal problems 개인적인 문제 keep in touch with ~와 연락을 하다

Actual Test

실전 모의고사 2

Questions 1-2

Read a Text Aloud

MP3 AT 2_1

Q1 Kingstone Park(↗), / located **near** the football **stadium**(↗), / was planned / and developed **by** the city's parks / and recreation committee. // It features **rare** species of trees (↗), / a children's playground(↗), / and a stage for theater performances(↘). // Since Saturday(↗), / citizens have been crowding into the new park to relax / and enjoy the greenery.

축구 경기장 근처에 위치한 킹스톤 공원은 도시의 공원과 레크리에이션 위원회에 의해서 계획되고 개발되었습니다. 이 공원은 희귀종 나무들, 아이들을 위한 운동장 그리고 연극 공연을 위한 무대가 특징입니다. 토요일부터 시민들은 휴식을 취하고 푸른 녹음을 즐기기 위해 새 공원으로 모여들고 있습니다.

어휘 **committee** 위원회 **feature** 특징으로 하다 **rare species** 희귀종 **greenery** 녹음

(고득점 포인트)
• performances 처럼 [s]를 두 번 연속으로 발음하는 단어에 유의하세요.

MP3 AT 2_2

Q2 Welcome to the Ohio State Library tour. // Before we begin(↗), / let me tell you a little bit about the facility. // The library(↗), / which is funded by Ohio State University(↗), / has always been free / and open to the public. // All of the library's books(↗), / periodicals(↗), / and other materials(↘) may be used by community members / as well as students.

오하이오 주립 도서관 투어에 오신 것을 환영합니다. 시작하기에 앞서, 시설에 관해 간단히 말씀 드리겠습니다. 오하이오 주립 대학교로부터 재정 지원을 받은 이 도서관은 대중들에게 언제나 무료로 열려 있습니다. 도서관의 모든 책, 정기 간행물 그리고 다른 자료들은 학생들 뿐만 아니라 지역사회 주민들도 이용이 가능합니다.

어휘 **fund** 자금을 대다 **periodicals** 정기 간행물

(고득점 포인트)
• 자주 등장하는 부정대명사 all, each, every는 강하게 발음해 주세요.

Questions 3-4

Describe a Picture

Q3

추천 묘사 순서

① 가운데의 남자

② 왼쪽의 여자아이

③ 그 옆의 남자아이

MP3 AT 2_3

1. 장소	I think this picture was taken in a park. 이 사진은 공원에서 찍힌 것 같습니다.	
2. 인원 수	There are four people in this picture. 사진에 네 사람이 있습니다.	
3. 인물 1	On the right side of the picture, a man is sitting on a bench. He is holding a baby. 사진의 오른쪽에, 한 남자가 벤치에 앉아 있습니다. 그는 아기를 안고 있습니다.	
4. 인물 2	On the left side of the picture, a girl is drinking water. 사진의 왼쪽에, 한 여자아이가 물을 마시고 있습니다.	
5. 인물 3	Next to her, a boy is looking at something. It looks like a tablet PC. 그녀의 옆에, 한 남자아이가 뭔가를 쳐다보고 있습니다. 그것은 태블릿 PC 같습니다.	
추가 문장 **(생략 가능)**	It seems like they are a family. 그들은 가족인 것 같습니다.	

고득점 포인트

• 공원(park)과 광장(square)에는 전치사 in을 사용합니다.

• 배경의 수풀은 bush라고 합니다.

예 behind them, I can see a big bush.

정답 및 해설   93

Q4

추천 묘사 순서

① 가운데의 남자

② 오른쪽의 선반(책장)과 문

③ 왼쪽의 테이블과 의자

MP3 AT 2_4

1. 장소	I think this picture was taken in an office. 이 사진은 사무실에서 찍힌 것 같습니다.
2. 인물	In the middle of the picture, a man is looking at a laptop screen. 사진의 가운데에, 한 남자가 노트북 화면을 보고 있습니다. He has short black hair and he is wearing glasses. 그는 머리는 짧은 검정색이고 안경을 쓰고 있습니다.
3. 사물 1	On the right side of the picture, I can see a black door and a bookshelf. 사진의 오른쪽에, 검은색 문과 책장이 보입니다.
4. 사물 2	On the left side of the picture, there is a table and a chair. 사진의 왼쪽에, 테이블과 의자가 있습니다.
5. 추가 문장	It seems like he is working alone in the office. 그는 사무실에서 혼자 일하는 것 같습니다.

고득점 포인트

• 오른쪽 검은색 선반의 정확한 명칭은 shelving unit입니다.

• 머리스타일을 설명할 때 색상보다 길이를 먼저 말해주세요.

Respond to Questions

Imagine that a British University is doing research about environmental programs in your country. You have agreed to participate in a telephone interview about recycling.

영국의 한 대학교가 당신의 나라에서 환경과 관련된 프로그램에 대한 설문조사를 하고 있다고 가정해 보세요. 당신은 재활용에 대한 전화 인터뷰에 참여하기로 동의하였습니다.

(MP3) AT 2_5 | AT 2_6 | AT 2_7

Q5 What are some things you recycle and where do you take them for recycling?
당신은 어떤 물건들을 재활용하며, 재활용하기 위해 어디로 가져가나요?

A5 I recycle paper, plastic and cans and I usually take them to a recycle center near my apartment.
저는 종이, 플라스틱 그리고 캔을 재활용하며, 주로 아파트 근처에 있는 재활용센터에 가져갑니다.

Q6 What do you do when you are not sure if an item can be recycled?
물건이 재활용이 되는 것인지 확실하지 않을 때는 어떻게 하나요?

A6 I usually bring it to the recycle center and ask the staff members.
저는 보통 그것을 재활용센터로 가져가서 그곳의 직원들에게 물어봅니다.

Q7 What do you think is the good way to encourage people to recycle?
사람들에게 재활용을 장려하기 위한 좋은 방법은 무엇이라고 생각하나요?

A7 There are some good ways to encourage people to recycle.
사람들에게 재활용을 장려하기 위한 좋은 방법이 몇 가지 있습니다.

First, we need to impose a fine if they don't participate in recycling.
먼저, 우리는 재활용에 참여하지 않는 사람들에게 벌금을 부과해야 합니다.

Second, I think it is a good idea to hold promotional campaigns on SNS.
둘째로, SNS에 홍보 캠페인을 여는 것도 좋은 아이디어라고 생각합니다.

I think they are good ways to encourage people to recycle.
저는 이것들이 사람들에게 재활용을 장려하기 위한 좋은 방법이라고 생각합니다.

TIP 7번 답변의 마지막 문장은 생략이 가능합니다.

어휘 participate 참여하다 a recycle center 재활용 센터 impose a fine 벌금을 부과하다 promotional campaign 홍보 캠페인 encourage 장려하다

Respond to Questions Using Information Provided

데이트 팜 호텔 & 리조트
채용 면접 일정: 수요일, 10월 7일
장소: 305호실

시간	지원자	직위
09:00 A.M.	브루스 캄버	엑티비티 담당자
10:30 A.M.	진 왕	마케팅 관리자
11:30 A.M.	데이비드 타카라	패이스트리 매장 관리자
1:30 P.M.	애슐리 테일러 (취소됨)	특별 이벤트 책임자
2:30 P.M.	린다 포레스트	마케팅 보조
3:00 P.M.	에이든 박	마케팅 관리자

Narration: Hello, this is Noah Park. I'm scheduled to interview some applicants soon, but before I do, I need to confirm some details.

안녕하세요, 저는 노아 박입니다. 제가 곧 몇몇 지원자들의 면접을 진행할 예정인데, 시작하기 앞서 몇 가지 세부사항을 확인해야 합니다.

(MP3) AT 2_8 I AT 2_9 I AT 2_10

Q8 What date are the interviews and where are they being held?
면접 날짜는 며칠이고 어디서 진행되나요?

A8 The interviews will be held on Wednesday, October 7th, in room 305.
면접은 10월 7일 수요일에 305호실에서 열릴 것입니다.

Q9 I will arrive at work at 8:30 in the morning as usual. Would it be a problem with the interviews?
저는 평소처럼 오전 8시 30분에 출근할 것입니다. 이게 면접 일정에 문제가 될까요?

A9 Fortunately, the first interview will be held at 9 A.M. So, don't worry about it.
다행히도, 첫 번째 면접이 오전 9시에 열립니다. 그러니 걱정하지 않아도 됩니다.

기타답변 Actually, the first interview is scheduled at 9 A.M. So, it wouldn't be a problem.
사실, 첫 번째 면접이 오전 9시로 예정되어 있습니다. 그래서 문제가 되지 않을 것입니다.

Q10 Could you please tell me all the details for the interview sessions related to marketing positions?
마케팅 직책과 관련된 모든 인터뷰의 세부사항을 알려주시겠어요?

A10 There are three scheduled interviews. First, you will interview Jin Wang for the marketing manager position at 10:30 A.M. Second, there will be an interview with Linda Forrest, who is applying for the marketing assistant position, at 2:30 P.M. Lastly, you will interview Aiden Park for the marketing manager position at 3 P.M.
세 개의 예정된 면접이 있습니다. 첫째로, 당신은 마케팅 관리자직에 지원하는 진 왕의 면접을 오전 10시 30분에 볼 예정입니다. 둘째로, 마케팅 보조직에 지원하는 린다 포레스트의 면접이 오후 2시 30분에 있습니다. 마지막으로, 당신은 마케팅 관리자직에 지원하는 에이든 박의 면접을 오후 3시에 볼 예정입니다.

TIP 마지막 항목의 마케팅 관리자직 앞에 정관사 the 대신 한정사 anther를 쓸 수 있습니다.

어휘 pastry 페이스트리(파이의 한 종류) coordinator 책임자, 진행자

Express an Opinion

Q11 In your opinion, which of the following is more important for an employee's success at work?
- A positive relationship with coworkers   - A positive relationship with a manager

다음 중에서 직원이 직장에서 성공하기 위해 더 중요한 것은 무엇이라고 생각하나요?
– 동료와의 긍정적인 관계   - 상사와의 긍정적인 관계

(MP3) AT 2_11

입장	I think a positive relationship with a manager is more important for an employee's success at work. 저는 상사와의 긍정적인 관계가 직장 내 직원들의 성공을 위해 더 중요하다고 생각합니다.
이유	Most of all, the manager evaluates employees' performances. 무엇보다도, 상사들은 직원들의 인사고과를 평가합니다.

배경	문제점	결과
상사와 친하지 않았던 직원 소개	그로 인해 업무 중에 종종 발생했던 문제점 설명	그로 인한 부정적 결과

예시 [2번]	**배경**	In the case of my previous coworker, she was close with most of her colleagues. However, she didn't get along well with her manager. 제 이전 직장 동료의 경우, 그녀는 대부분의 동료들과 친했습니다. 하지만 그녀는 상사와 사이가 좋지 않았습니다.
	문제점	For example, she argued with him quite often. So, the atmosphere in the office was always heavy. 예를 들면, 그녀는 상사와 자주 다퉜습니다. 그래서 사무실 분위기가 언제나 무거웠습니다.
	결과	As a result, she quit the job last year because she thought she didn't get a fair evaluation from the manager. 그 결과, 그녀는 상사로부터 공정한 평가를 받지 못한다고 생각했기 때문에 작년에 일을 그만두었습니다.
마무리		Therefore, I think a positive relationship with a manager is more important for an employee's success at work. 따라서, 저는 상사와의 긍정적인 관계가 직장 내 직원들의 성공을 위해 더 중요하다고 생각합니다.

어휘   get along with ~와 잘 지내다   argue 말다툼을 하다   atmosphere 분위기   quit the job 퇴사하다

실전 모의고사 3

Questions 1-2

Read a Text Aloud

(◁)) MP3   AT 3_1

Q1 We're pleased to announce the opening of Enterprise Car Rental here / in Lamington. //To celebrate(↗), / we're offering discounted prices / on all our rentals this month. //We offer daily(↗), / weekly(↗) / and monthly car rentals(↘). //Whether you need a compact vehicle for commuting / or a premium sedan to make your day special(↗), / Enterprise Car Rental has the right car for you. // All you need to bring / is a valid driver's license.

저희는 이곳 레밍턴에 엔터프라이즈 자동차 대여소의 개점을 발표하게 되어 매우 기쁩니다. 이것을 축하하기 위해 저희는 이번 달 내내 모든 자동차를 할인된 가격으로 제공합니다. 저희는 일간, 주간 그리고 월간 자동차 대여를 제공합니다. 당신이 필요한 것이 통근을 위한 소형차이든지 아니면 특별한 날을 위한 고급 승용차이든지 엔터프라이즈 자동차 대여소는 당신에게 맞는 차를 가지고 있습니다. 가져오실 것은 유효한 운전면허증 단 한가지입니다.

어휘   compact vehicles 경차   sedan 승용차   valid 유효한

> **고득점 포인트**
> - 고유명사인 회사와 지역 이름에 강세를 두어 읽어주세요.
> - prices의 발음에 유의하세요. [s]를 두 번 발음합니다.
> - sedan의 발음에 유의하세요. [세단]이 아니고 [씨댄-]으로 발음됩니다.

(◁)) MP3   AT 3_2

Q2 Attention(↗), / Eastport Fitness Center members. // Due to the unexpected weather conditions(↗), / some of our instructors / are not able to come to work today. // Therefore(↗), / the Advanced Yoga(↗), / Indoor Cycling(↗) / and Cardio Dance classes(↘) / will not be available today. // If you have registered for one of those classes(↗), / please come to the front desk to reschedule. //We apologize for the inconvenience.

이스트포트 피트니스 센터의 회원 여러분 주목해 주세요. 예상치 못한 기상상태 때문에, 저희 강사님들 중 몇 분이 오늘 출근을 하실 수 없습니다. 따라서 상급자용 요가, 실내 자전거 타기 그리고 심장 강화운동 댄스가 진행되지 않을 예정입니다. 만일 여러분이 이들 수업 중 하나에 등록을 하셨다면 일정 재조정을 위해 안내 데스크로 와주시기 바랍니다. 불편함을 드려 죄송합니다.

어휘   weather condition 기상상태   instructor 강사   advanced 상급의   cardio 심장 강화 운동

> **고득점 포인트**
> - 이목을 끌기 위한 첫 단어인 attention에 강세를 두어 읽어주세요.
> - classes의 발음에 유의하세요. [s]를 두 번 발음합니다.
> - apologize의 발음에 유의하세요. 입을 크게 벌려 [어팔러-]라고 발음해 주세요.
> - inconvenience에서는 [ve]에 강세가 옵니다.

Describe a Picture

Q3

추천 묘사 순서
① 오른쪽의 여자
② 가운데 남자
③ 그 앞의 여자아이
④ 사진의 좌우 양쪽

(◁) MP3) AT 3_3

1. 장소	I think this picture was taken in a supermarket. 이 사진은 슈퍼마켓에서 찍힌 것 같습니다.
2. 인원 수	There are three people in this picture. 사진에 세 사람이 있습니다.
3. 인물 1	On the right side of the picture, a woman is looking at a cookie box. 사진의 오른쪽에, 한 여자가 쿠키 상자를 보고 있습니다. She is wearing a pink T-shirt. 그녀는 분홍색 티셔츠를 입고 있습니다.
4. 인물 2 + 3	Next to her, a man is pushing a shopping cart and a girl is sitting in the cart. 그녀의 옆에, 한 남자가 쇼핑 카트를 밀고 있고, 한 여자아이가 카트에 앉아 있습니다.
추가 문장 (생략 가능)	On each side of the picture, a lot of products are displayed. 사진의 좌우 양쪽에, 많은 상품들이 전시되어 있습니다.

(고득점 포인트)
- T-shirt의 끝음을 '츠'라고 발음하지 않도록 유의하세요.
- 청바지인 jeans 앞에 blue를 붙이지 않아도 됩니다.
- 여자아이는 woman이 아닌 girl이라고 말해주세요.
- 사진의 좌우 양쪽을 말하는 표현인 On each side of the picture를 학습해주세요.

Q4

추천 묘사 순서
① 가운데 남자
② 길 야쪽의 매장과 나무
③ 오른쪽의 자전거
④ 배경의 건물

🔊 MP3   AT 3_4

1. 장소	I think this picture was taken on the street. 저는 이 사진이 거리에서 찍혔다고 생각합니다.
2. 인원 수	There are some people in this picture. 사진에는 사람이 몇 명 있습니다.
3. 대상 1	In the middle of the picture, a man is walking along the street. 사진의 가운데에, 한 남자가 길을 따라 걷고 있습니다.
4. 대상 2	And there are many trees and stores on each side of the street. 그리고 길 양쪽에 많은 나무와 매장이 있습니다.
5. 대상 3	On the right side of the picture, some bicycles are parked. 사진의 오른쪽에, 자전거 몇 대가 주차되어 있습니다.
6. 대상 4	In the background of the picture, I can see a church building. 사진의 배경에, 교회 건물이 보입니다.

고득점 포인트

• 인원 수가 많지 않고, 그 수가 확실하지 않을 때는 한정사 some을 써주세요.
• 답변의 중간에 대상의 위치 표현과 특징 설명의 위치를 바꿀 수 있습니다.
   ⓐ And there are many trees on each side of the street.
              대상의 특징   대상의 위치
• 사진 배경의 건물은 대성당(cathedral)입니다. 모르는 어휘는 더 쉬운 표현으로 바꿔주세요.
• 시간이 부족하면 인원 수 문장이나 비중이 낮은 대상 한가지를, 혹은 둘 다 생략해주세요.

Respond to Questions

Imagine that an English newspaper company is doing research for an article it plans to publish. You have agreed to participate in an interview about buying food or groceries.

영국의 한 신문사가 발간 예정인 기사를 위한 조사를 하고 있다고 가정해 보세요.
당신은 음식이나 식료품에 대한 인터뷰에 참여하기로 동의하였습니다.

🔊 MP3) AT 3_5 | AT 3_6 | AT 3_7

Q5   When was the last time you purchased groceries and where did you buy them?
당신이 마지막으로 식료품을 구매한 것은 언제이며 어디서 그것을 구매했나요?

A5   The last time I purchased groceries was last weekend, and I bought them at a supermarket. 제가 마지막으로 식료품을 구매한 것은 지난 주말이며 저는 그것을 슈퍼마켓에서 구매했습니다.

Q6   Do you usually make a list of groceries you need before you go shopping? Why or why not?
당신은 쇼핑을 가기 전에 주로 식료품 목록을 작성하나요? 그 이유는 무엇인가요?

A6   I usually make a list of groceries I need before I go shopping.
저는 쇼핑을 가기 전에 필요한 식료품 목록을 만듭니다.

Because I don't want to waste my money.
왜냐하면 저는 돈을 낭비하고 싶지 않기 때문입니다.

작성함
I can avoid making an impulse purchase. 저는 충동구매를 피할 수 있습니다.

기타답변   작성하지 않음
I always buy the same products. 저는 언제나 같은 제품을 구매합니다.

I usually decide what I want to buy at a supermarket.
저는 무엇을 구매할지 주로 슈퍼마켓에서 결정합니다.

Q7   Would you ever buy groceries over the Internet? Why or why not?
당신은 인터넷에서 식료품을 구매하겠나요? 그 이유는 무엇인가요?

I would buy groceries over the Internet.   저는 인터넷에서 식료품을 구매하겠습니다.

First, I can shop for groceries regardless of time.
우선, 저는 시간에 상관없이 식료품을 구매할 수 있습니다.

A7   Second, online shopping malls offer various promotions on groceries.
둘째로, 온라인 쇼핑몰은 식료품에 대해 다양한 판촉 상품을 제공합니다.

Therefore, I would buy groceries over the Internet.
따라서, 저는 인터넷에서 식료품을 구매하겠습니다.

구매함
It is easier to compare the prices of groceries. 식료품의 가격을 비교하기 더 쉽습니다.

기타답변   구매하지 않음
I can't check the quality of groceries. 식료품의 질을 확인할 수 없습니다.

I need to wait for a delivery. 저는 배송을 기다려야 합니다.

Respond to Questions Using Information Provided

크리스틴 웨스트의 출장 일정표 부회장, 리틀 스프라우트 교육회사	
7월 19일, 금요일	
3:30 – 5:20 P.M.	네바다 → 로스엔젤레스 사우스 퍼시픽 항공, 326편 (체크인 : 파크뷰 호텔)
7:00 – 9:00 P.M.	환영 만찬 (파크뷰 호텔)
7월 20일, 토요일	
10:00 A.M. – 3 P.M.	로스엔젤레스 교육 컨퍼런스 (10:30분에 연설하기)
4:00 – 6:00 P.M.	회의 (에이드리안 모리스, 마인즈 교육회사의 CEO와)
7월 21일, 일요일	
10:00 – 11:50 A.M.	로스엔젤레스 → 네바다 / 사우스 퍼시픽 항공, 152편

Narration: Hello, my name is Kristin West. I leave for Los Angeles on a business trip next week. I received a copy of my itinerary, but I think I left it on my desk. Could you tell me a few things about my schedule?

안녕하세요, 제 이름은 크리스틴 웨스트입니다. 저는 다음주에 출장 차 로스엔젤레스로 떠납니다. 제가 출장 일정표 사본을 받았지만 책상 위에 두고 온 것 같아요. 제 일정에 대해서 몇 가지 말씀해 주시겠어요?

🔊 MP3   AT 3_8 I AT 3_9 I AT 3_10

Q8　What time do I arrive in Los Angeles, and where am I staying?
제가 몇 시에 로스엔젤레스에 도착하며 어디서 머물게 되나요?

A8　You are going to arrive in Los Angeles at 5:20 P.M. and you are staying at the Parkview Hotel.
당신은 로스엔젤레스에 오후 5시 20분에 도착할 것이며 파크뷰 호텔에서 지낼 것입니다.

TIP 호텔 앞에는 the를 붙여주세요.

Q9　I'd like to have dinner at a restaurant near my hotel. Am I free on Friday night?
저는 호텔 근처의 레스토랑에서 저녁을 먹고 싶습니다. 제가 금요일 밤에 아무 일정이 없나요?

A9　Unfortunately, a welcome dinner is scheduled on Friday night at the Parkview Hotel.
안타깝게도 금요일 밤에는 파크뷰 호텔에서 환영 만찬이 예정되어 있습니다.

기타답변　I'm sorry, but there will be a welcome dinner at the Parkview Hotel at 7 P.M.
유감스럽게도 오후 7시에 파크뷰 호텔에서 환영 만찬이 있을 것입니다.

Q10　Could you please tell me everything that is scheduled on Saturday?
토요일에 예정된 모든 일정을 말해 주시겠어요?

A10　There are two scheduled appointments. First, you are going to give a speech at the Los Angeles Education Conference at 10:30 A.M. And then, you are scheduled to have a meeting with Adrian Morris, the CEO of Minds Education at 4 P.M.
두 가지 예정된 일정이 있습니다. 첫째, 당신은 로스엔젤레스 교육 컨퍼런스에서 10시 30분에 연설을 할 것입니다. 그리고 나서, 당신은 마인즈 교육회사의 CEO인 에이드리안 모리스와 4시에 회의를 할 예정입니다.

TIP • 개인 일정에는 sessions가 아닌 appointments를 사용합니다.
　　　• 직책 앞에는 the를 붙여서 말해주세요.

Express an Opinion

Q11 Do you prefer to work with the same workers for a long time or switch partners regularly? Use specific reasons and examples to support your opinion.

당신은 같은 직원들과 오랫동안 일하는 것과 정기적으로 파트너를 바꾸는 것 중 무엇을 선호하나요?
구체적인 이유와 예를 들어 의견을 뒷받침하세요.

🔊 MP3 AT 3_11

입장	I prefer to work with the same workers for a long time. 저는 같은 직원들과 오랫동안 일하는 것을 선호합니다.
이유	Most of all, we can work more efficiently if we work with the same workers. 무엇보다도, 같은 직원들과 일을 하면 더 효율적으로 일할 수 있습니다.

배경	경과	결과
같은 직원들과 일하는 나의 근무환경 설명	이것이 업무에 미치는 장점(강점) 소개	그로 인한 긍정적 결과

예시 (1번)	배경	In my case, I have been working with the same members for 5 years. 저의 경우에는, 같은 멤버들과 5년째 함께 일하고 있습니다.
	경과	So, we know our strong and weak points very well. Therefore, we can divide our work efficiently based on our strengths. 그래서 우리는 서로의 강점과 약점을 잘 알고 있습니다. 따라서, 우리는 자신의 강점에 기반해서 일을 효율적으로 나눌 수 있습니다.
	결과	As a result, we always finish our projects more quickly than other teams. 그 결과, 우리는 항상 다른 팀보다 더 빨리 프로젝트를 끝냅니다.
마무리		Therefore, I prefer to work with the same workers for a long time. 따라서, 저는 같은 직원들과 오랫동안 일하는 것을 선호합니다.

어휘 strong points 강점 weak points 약점 based on ~를 기반으로 해서

실전 모의고사 4

Questions 1-2

Read a Text Aloud

MP3 AT 4_1

Q1 Attention, all passengers / traveling on the eight-thirty A.M. train to Boston. // Please note / that the departure time has been delayed / until nine A.M. / due to unexpected maintenance work. // Boarding is expected to begin / at eight-fourty A.M. // In the meantime(↗), / please wait in our lounge(↗), / café(↗), / or the seating area(↘) on platform sixteen. // We apologize for the delay / and thank you for your understanding.

8시 30분에 보스턴으로 떠나는 열차의 승객 여러분 주목해 주세요. 예상치 못한 보수 작업으로 인해 출발시간이 9시로 연기되었습니다. 탑승은 8시 40분에 시작할 예정입니다. 그 동안에 휴게실, 카페 혹은 16번 승강구의 대기 구역에서 기다려 주세요. 열차의 지연에 사과 드리며 양해해 주셔서 감사합니다.

어휘 departure 출발 maintenance 보수 관리 in the meantime 그 동안에

고득점 포인트
- 이목을 끌기 위한 첫 단어인 attention에 강세를 두어 읽어주세요.
- 시간과 장소의 강세에 유의해서 읽어주세요.
- expected, unexpected의 [p]소리는 'ㅍ'가 아닌 'ㅃ'소리가 납니다.
- café와 apologize의 발음에 유의하세요.

MP3 AT 4_2

Q2 Welcome to Sea World. // This afternoon, / we will tour the Penguin Encounter(↗), / the Polar Bear Shore(↗) / and the Dolphin Nursery Pool(↘). // Before we start the tour (↗), / I have a few announcements. // First(↗), / please avoid using a flash / when you take photographs, / because it can frighten the animals. // Second(↗), / we ask you not to feed the animals(↗), / as many of them are dangerous. // Thank you for your cooperation / and I hope you enjoy the tour.

씨 월드에 오신 것을 환영합니다. 오늘 오후에 우리는 펭귄 만나기, 북극곰 해안가 그리고 돌고래 양육장을 둘러볼 것입니다. 투어를 시작하기 전 몇 가지 안내사항이 있습니다. 첫째, 동물들을 놀래 킬 수 있으므로 사진을 찍을 때 플래시를 사용하지 마세요. 둘째, 다수의 동물들이 위험하므로 먹이를 주지 마시기 바랍니다. 여러분의 협조에 감사드리며 투어를 즐기시길 바랍니다.

어휘 encounter 만남 announcement 안내사항 feed 먹이를 주다 cooperation 협조

고득점 포인트
- 첫 단어인 welcome과 고유명사인 Sea World에 강세를 두어 읽어주세요.
- 접속 부사 First 와 Second에 강세를 두어 읽어주세요.
- cooperation의 발음에 유의하세요. 두 번째 [o]에서 '아'소리가 납니다.

Describe a Picture

Q3

추천 묘사 순서

① 왼쪽의 여자

② 가운데 여자아이

③ 그 옆의 남자아이

④ 배경의 창문

🔊 MP3   AT 4_3

1. 장소	I think this picture was taken in a kitchen.
	이 사진은 부엌에서 찍힌 것 같습니다.
2. 인원 수	There are three people in this picture.
	사진에 세 사람이 있습니다.
3. 인물 1	On the left side of the picture, a woman is cooking something.
	사진의 왼쪽에, 한 여자가 뭔가를 요리하고 있습니다.
	She is wearing a blue jacket.
	그녀는 파란 자켓을 입고 있습니다.
4. 인물 2+3	In the middle of the picture, two children are sitting at a table.
	사진의 가운데에, 두 아이가 테이블에 앉아 있습니다.
	The girl is reading a book and the boy is using a laptop computer.
	여자아이는 책을 읽고 있으며, 남자아이는 노트북 컴퓨터를 사용 중입니다.
추가 문장 (생략 가능)	In the background of the picture, there is a large window.
	사진의 배경에, 커다란 창문이 있습니다.

고득점 포인트

• 사람이 테이블에 앉아 있을 시 전치사 at을 사용하세요.

• 전자기기를 사용하는 인물의 동작을 묘사하기 어려우면 동사 use를 사용하세요.

Actual Test

Q4

추천 묘사 순서

① 오른쪽의 남자

② 왼쪽의 여자

③ 창틀 위의 시계

🔊 MP3   AT 4_4

1. 장소	I think this picture was taken in an office lounge. 이 사진은 회사 휴게실에서 찍힌 것 같습니다.
2. 인원 수	There are two people in this picture. 사진에는 두 명의 사람이 있습니다.
3. 인물 1	On the right side of the picture, a man (wearing a white T-shirt) is sitting in a chair. 사진의 오른쪽에, (흰색 티셔츠를 입은) 한 남자가 의자에 앉아있습니다. He is saying something to a woman. 그는 한 여자에게 뭔가를 말하고 있습니다.
4. 인물 2	The woman is writing something. 그 여자는 뭔가를 적고 있습니다. It seems like she is interviewing him. 그녀는 남자를 인터뷰 중인 것 같습니다.
5. 추가 문장	In the background of the picture, there is a clock on the window frame. 사진의 배경에, 창틀 위에 시계가 놓여 있습니다.

어휘   **office lounge** 회사 휴게실   **window frame** 창틀

〔 **고득점 포인트** 〕

- 사람 명사(a man, woman) 뒤에 현재분사 wearing을 이용해서 동작과 인상착의를 함께 설명할 수 있습니다.
- 등받이가 있는 의자(chair)에 앉아있을 때는 전치사 in을 사용하세요. bench, sofa, stool에는 on을 사용합니다.
- white의 발음에 유의하세요. [와이트]에 가까운 소리가 납니다.

Respond to Questions

Imagine that an international marketing firm is doing research in your country.
You have agreed to participate in a telephone interview about buying a computer.

한 국제 마케팅 회사가 당신의 나라에서 설문조사를 하고 있다고 가정해 보세요.
당신은 컴퓨터 구매에 대한 전화 인터뷰에 참여하기로 동의하였습니다.

◄)) MP3 **AT 4_5 | AT 4_6 | AT 4_7**

Q5 When was the last time you purchased a computer and where did you buy it?
마지막으로 컴퓨터를 구매한 것은 언제이며, 어디에서 그것을 구매했나요?

The last time I purchased a computer was last year and I bought it at a local electronics store.

A5 마지막으로 컴퓨터를 구매한 것은 작년이며, 저는 그것을 전자제품 매장에서 구매했습니다.

> **TIP** • 시간이 남을 시 어떤 종류의 컴퓨터를 구매했는지 언급해도 좋습니다.
> ⓪ a desktop computer, a laptop computer
> • 과거시제의 사용에 유의하세요.

Q6 Besides price, what is the most important factor to you when shopping for a computer? Why?
가격 외에, 컴퓨터를 살 때 가장 중요한 점은 무엇인가요? 그 이유는 무엇인가요?

A6 The most important factor to me when shopping for a computer is performance. Because I like playing computer games.
컴퓨터를 살 때 가장 중요한 점은 성능입니다. 왜냐하면 저는 컴퓨터 게임을 하는 것을 좋아하기 때문입니다.

• customer service: Because I'm not good at using computers.
고객 서비스: 왜냐하면 저는 컴퓨터를 잘 다루지 못하기 때문입니다.

기타답변

• design: Because I prefer a simple design.
디자인: 왜냐하면 저는 단순한 디자인을 선호하기 때문입니다.

Q7 Would you rather purchase a computer in a store or over the Internet? Why?
당신은 컴퓨터를 매장에서 구매하겠나요 아니면 인터넷에서 구매하겠나요? 그 이유는 무엇인가요?

I would rather purchase a computer over the Internet.
저는 컴퓨터를 인터넷에서 구매하겠습니다.

Because there are no computer stores near my home.
왜냐하면 저희 집 근처에 컴퓨터 매장이 없기 때문입니다.

A7 Also, I can buy a computer at a cheaper price.
또한, 더 싼 가격에 컴퓨터를 구매할 수 있습니다.

Therefore, I would rather purchase a computer over the Internet.
따라서, 저는 컴퓨터를 인터넷에서 구매하겠습니다.

매장에서 구매

기타답변 It can be broken during the delivery. 컴퓨터가 배송 중에 파손될 수 있습니다.

I don't have to pay an expensive delivery charge. 비싼 배송비를 지불하지 않아도 됩니다.

어휘 **at a cheaper price** 더 싼 가격에 **delivery charge** 배송비

Respond to Questions Using Information Provided

소냐 달튼
3 캐논 힐, 드레이튼, 우편번호 61WX
079-4743-0042

희망 직위	회계 관리자 (랜들 투자공사)
경력	선임 회계사 - 스미스 앤 퍼킨스 (2014 - 현재) 회계사 - 월터스 투자회사 (2010 - 2013) 시간제 접수원 - 밀포드 자산관리 (2006 - 2010)
학력	코트 밸리 대학교 학사 학위: 회계금융학 (2009)
수상내역과 특이사항	이스트 미들랜즈 회계 컨퍼런스 특별 연사 (2015, 2016) 수상: 뛰어난 서비스 및 상담 (2017)

Narration: Hi, we are trying to hire a suitable person to fill our accounting manager position, and I need some information about Ms. Dalton.

안녕하세요, 우리는 회계 관리자 직에 적당한 사람을 고용하려고 하는데요, 저는 달튼씨에 대한 정보가 필요합니다.

🔊 MP3 AT 4_8 ∣ AT 4_9 ∣ AT 4_10

Q8 What university did Ms. Dalton attend and what did she study?
달튼씨는 어느 대학에 다녔고 거기서 무엇을 공부했나요?

A8 She received a bachelor's degree in accounting and finance at Court Valley University in 2009.
그녀는 코트 밸리 대학에서 2009년에 회계금융학 학사학위를 받았습니다.

기타답변 She went to Court Valley University and she studied accounting and finance.
그녀는 코트 밸리 대학에 다녔으며 회계금융학을 공부했습니다.

Q9 The accounting manager we hire will need to be comfortable with public speaking at conferences and other events. Is there anything in the resume that suggests Ms. Dalton is proficient in this area?
우리가 고용할 회계 담당자는 컨퍼런스나 다른 행사에서의 연설에 익숙해야 합니다. 이력서의 항목에 달튼씨가 이 분야에 능숙한 것으로 보이는 것이 있나요?

A9 I think she is a suitable applicant. She was a featured speaker at East Midlands Accounting Conference in 2015 and 2016.
저는 그녀가 적합한 지원자라고 생각합니다. 그녀는 2015년과 2016년에 이스트 미들랜즈 회계 컨퍼런스의 특별 연사였습니다.

Q10 Could you give me the details of any work experience she has specifically in accounting?
그녀의 경력 중 회계와 관련된 업무의 세부 사항을 말해주실 수 있나요?

A10 She has two different kinds of work experience. First, she worked at Walters Investment as a staff accountant from 2010 to 2013. And then, she has been working at Smith and Perkins as a senior accountant since 2014.
그녀는 두 가지의 경력을 가지고 있습니다. 먼저, 그녀는 월터스 투자회사에서 2010년부터 2013년까지 회계사로 일했습니다. 그리고 나서 그녀는 2014년부터 스미스 앤 퍼킨스에서 선임 회계사로 일해오고 있습니다.

Express an Opinion

Q11 Some high schools offer classes about life skills such as cooking, finance, or computer skills. Should schools teach classes like these, which are not strictly academic?
Why or why not?
Give specific reasons or examples to support your opinion.

어떤 고등학교는 요리, 재무 혹은 컴퓨터 활용 같은 생활 기술에 대한 수업을 제공합니다. 학교가 이렇게 학구적이지 않은 과목을 가르쳐야 하나요? 그 이유는 무엇인가요? 구체적인 이유와 예를 들어 당신의 의견을 뒷받침하세요.

🔊 MP3 AT 4_11

입장	I think schools should teach classes which are not strictly academic.
	저는 학교가 학구적이지 않은 과목들을 가르쳐야 한다고 생각합니다.
이유	Most of all, they can help students relieve their stress.
	무엇보다도, 그 과목들은 학생들이 스트레스를 해소하는 것을 도울 수 있습니다.

배경	문제점	대안	결과
자신의 과거 학습환경 설명	그로 인해 발생했던 부정적인 점	비 학구적 과목의 긍정적 영향 설명	그로 인해 발생한 긍정적 결과

예시 (3번)	배경	When I was a high school student, I had to study more than 12 hours at school.
		제가 고등학생이었을 때, 저는 학교에서 12시간 이상을 공부해야 했습니다.
	문제점	So, I was under a lot of stress every day.
		그래서 저는 매일 스트레스를 많이 받았습니다.
	대안	However, while making various foods in the cooking class, I could forget my worries about studying.
		하지만 요리 시간에 다양한 음식을 만들면서, 공부에 대한 걱정을 잊을 수 있었습니다.
	결과	As a result, I could relieve my stress and it helped me to concentrate on my studies again.
		결과적으로, 저는 스트레스를 풀 수 있었고, 이것은 제가 다시 공부에 집중할 수 있도록 도와주었습니다.

마무리	Therefore, I think school should teach subjects which are not strictly academic.
	따라서, 저는 학교가 학구적이지 않은 과목들을 가르쳐야 한다고 생각합니다.

어휘   strictly academic 오로지 학구적인 be under stress 스트레스를 받다 worries 걱정거리 relieve stress 스트레스를 해소하다

실전 모의고사 5

Questions 1-2

Read a Text Aloud

MP3 AT 5_1

Q1 Welcome(↗), / and thank you for attending the Maxview Business Workshop. //Today(↗), / you will learn / how to start / and manage your own business. // Each session is designed to help you develop your ideas for planning(↗), / manufacturing(↗) / and marketing your products(↘). // Also(↗), / we will have a competition / at the end of the workshop / and award a prize to the person / who has the most creative idea.

맥스뷰 비즈니스 연수회에 오신 여러분을 환영합니다. 오늘 여러분은 사업을 어떻게 시작하고 관리하는지 배울 것입니다. 각 세션은 여러분의 제품을 기획, 제조 그리고 마케팅을 위한 아이디어를 개발하는데 도움이 될 수 있도록 고안되었습니다. 또한, 우리는 연수회의 마지막에 경연대회를 열어서 가장 창의적인 아이디어를 가진 분께 상을 수여할 것입니다.

어휘 workshop 연수회 manufacturing 제조 competition 경연대회

고득점 포인트

• 이목을 끌기 위한 첫 단어인 welcome과 thank에 강세를 두어 힘있게 읽어주세요.
• 억양과 강세가 복잡하게 섞여 있는 3번째 문장을 천천히 또박또박 읽어주세요.
• competition은 세번째 음절인 [ti]에 강세가 옵니다.
• 길이가 긴 마지막 문장의 끊어 읽기에 유의해서 천천히 읽어주세요.

MP3 AT 5_2

Q2 Thank you for calling SeaBlue restaurant(↗), / the only French restaurant / in Camp Hill. // As always(↗), / the menu includes our famous mushroom pie(↗), / smoked lobster(↗), / and shrimp stew(↘). // Don't forget / that we host a classical music night / every Saturday. //To make a reservation(↗), / leave your name / and phone number after the beep(↗), // and we'll call you back / as soon as possible. //We all hope to serve you soon.

캠프 힐 내 유일한 프랑스 레스토랑인 씨블루 레스토랑에 전화 주셔서 감사합니다. 언제나처럼 메뉴는 인기가 많은 버섯 파이, 훈제 바닷가재 그리고 새우 스튜를 포함하고 있습니다. 저희가 매주 토요일에 클래식 음악의 밤 행사를 연다는 것을 잊지 마세요. 예약을 하기 위해 삐 소리 이후 이름과 전화번호를 남겨주시면 저희가 가능한 빨리 전화를 드리겠습니다. 여러분을 곧 모실 수 있기를 바랍니다.

어휘 smoked 훈제한 host 주최하다 beep 알림 소리

고득점 포인트

• 첫 단어인 Thank와 고유명사인 SeaBlue, Camp Hill에 강세를 두어 읽어주세요.
• smoked의 [ed]는 'ㄷ'가 아닌 'ㅌ'소리가 납니다.
• To로 시작하는 길이가 긴 네 번째 문장의 끊어 읽기에 유의해서 천천히 읽어주세요.
• 네 번째 문장의 leave의 경우, 짧게 읽으면 live처럼 들려 의미가 달라지니 유의하세요.

Describe a Picture

Q3

추천 묘사 순서

① 오른쪽의 남자

② 남자 뒤의 화이트보드

③ 왼쪽의 남녀

④ 그 옆의 두 여자

MP3 AT 5_3

1. 장소	I think this picture was taken in a meeting room. 이 사진은 회의실에서 찍힌 것 같습니다.
2. 인원 수	There are five people in this picture. 사진에는 다섯 명의 사람이 있습니다.
3. 인물 1	On the right side of the picture, a man is giving a presentation. 사진의 오른쪽에, 한 남자가 프레젠테이션을 하고 있습니다. He is wearing a black suit. 그는 검정색 정장을 입고 있습니다.
4. 인물 2	On the left side of the picture, two people are writing something on the paper. 사진의 왼쪽에, 두 사람이 종이에 뭔가를 쓰고 있습니다.
5. 인물 3	Next to them, two women are looking at the screen. 그들의 옆에, 두 여자가 화면을 보고 있습니다.
추가 문장 (생략 가능)	Behind him, I can see some charts on the whiteboard. 그의 뒤에는, 화이트보드에 그려진 몇 개의 차트가 보입니다. **TIP** 첫번째 인물설명에 이어서 말해줄 수 있습니다.

어휘 chart 도표

고득점 포인트

• 다양한 종류의 그래프를 통칭해 chart라고 합니다. 다음의 내용도 함께 알아두세요.

  예 선 그래프 a line chart   막대 그래프 a bar graph   원 그래프 a pie chart

• 불가산명사 paper는 앞에 a를 붙이지 않습니다.

Q4

추천 묘사 순서

① 가운데 여자

② 오른쪽의 창문과 노란 의자

③ 왼쪽의 TV

④ 앞쪽의 소파

 MP3 AT 5_4

1. 장소	I think this picture was taken in a living room. 이 사진은 거실에서 찍힌 것 같습니다.
2. 인물	In the middle of the picture, a woman is doing yoga (on a blue yoga mat). 사진의 가운데에, 한 여자가 (파란 요가매트 위에서) 요가를 하고 있습니다. She is looking at a laptop screen. 그녀는 노트북 화면을 보고 있습니다. Also, she is wearing a grey T-shirt. 또한, 그녀는 회색 티셔츠를 입고 있습니다.
3. 사물 1	On the right side of the picture, there is a large window and a yellow stool. 사진의 오른쪽에, 커다란 창문과 노란색 의자가 있다.
4. 사물 2	On the left side of the picture, I can see a TV. 사진의 오른쪽에, TV가 보입니다.
5. 추가 문장	It seems like she is watching a YouTube video to do yoga. 그녀가 요가를 하기 위해 유튜브 영상을 보는 것 같습니다.

어휘   **do yoga** 요가를 하다   **stool** 등받이가 없는 의자

고득점 포인트

• 1인 인물사진에서는 사진에 다양한 사물이 등장합니다. 많은 사물을 묘사하려 욕심내지 마시고, 비중이 큰 사물을 2-3개 설명해주세요.

• 사물은 크기나 색상과 함께 설명해주세요.

Respond to Questions

Imagine that an American marketing company is doing research in your country.
You have agreed to participate in a telephone interview about cafés.

미국의 한 마케팅 회사가 당신의 나라에서 설문조사를 하고 있다고 가정해 보세요.
당신은 카페에 대한 전화 인터뷰에 참여하기로 동의하였습니다.

(MP3) AT 5_5 I AT 5_6 I AT 5_7

Q5
How often do you visit cafés near your house?
당신의 집 근처의 카페에 얼마나 자주 방문하나요?

A5
I visit cafés near my house once a week.
저는 집 근처의 카페에 일주일에 한번 방문합니다.

추가답변
I usually have a chat with my friends. 저는 주로 친구들과 이야기를 나눕니다.

I usually go to a café called 'Tom N Toms'. 저는 주로 'Tom N Toms'라고 불리는 카페에 갑니다.

Q6
Would you be more likely to visit a café if it hosted musical events?
어느 카페가 음악 이벤트를 연다면 방문할 가능성이 더 높나요?

A6
I would be more likely to visit a café if it hosted musical events.
카페가 음악 이벤트를 연다면 저는 그곳에 방문할 가능성이 더 높습니다.

Because I like listening to live music (while reading a book).
왜냐하면 저는 (책을 읽으면서) 라이브 음악을 듣는 것을 좋아하기 때문입니다.

기타답변
• wouldn't: Because I like a quiet café.
가지 않겠습니다: 왜냐하면 저는 조용한 카페를 좋아하기 때문입니다.

Q7
Do you think cafés in your town are good places to have breakfast? Why?
현재 살고 있는 도시의 카페가 아침식사를 하기에 좋은 장소라고 생각하나요? 그 이유는 무엇인가요?

A7
I think cafés in my town are good places to have breakfast.
저는 저희 도시의 카페가 아침식사를 하기에 좋은 장소라고 생각합니다.

First, they sell light foods such as pancakes and toast.
우선, 그들은 팬케이크나 토스트 같은 간단한 음식을 판매합니다.

Second, I can drink fresh coffee at a discounted price (in the morning).
둘째로, 저는 (아침에) 신선한 커피를 할인된 가격에 마실 수 있기 때문입니다.

Therefore, I think cafés in my town are good places to have breakfast.
따라서, 저는 저희 도시의 카페가 아침식사를 하기에 좋은 장소라고 생각합니다.

반대
Their menus are overpriced. 메뉴의 가격이 너무 비쌉니다.

기타답변
Cafés in my town are crowded in the morning.
(So, I can't focus on enjoying my breakfast.)
저희 도시의 카페는 아침에 혼잡합니다. (그래서 아침식사에 집중할 수 없습니다.)

( ) = 생략 가능

어휘   have a chat 수다를 떨다   overpriced 가격이 비싸게 매겨진

Actual Test

Respond to Questions Using Information Provided

캘리포니아 레스토랑 협회 컨퍼런스

1월 26일 토요일 오전 9시 – 오후 7시
웨스트 힐 호텔, 몬트빌

* 등록비

온라인 등록 (1월 15일 전까지): $45
현장 등록: $55

* 컨퍼런스 하이라이트

9 A.M.	기조 연설: "이탈리아 요리의 미래" - 린 메이
10 A.M.	상을 받은 요리사들의 세가지 발표
2 P.M.	7개 분야의 시상식
3 P.M.	취업 박람회 (이력서 지참)

Narration: Hello, my name is Jeremy West. I'm interested in the California Restaurant Association conference. Before registering for the conference, I would like to check some information. Could you answer some questions, please?

안녕하세요, 제 이름은 제레미 웨스트입니다. 저는 캘리포니아 레스토랑 협회 컨퍼런스에 관심이 있습니다. 등록을 하기 전에 몇 가지 정보를 확인하고 싶습니다. 제 질문에 답해주시겠어요?

MP3 AT 5_8 | AT 5_9 | AT 5_10

Q8
What should I do to get a discount on the registration fee?
등록비를 할인 받기 위해서 제가 무엇을 해야 하나요?

A8
If you register online before January 15th, you can get a $10 discount.
1월 15일 전에 온라인에서 등록을 한다면 10달러 할인을 받을 수 있습니다.

기타답변
To get a discount, you should register on the internet before January 15th.
할인을 받기 위해서는 1월 15일 전에 인터넷에서 등록을 해야 합니다.

Q9
I recently finished my training as a chef. Are there any sessions that could help me get a job at a restaurant?
저는 최근에 요리사 교육을 마쳤습니다. 제가 레스토랑에 취업을 하는데 도움이 될만한 세션이 있을까요?

A9
Yes. A job fair is scheduled at 3 P.M. You need to bring your resume.
네. 취업 박람회가 3시에 예정되어 있습니다. 이력서를 가져오세요.

기타답변
Fortunately, there will be a job fair at 3 P.M. Don't forget to bring your resume.
다행히도, 취업 박람회가 3시에 있을 거예요. 이력서를 가져오는 것을 잊지 마세요.

Q10
Can you tell me the details of sessions scheduled in the morning?
아침에 예정된 세션에 관해 자세히 말씀해 주시겠어요?

A10
There are two scheduled sessions. First, Lyn May will give a keynote speech on 'The Future of Italian Cuisine' at 9 A.M. And then, there will be three presentations from award-winning chefs at 10 A.M.
두 가지 예정된 세션이 있습니다. 첫째, 린 메이가 "이탈리아 요리의 미래"에 대한 기조 연설을 9시에 할 것입니다.그리고 나서, 상을 받은 요리사들의 세가지 발표가 10시에 있을 것입니다.

Express an Opinion

Q11 People often want to learn new skills which are helpful in the workplace. What is the most efficient way to learn a new skill for a job? Choose one of the options below and provide specific reasons or examples to support your opinion.

- Taking a class at a vocational school
- Reading a book about the subject
- Participating in training at work

사람들은 종종 직장에서 도움이 되는 새로운 기술을 배우길 원합니다. 직업을 위한 새로운 기술을 배우기에 가장 효율적인 방법은 무엇인가요? 아래의 선택지 중 하나를 선택한 뒤 구체적인 이유와 예를 들어 의견을 뒷받침하세요.

- 학교에서 수업 듣기 - 주제에 대한 책 읽기 - 직장에서 교육에 참여하기

🔊 MP3 AT 5_11

입장	I think participating in training at work is the most efficient way to learn a new skill for a job. 저는 직장에서 교육에 참여하는 것이 가장 효율적인 방법이라고 생각합니다.
이유	Most of all, we can learn a new skill more quickly. 무엇보다도, 우리는 새로운 기술을 더 빨리 배울 수 있습니다.

과거 배경	문제점	현재 상황	결과
새 스킬을 배우기 위한 과거의 방식 설명	그 방식의 문제점 설명	과거와 달라진 현재의 방식 설명	그로 인해 발생한 긍정적인 점

예시 (4번)	과거 배경	When I was a new employee, I went to a computer school to learn about a new software program. 제가 신입사원이었을 때, 저는 새로운 소프트웨어 프로그램을 배우기 위해 컴퓨터 학원에 다녔습니다.
	문제점	However, the curriculum was very difficult and most skills were not related to my work. 그런데, 교과과정이 매우 어려웠고, 대부분의 스킬이 제 업무와 관련이 없었습니다.
	현재 상황	So nowadays, I usually participate in training at work to learn about a new software program. 그래서 요즘에, 저는 새로운 소프트웨어 프로그램을 배우기 위해 주로 직장 내 교육에 참여합니다.
	결과	As a result, I can learn necessary skills quickly and it saves me a lot of time. 그 결과, 저는 필요한 기술을 빠르게 배울 수 있고, 제 시간을 많이 절약해줍니다.
마무리		Therefore, I think participating in training at work is the most efficient way to learn a new skill for a job. 따라서, 저는 직장에서 교육에 참여하는 것이 가장 효율적인 방법이라고 생각합니다.

어휘 curriculum 교과과정 be related to ~에 관련된

Actual Test

시원스쿨 LAB